AF533659

Neil Douglas-Klotz

Sufibuch des Lebens

99 Meditationen
der Liebe

Neil Douglas-Klotz

Sufibuch des Lebens

99 Meditationen
der Liebe

Durchgesehene und vom Autor aktualisierte Ausgabe

Titel der englischen Originalausgabe: The Sufi Book of Life
99 Pathways of the Heart for the Modern Dervish
Erschienen bei Viking Penguin, in der Verlagsgruppe Penguin Group (USA) Inc.

Neil Douglas-Klotz
Sufibuch des Lebens
99 Meditationen der Liebe
Herausgeber: Sufi Ruhaniat Deutschland
Umschlag und Gestaltung: Hauke Jelaluddin Sturm, www.designconsort.de
Überarbeitung der Übersetzung: Rafia Sieglin, Christian Khabir Mayer-Glauninger, Ingrid Anahita Mettert

Neil Douglas-Klotz, Die Weisheit der Sufis – 99 Meditationen der Liebe
Die Rechte an der deutschen Übersetzung von Anna-Christine Rassmann liegen beim Kösel Verlag, München, in der Verlagsgruppe Random House GmbH

Deutsche Erstausgabe 2007 Kösel Verlag, München,
in der Verlagsgruppe Random House GmbH
Die Weisheit der Sufis – 99 Meditationen der Liebe

82398 Polling
Verkehrsnummer 14894
www.verlag-heilbronn.de
info@verlag-heilbronn.de

1. Auflage 2017
ISBN: 978-3-936246-31-5

Gedruckt in Tschechien

Kontakt nach dem Produktsicherheitsgesetz:
Verlag Heilbronn
Kaiser-Heinrich-Straße 37
D-82398 Polling
info@verlag-heilbronn.de

Für Hazrat Pir Moineddin Jablonski
(1942–2001),
Freund und Lehrer, ein »Freund
der Tulpe und der Rose«.

Inhalt

Schnell-Anleitung

99 WEGE DES HERZENS FÜR DEN DERWISCH VON HEUTE

Fang dieses Buch nicht vorne an. Schlage es lieber ein paar Mal irgendwo auf und lies, was dort steht. Wenn dich etwas berührt, bleibe dabei. Ziemlich wahrscheinlich wirst du ein paar Dinge entdecken, mit denen du dich sofort identifizieren kannst, und andere, die dir vorkommen wie von einem anderen Planeten. Wenn du also das Buch einfach von Anfang bis Ende durchliest, kann es sein, dass dir all diese vielen, scheinbar widersprüchlichen Winkel deines Herzens zu viel werden.

Es ist nicht wichtig zu »verstehen, was gemeint ist«. Die überall im Buch verteilten Sufi-Geschichten wirken auf vielen verschiedenen Ebenen. Ihre offensichtliche Bedeutung oder Moral ist nur die Oberfläche, der Rest der Geschichte wirkt sozusagen »unterirdisch«, in deinem Unterbewusstsein, weiter. Wenn dir eine Geschichte ein vergnügtes Glucksen entlockt, tut sie wahrscheinlich ihre Wirkung!

»Überfliege« das Buch ganz bewusst. Lies das Vorwort »Auf die Reise gehen«. Dann nimm dir jeden Tag – zum Beispiel vor dem Schlafengehen – ein bisschen Zeit, um dich mit einigen der Wege des Herzens anzufreunden. Jeder stellt eine Gefühlsqualität dar, eine Qualität des Empfindens oder Erlebens, die du vielleicht kennst, vielleicht auch nicht. Manche Wege scheinen anderen zu widersprechen. Manche sind auch, wie ich jeweils unter »Wurzeln und Zweige« darlege, mit anderen verbunden (zum Beispiel, wenn es um Themen wie Arbeit, Liebe, Macht, Beziehungen und so weiter geht). Hat die eine oder andere Qualität oder Herausforderung dir vielleicht in deiner jetzigen Lebenssituation etwas zu sagen?

Stöbere. Wenn du in deinem Leben mit etwas konfrontiert bist, bei dem du Führung gut gebrauchen könntest, dann lege deine Hand leicht auf dein Herz, um ruhig zu werden, hole ein, zwei Mal tief Luft und schlage das Buch dann irgendwo auf – so, als wolltest du ein Orakel befragen. Für jemanden, der sich ganz neu damit beschäftigt, ist das vielleicht die beste Art, die einzelnen Wege des Herzens zu erleben. Wenn du das Buch so benutzt, kann es nicht schaden, auch die Wege zu lesen, die direkt vor oder hinter demjenigen stehen, den du aufgeschlagen hast. Die Sufis verwenden die Listen der Herzenswege seit über tausend Jahren auf diese Weise. Die jedem Weg angefügte Meditation gibt eine Anregung, wie du die jeweilige Qualität in dir erfahren oder vertiefen kannst. Wenn du das alles nicht machen willst, kannst du auch einfach mit dem Gefühl dessen, was du gelesen hast, in dein Herz atmen.

Zerschneide das Buch. Du kannst das Inhaltsverzeichnis vergrößert fotokopieren, die Liste der Wege zerschneiden und die einzelnen Teile in eine Schale legen. Atme tief ein und ziehe dann einen heraus. Auch so kannst du die Wege wie ein Orakel benutzen. Eine Liste der Wege, die du dir leicht ausdrucken und zerschneiden kannst, findest du auch unter www.sufibookoflife.com. Auf dieser Seite findest du außerdem ein Online-Orakel und zahlreiche Links zu anderen Websites, auf denen du die Übungen auf traditionelle Weise gesprochen hören kannst.

Geh auf die Jagd. Vielleicht beschäftigst du dich gerade ganz bewusst mit der Arbeit an einem bestimmten Thema in deinem Leben oder deiner Seele? Oder du brauchst ein bisschen Unterstützung bei einer anderen Form der inneren Arbeit, bei einer Beratung oder Psychotherapie zum Beispiel. Dann kannst du das Inhaltsverzeichnis nach einem für dich wichtigen Thema durchforsten und hier – immer noch indem du in dein Herz atmest – finden, was du brauchst.

Lies dieses Buch. Nachdem du alles oben Gesagte eine Weile getan hast, kannst du das Buch allmählich einmal von Anfang bis Ende lesen. Mach ab und zu eine Pause und lege es beiseite, damit es dir nicht zu viel wird, so vielen verschiedenen Facetten deiner selbst auf einmal zu begegnen. Genauso wie ein Weinkoster seinem Gaumen gelegentlich eine Pause gönnen muss, um wieder schmecken zu können, brauchst auch du vielleicht immer wieder ein bisschen Abstand von den Weinen deiner Seele. Dafür findest du überall im Buch verteilt nicht nummerierte Kapitel mit der Überschrift »In der Einheit baden«. Benutze diese, um in den reinen Ozean des Geliebten einzutauchen, bevor du dich einem weiteren Weg des Herzens zuwendest.

Achtung, »Viren«! Das »Programm« des Buches ist nicht virenfrei, sondern tatsächlich wurden absichtlich Viren darin versteckt. Paradox und Dummheit sind genauso eingebaut wie Tiefernstes. Der Sufismus ist eine lebendige Tradition des 21. Jahrhunderts und man kann sich ihm auf viele verschiedene Weisen nähern. Wenn im Buch steht, »ein Sufi würde sagen ...« oder »die Sufis ...«, dann heißt das nicht, dass es nur eine einzige Sufi-Weise gibt, zu sein oder etwas zu tun. Das Programm ist inkompatibel mit jedem Versuch, eine konsistente »Sufi«-Philosophie, -Metaphysik oder -Geschichte zu finden, und die Programmierer übernehmen auch keine Verantwortung dafür, wenn dein rationales System unter diesen Umständen zusammenbricht.

Dein Herz ist der Browser.
Die Wege sind die Suchmaschine.
Das Universum ist das wirkliche Internet.
Und es gibt viele Adressen des Geliebten, dessen
Server immer online ist.

Einführung

Der Dichter, der in unserer Zeit die meisten Bestseller hervorgebracht hat, ist einer ganzen Reihe von Quellen zufolge: Jelaluddin Rumi, ein persischer Sufi aus dem dreizehnten Jahrhundert! Ist das nun eine gute Botschaft für den Sufismus oder eine schlechte für den Zustand unserer Dichtkunst?

Sowohl Rumi als auch Hafiz (der eine Generation später lebte) schlagen die Leser in ihren Bann, weil sie von leidenschaftlicher Liebe schreiben. Wir suchen alle nach Liebe, und wenn wir auch vielleicht nicht wissen, was das Wort eigentlich bedeutet, so erkennen wir die Liebe doch, wenn wir sie spüren. Die Dichtung der Sufis spricht beredt und leidenschaftlich vom Geliebten, von Liebestrunkenheit, Sehnsucht, Lust, Missverständnissen und Verwechslungen (sowohl des Liebenden als auch des Geliebten) – also im Grunde von all den Dingen, um die es im Leben und in den Seifenopern geht. Anders als Seifenopern finden Sufi-Dichtung und Sufi-Erzählungen jedoch in einer Art magischem Universum statt – vor langer, langer Zeit in einem fernen, fernen Land – in einem Universum, wo eine größere, gütige Wirklichkeit alles in sich vereint.

Die meisten zeitgenössischen Dichter würden den ganzen Kontext der Sufi-Dichtung als romantisch und idealistisch abtun. Heute zählt nur die heutige Welt, eine Welt, in der wir uns unseren eigenen Sinn basteln. Wir können nirgendwo anders sein als hier und schleppen uns in der öden Realität postmodernen Lebens dahin. Wie sollte man das den Millionen von Menschen erzählen, die Sufi-Dichter lesen. Ihre Reaktion ist die gute Nachricht für den Sufismus.

Schade ist allerdings, dass die meisten Menschen, die Rumi oder Hafiz lesen, wohl gerne die Lücke zwischen dem Lesen über göttliche Liebe und dem tatsächlichen Erleben derselben schließen würden – aber nicht wissen wie. Sie sind (oft durch irgendwelche akademische oder wissenschaftliche Lektüre) zu der Überzeugung gelangt, dass Sufis eben vor langer Zeit und in einem fernen Land lebten, Turbane und lange Roben trugen und in einer fremden Sprache sprachen. Nichts könnte jedoch der Wahrheit ferner sein!

Der Sufismus ist eine lebendige Tradition des 21. Jahrhunderts, der man sich auf viele verschiedene Weisen nähern kann und die eine

Vielzahl von praktischen Übungen bietet. Echte Sufis gibt es in jedem Sprachraum und sie tragen wahrscheinlich ganz normale Kleider. Das Wort Derwisch bezeichnet einen Menschen, der in einem Tor oder an einer Schwelle sitzt, bereit, weiterzugehen und sich zu transformieren. Dieses Buch ist für Derwische von heute, für Menschen, die anfangen möchten, die Sufi-Dichtung der Liebe zu leben. Es ist aus der eigenen Erfahrung des Autors entstanden, der während der letzten dreißig Jahre ganz praktisch und im täglichen Leben dem Weg der Sufis gefolgt ist.

Wenn der Sufismus heute ein lebendiger spiritueller Weg ist, warum ist er dann nicht bekannter?

Saadi, ein Sufi aus dem 12. Jahrhundert, sagte einmal: »Du kannst zwölf Derwische unter eine Decke stecken, aber zwei Könige können nicht denselben Kontinent miteinander teilen.« Heutzutage sieht es allerdings eher so aus, als gäbe es, wo immer zwei Sufis zusammenkommen, drei Meinungen. Seit 1910 der indische Sufi Inayat Khan eine Form des Sufismus in den Westen brachte, sind viele verschiedene Gruppen und Lehrer bei uns angekommen.

Bis jetzt haben die meisten Bücher über Sufismus akademische, historische oder philosophische Informationen über diese Tradition geliefert, die für den Intellekt gedacht sind. Einige zeitgenössische Lehrer präsentieren ihren eigenen Zugang, der oft der Arbeit anderer zu widersprechen scheint. Im Grunde ist das allerdings ein Segen, denn dadurch ist der Sufismus im Gegensatz zu anderen Traditionen nicht in dem Maße durchorganisiert worden, dass er seinen wilden Charakter verloren hätte.

Historisch gesehen ist die Vielfältigkeit des Sufismus schon immer eine seiner Stärken gewesen. Er ist letztlich eine Tradition von Nomaden, eine, die sich ständig selbst zerlegte und umsiedelte, anstatt sich niederzulassen und riesige Heiligtümer, Institutionen, monolithische Rituale oder Organisationen aufzubauen. Es gibt keinen Vatikan und keinen Potala des Sufismus. Rumi zum Beispiel, hätte sicherlich ohne Weiteres den Posten seines Vaters übernehmen können, der der Hauptprediger der Sufis von Konya war, aber da tauchte sein spiritueller Seelengefährte Shams-i-Tabriz auf und Rumi verließ sein wohlgeordnetes Leben, verbrachte sein ganzes Leben mit Shams und wurde schließlich zu dem Derwisch mit gebrochenem Herzen, der die größte orientalische Dichtung aller Zeiten schuf. Ibn Arabi hätte in Spanien bleiben und sich eine große Jüngerschar zulegen können, aber er wollte lieber die meiste Zeit seines Lebens herumziehen. Andererseits bekamen die Sufis, die sich (wie im späten Ottomanischen Reich) mit dem Establishment einließen, für gewöhnlich ernsthafte Schwierigkeiten. Wir Sufis sind nicht sesshaft, wir lieben unsere Freiheit – wahrscheinlich sind wir uns deshalb auch einig darin, uneinig zu sein.

Wer (oder was) ist ein Sufi?

Sufismus ist vor allem eine Reihe von Dingen nicht: keine Religion, keine Philosophie, noch nicht einmal eine Mystik in dem Sinne, wie dieses Wort normalerweise verstanden wird. Am besten kann man Sufismus so beschreiben: eine Art, die Wirklichkeit als die Liebe selbst zu erleben. Der moderne Sufi-Schriftsteller Massud Farzan sagte das kurz und gut:

> *Sufismus ist eine einzigartige Phänomenologie der Wirklichkeit. Die Psychologie des Sufismus ist der Sufismus selbst; die Kunst und Wissenschaft des Sufismus ist, ihn zu praktizieren.*[1]

Ist es bei einer so windigen Definition überhaupt möglich, heute über irgendeine Art von »reinem Sufismus« zu sprechen? Jeder Mensch mit gesundem Menschenverstand würde sagen: Nein, aber das hält Gelehrte und auch die Sufis selbst bis jetzt nicht davon ab, eine Beantwortung dieser Frage zumindest zu versuchen. Selbst die Beziehung des Sufismus zum Islam ist spannungsgeladen, und das ist vielleicht ein weiterer Grund dafür, dass der Sufismus als Weg heute im Westen nicht populärer ist. Ist Sufismus, wie manche Definitionen im Lexikon lapidar behaupten, einfach »die mystische Seite des Islam«? War der Sufismus (oder seine Philosophie oder seine Praktiken) ein Vorläufer des Islam? Ist der Sufismus der »echte Islam« – so, wie manche Leute behaupten würden, dass christliche Mystiker wie Meister Eckhart oder der heilige Franz von Assisi die wahren Lehren Jesu verkörpern, mehr als irgendeine Form der Institution Kirche? Hier eine typische Sufi-Antwort – wieder von Massud Farzan:

> *Wendet sich der Sufismus, der vom Koran und der mohammedanischen Tradition herrührt, gegen das, was das Buch und der Prophet sagen? Die Antwort ist Ja und Nein. Insofern als Sufismus die Religion allen Dogmen beraubt und mitten in ihr Herz geht, insofern als er auf der Wirklichkeit jenseits des Rituals besteht, der Sache hinter dem Symbol, ist Sufismus gleichzeitig Islam par excellence und eindeutig von ihm getrennt.*[2]

Inayat Khan hatte dazu Folgendes zu sagen:

> *Aus der heiligen Geschichte, die die Sufis voneinander geerbt haben, geht klar hervor, dass der Sufismus niemals irgendeiner Rasse oder Religion gehört hat, denn Unterschiede und Trennungen sind eben die Art von Täuschung, von denen Sufis sich befreien. Es mag so aussehen, als ob der Sufismus sich aus verschiedenen Elementen der heute vorherrschenden Religionen gebildet hätte, aber das ist nicht so, denn der Sufismus selbst ist die Essenz aller Religionen und auch der Geist des Islam.*[3]

Zweifellos besteht eine enge Beziehung zwischen Sufismus und Islam. Uneinigkeit besteht darüber, wie man die Wörter *Sufismus* und *Islam* definiert. Wörtlich bedeutet das Wort *Islam* »Hingabe« an den einen Grund der Wirklichkeit, nicht an irgendeine Gedankenform oder ein Dogma. Das Wort *Sufismus* kommt von einem Wort, das einfach »Weisheit« bedeutet, und der Koran selbst empfiehlt, »Weisheit zu suchen, selbst wenn man dafür bis nach China fahren muss«. Historisch gesehen haben die Sufis nie irgendeiner Schule der Koran-Interpretation oder Jurisprudenz angehört, was die Fundamentalisten schon immer sehr nervös gemacht hat. Das ist bis heute so geblieben: Manche muslimischen Länder verbieten die Ausübung des Sufismus.

Ob man das als tröstlich oder störend empfindet, hängt vom persönlichen Standpunkt ab. Spielt die Geschichte eine Rolle? Für manche tut sie es, für andere nicht. Es hängt – mit den Worten des modernen amerikanischen Sufi Samuel Lewis gesprochen – davon ab, ob man seinen Vorstellungen gestattet, der Lösung seiner Probleme im Wege zu stehen. Und das zentrale »Problem« für die meisten von uns ist der Sinn des Lebens selbst.

Ziel und Aufbau dieses Buches

Dieses Buch möchte den Leserinnen und Lesern den Sufismus lebendig erfahrbar machen. Es folgt damit einem Genre, das Hunderte von Jahren alt ist, nämlich dem sogenannten »Handbuch für Derwische«, einem Begleiter zur Erfahrung des Lebens. In diesem Sinne präsentiert es eine Reihe kurzer Essays oder Kontemplationen, illustriert durch Sufi-Geschichten oder -Dichtung. Jedes Kapitel enthält Meditationen und Hinweise auf weitere Wege, die in diesem Zusammenhang erforscht werden können. Auf einer tieferen Ebene schildert ein solches Handbuch einen Weg, einen Zugang zum Leben, der uns hilft, die ganze Bandbreite dessen zu entdecken, was es heißt, ein Mensch zu sein.

Wie man sich denken kann, besteht die »Ausbildung« eines Sufis nicht im Durchlaufen verschiedener Schulklassen. Einige klassische Sufis schlugen zwar vor, dass der Suchende bestimmte Stadien erweiterten Bewusstseins *(ahwal)* durchlaufen solle, die sich dann sozusagen setzen und zur beständigen Praxis im täglichen Leben *(maqamat)* werden, aber das Leben geht ja nicht linear vonstatten. Alle Versuche, die Sufi-Lehren auf diese Weise zu organisieren, sind also in sich selbst künstlich oder bedürfen zumindest in jeder Generation einer Überprüfung.

Dieses Buch vermittelt die wichtigste Übung, die Sufis aller historischen Strömungen gemeinsam haben: die Meditation über die Herzensqualitäten des Heiligen (genannt *al Asma ul Husna* oder »die schönsten Namen«), Ich übersetze das Wort *asma*, das »Qualitäten, Eigenschaften« oder »Namen« bedeutet, hier auch als »Wege«, um die dynamische Erfahrung dieser Praxis zu unterstreichen. Mir ist noch keine Sufi-Tradition oder -Gruppierung und noch kein Sufi-Orden begegnet, in der oder dem diese Übung nicht benutzt worden wäre. Jeder dieser Wege des Herzens führt dich dazu, das Leben mit tieferem Gefühl und größerer Klarheit zu erleben – wenn du ihn im richtigen Moment betrittst. Du brauchst nur einen einzigen Weg, wenn du ihm unerbittlich bis zu seiner Quelle folgst.

In der Tradition der Sufis bringen wir in dem Maße, wie wir nach und nach ganze Menschen werden, eine innere Ökologie und Vielfalt des Geistes wieder zum Leben. Wir fühlen und verstehen mehr im Leben, weil wir es als Teil unserer eigenen Seele begreifen. Freiheit und Freude entstehen dadurch, dass wir im Herzen daheim sind, einem Herzen, von dem wir nach und nach entdecken, dass es viel größer ist, als wir dachten. Die verschiedenen Wege mögen manchmal so aussehen, als ob sie sich widersprächen (so wie das Leben auch). Sie sind nicht ordentlich organisiert und proportional (genauso wenig wie das Leben). Aber sie sind wirksam, das ist zumindest meine Erfahrung.

Eine der ersten Wiedergaben dieser Praktiken in englischer Sprache war Edwin Arnolds *Pearls of the Faith*, das 1882 herausgebracht wurde. Arnolds Buch erschien als kleiner Band viktorianischer Dichtung, ein Format, das kultivierte Menschen dieser Zeit gut aufnehmen konnten. Jetzt leben wir in einer ganz anderen Zeit, einer Zeit des Internets und der Massenmedien, und ein Sufi muss vor allen Dingen anpassungsfähig sein. Oberflächlich betrachtet scheint dieses Buch in die Sparte »Ratgeber und Selbsthilfebücher« zu passen, ein Format, das den Wunsch der westlichen Kultur spiegelt, Dinge rasch und leicht zu bekommen. Wir beklagen diese Tendenz vielleicht als kontraproduktiv für ein spirituelles Leben: Was leicht geht, ist nicht unbedingt auch besser, und schnelle Reaktionen lassen nicht viel Zeit zum Nachdenken oder Fühlen. Die meisten Selbsthilfebücher wollen nur bestätigen, was wir ohnehin schon wissen, ein »M-hm« bewirken, kein »Aha!«. Ich würde das eher als Selbsthypnose bezeichnen denn als Selbsthilfe.

Dieses Buch möchte durch verschiedene sufi-typische Eigenschaften die simplistische Seite der Selbsthilfebücher unterwandern – Zufälligkeit, Paradox und spirituelle Praktiken. Wie schon in der Schnellanleitung erwähnt, kann man das Buch wie ein Orakel benutzen oder es nach passenden Weisheiten für den jeweiligen Augenblick durchstöbern. Was der Leser unter diesen Umständen findet, kann verblüffend sein oder auch aufrüttelnd. Auf jeden Fall hoffe ich, dass es ihm oder ihr ein Licht aufgehen lässt.

Vom Standpunkt des Sufismus aus betrachtet, ist das Genre der Selbsthilfebücher vielleicht genau das Richtige, denn Sufismus hat eigentlich schon immer als eine Art »Do-it-yourself«-Tradition funktioniert. Wir haben keinen Führer, Potentaten oder Papst (was nicht heißen soll, dass nicht manche Leute versucht haben, sich oder jemand anderen als solchen einzusetzen). Ein Sufi-Führer ist eher eine Art Mischung aus Begleiter, Therapeut und Trickkünstler als ein allmächtiger Guru, und Rumi sagte einmal, der wahre *pir* (höchster spiritueller Führer) sei die Liebe selbst.

Für das 21. Jahrhundert aktualisiert kann man die Wege des Herzens genau wie eine Suchmaschine im Internet des Lebens benutzen, in dem unser Herz als der Browser dient, durch den wir die Welt sehen – von innen und von außen.

Ein paar Worte zu den Wörtern

Um die gebührende Achtung vor dem Göttlichen zu kultivieren, sind in den meisten der früheren Bücher und Listen die arabischen Namen oder Eigenschaften der Wege nur in die Sprache der Transzendenz übersetzt. Diese Übersetzungen können dazu führen, dass wir die Eigenschaften des Einen stets als etwas ansehen, das sich außerhalb von uns befindet. Das wiederum bedeutet, dass wir sie einnehmen müssen, etwa so wie Vitamine. Hingabe ist auf dem spirituellen Weg eine wichtige Antriebskraft,

Ehrfurcht, die uns vorgeschrieben wird, jedoch nicht. Wir haben heute eine ganz andere Einstellung zur »Religion« als unsere Vorfahren, die meist in Gesellschaften lebten, wo das Verhalten von oben diktiert wurde. Wenn wir nur die Sprache der Transzendenz benutzen, entsteht der Eindruck, dass diese Praktiken so etwas sind wie magische Formeln, mit denen wir das Göttliche beschwören können, unsere Wünsche zu erfüllen. Solch eine Sprache, was auch immer ihre Absicht sein mag, führt leicht dazu, dass wir Gebete und spirituelle Praxis wie eine Art Handel sehen. Der moderne Sufi M. R. Bawa Muhaiyaddeen kommentiert das wie folgt:

> *Zu welchem Zweck sollen wir diese Namen rezitieren? Warum sagt man uns, wir sollten im Supermarkt schreien? Weil es uns hilft, das Produkt zu kaufen, nach dem unser Geist sich sehnt...*
> *Du kannst seinen Namen tausendmal für das eine rezitieren, siebentausendmal für das andere und achttausendmal für noch etwas anderes, aber selbst wenn du ihn fünfzigtausendmal rezitierst, bekommst du nichts. Warum? Weil Gott dir schon alles gegeben hat. Wir brauchen nur die Schatzkammer in unseren* qualbs *(Herzen) zu öffnen und herausnehmen, was uns schon gegeben wurde.*[4]

Die klassische Sufi-Tradition betont sehr stark die göttliche Einheit allen Lebens (*tawhid* genannt). In dieser Sichtweise, die von Rumi, Ibn Arabi und vielen anderen geteilt – und durch eine Interpretation des Korans selbst gerechtfertigt wird-, kam die ganze Schöpfung ins Sein, um die grenzenlosen, heiligen Eigenschaften durch alle Wesen zum Ausdruck zu bringen. Insbesondere erschuf Gott den Menschen als einen Spiegel, der die Gesamtheit des Göttlichen enthalten und spiegeln könne, einschließlich des ganzen Bewusstseins der Natur und des Universums. Das bedeutet nach Ansicht der Sufis, ein ganzer Mensch zu sein. In diesem Sinne haben wir, wie Bawa Muhaiyaddeen darlegt, bereits alle Wege des Herzens in uns.

Trotz dieser Betonung auf der Einheit des Seins sind spirituelle Übungen, die von einem »Ich« an ein »Du« gerichtet sind, ein sehr wichtiger Bestandteil des Sufi-Weges. Sie lehren uns, unsere eigenen begrenzenden Vorstellungen loszulassen, und helfen uns, unser Herz für eine umfassendere Dimension des Fühlens zu öffnen. Ganz ähnlich sagen moderne 12-Schritte-Programme, dass wir nicht wirklich den Drang zur Veränderung spüren, solange unser Leben noch einigermaßen funktioniert. Erst wenn wir es nicht mehr im Griff haben, beschließen wir loszulassen und etwas anderes auszuprobieren.

Diese Entwicklung der Hingabe auf dem, was die Sufis den Weg der Auslöschung *(fana)* nennen, ist allerdings nur die eine Seite. In der Entwicklung des Selbst oder *nafs* finden wir eine parallele Entwicklung. Das Wort *nafs* wird in manchen Übersetzungen von Sufi-Dichtung fälschlicherweise als »Tier-Selbst« bezeichnet. *Nafs* (ein Begriff, der dasselbe bedeutet wie das alte hebräische *nephesh* und Jesu aramäisches *naphsha*) kann man am ehesten als ein fließendes Seelen-Selbst sehen. Es umfasst das, was die moderne Psychologie als »Unterbewusstsein« bezeichnet. Tatsächlich ist das *nafs* eher eine Art, das ganze Selbst aus einem unterbewussten Blickwinkel zu betrachten, als ein separates Ich im Ich (wie etwa bei den russischen Matruschka-Puppen). In dieser Sicht der Dinge haben wir eine innere Gemeinschaft von sich entwickelnden Stimmen in uns, von denen einige im Widerspruch zueinander stehen. Manche moderne psychologische Richtungen arbeiten denn auch mit einem männlichen und einem weiblichen inneren Selbst oder einem inneren Richter oder einem inneren Kind. In der Sufi-Psychologie umfasst diese innere Gemeinschaft ein ganzes Ökosystem mitsamt nicht menschlichen Stimmen, wie zum Beispiel Tieren und Pflanzen. Diese »Grund-Ichs« sind da, um transformiert zu werden, um zu erkennen, dass sie »eins mit dem Einen« sind.

Meiner Erfahrung nach kann das Praktizieren der Wege des Herzens, wenn es mit Hingabe geschieht, die eigene unbewusste Realität von Grund auf verändern. Diese neue Übersetzung behandelt diese Wege also so, als ob sie schon alle in uns sind und nur darauf warten, in der Einheit des Herzens mit dem göttlichen Geliebten erkannt und wieder vereint zu werden.

Mein persönlicher Hintergrund

Ich bin in einer multikulturellen amerikanischen Familie aufgewachsen, in der ich Deutsch, Jiddisch, Polnisch, Russisch und Englisch hörte. Das hat es mir vermutlich später erleichtert, mit fremden Sprachen zu arbeiten. Außerdem waren meine Eltern, auch wenn meine Brüder und ich protestantisch erzogen wurden, beide an Spiritualität, Ökologie und ganzheitlichem Heilen interessiert. Zwischen zwanzig und dreißig machte ich mich auf die Suche nach dem Spirituellen; ich hatte das Gefühl, etwas finden zu müssen, das alles enthielt, was ich bereits erlebt hatte, und das mir gestatten würde, weiter in die Tiefen meines Seins vorzudringen. Da der Sufismus alle Propheten und Boten achtete, die vor Mohammed gekommen waren, konnte ich auch meine tiefe Liebe zu Jesus in die spirituelle Praxis einbeziehen, die sich von da an entwickelte.

In den letzten dreißig Jahren habe ich bei einer ganzen Reihe von Sufis aus Ost und West gelernt, unter anderem Pir Vilayat Khan, Pir Shabda Kahn, Murshida Fatima Lassar, Murshid Wali Ali Meyer, Murshida Vera Corda, Rev. Frida Waterhouse, Rev. Joe und Guin Miller, Irina Tweedie, Sheikh Suleiman Dede von Konya, Sheikh Muzaffer Ashki al-Jerrahi, Pir Sufi Barkat Ali, Shah Nazar Seyed Ali Kanfar, Nahid Angar und anderen, und es hat mich sehr viel weitergebracht.

Mein wichtigster Lehrer war Hazrat Pir Moineddin Jablonski, der geistige Nachfolger von Hazrat Murshid Sufi Ahmed Chishti (Samuel L. Lewis, gest. 1971), der selbst ein Schüler Hazrat Inayat Khans (gest. 1927) war. Mein Lehrer lebte uns in seiner Arbeit mit uns, den Schülern, einen ganzheitlichen Ansatz zur spirituellen Praxis vor. Er erkannte, dass eine zu große Betonung auf der transzendenten Seite das spirituelle Wachstum behindert. Auf die Arbeit einer anderen seiner Lehrerinnen, Frida Waterhouse, aufbauend, entwickelte er etwas, was er »Seelenarbeit« nannte, eine neue Art der psycho-spirituellen Beratung, die auf dem alten Weg des Sufismus beruhte.

Obwohl ich in den letzten fünfzehn Jahren eine Reihe von Büchern über die Spiritualität des Nahen Ostens und einen Aramäischen Ansatz zu den Worten Jesu geschrieben habe, fand ich es nicht passend, ein Buch über Sufismus zu schreiben, während mein Lehrer noch körperlich hier anwesend war. Als Moineddin 2001 seinen Körper verließ, veränderte sich mein inneres Leben. Er hatte mich in all meinen Übersetzungsarbeiten unterstützt, und als er ging, schien es an der Zeit, die Ernte aus der Arbeit, die ich seit 1976 auf den Wegen des Herzens geleistet hatte, einzubringen. Durch seine Freundschaft, seinen Rat und seine Weisheit zeigte mir Moineddin, wie ich ein ganz normales menschliches Leben führen konnte – unbeeinträchtigt von der Hysterie, die heutzutage selbst die Spiritualität und geistige Lehrer umgibt. In vieler Hinsicht hat er mir das Leben gerettet, und dieses Buch ist ihm gewidmet.

Die Übersetzungsarbeit in diesem Buch ist auch von Hazrat Haji Shemsuddin Ahmed inspiriert, meinem pakistanischen Koranlehrer, der vor etwa zwanzig Jahren von uns ging. Shemsuddin war ein Freund von Samuel Lewis und lehrte traditionelle Methoden der Interpretation und Übersetzung des Korans auf verschiedenen Ebenen des Verstehens. Da semitische Sprachen ebenso wie arabische ein System von Wurzeln und

Mustern benutzen, kann man eine ganze Reihe von Wörtern buchstäblich – das heißt Buchstabe für Buchstabe – auf mehrere verschiedene Weisen übersetzen. Außerdem zeigen heilige Wörter, wie die für die Wege des Herzens, durch diese Wurzeln ihre Verwandtschaft miteinander.

Bei dieser Art der Übersetzung geht es also nicht einfach darum, Wörter im Lexikon nachzuschlagen, sondern sie ist sowohl eine heilige Wissenschaft als auch eine Kunst. Die Übersetzungen hier sind das Ergebnis von drei Jahrzehnten Übung und über fünfzehn Jahren bewusster Arbeit, in denen ich alle Wege viele Male erlebt und daran gearbeitet habe, die Übersetzungen von den Wurzeln her zu verfeinern. Der Hauptunterschied zwischen diesen Übersetzungen und früheren liegt darin, dass sie davon ausgehen, dass die 99 Namen lebendige spirituelle Erfahrungen beschreiben – und nicht einfach metaphysische Kategorien einer Gedankenform namens »Gott«.

Frühere Übersetzungen haben sich außerdem einer ausschließlich männlichen Sprache bedient, was das arabische Original nicht rechtfertigt. Zum Beispiel sind, auch wenn das arabische Wort *Allah* für gewöhnlich männlich ist, sowohl das Wort *sifat* (das jede göttliche Qualität des Einen bezeichnet) als auch das Wort *dhat* (die göttliche Essenz, eine Art homöopathischer Kombination aller möglichen Qualitäten) weiblich. Eine Reihe klassischer Sufi-Schriftsteller haben auf dieses Wechselspiel der Wortgeschlechter im Arabisch des Korans Bezug genommen, das (ins Englische, Anm. d. Üb.) praktisch unmöglich zu übersetzen ist, da im Englischen Qualitäten und Konzepte neutral sind und nur »Personen« ein Geschlecht bekommen.

Alle Übersetzungen semitischer Sprachen, wie Arabisch, Hebräisch oder Aramäisch ins Englische treffen von Natur aus auf bestimmte Grenzen. Gleichermaßen kann nicht eine Übersetzung in eine andere Sprache all die Bedeutungen der Wege des Herzens auf Arabisch enthalten. Diese Übersetzungen sind auch durch meine eigene Erfahrung eingeschränkt. Sie haben den Vorteil, in sich selbst folgerichtig – dieselben Wurzeln sind immer auf dieselbe Weise übersetzt – und linguistisch fundiert zu sein – verschiedene arabische Wörter sind nicht durch dasselbe englische Wort übersetzt, wie das in einigen früheren Übersetzungen der Fall war.

Wenn du dieses Buch mit Verehrung und Hingabe benutzt, profitierst du von einer sehr starken Linie der Überlieferung dieser Praxis. In vielen dieser heiligen Namen sehen wir Wendungen, die im Nahen Osten über Tausende von Jahren benutzt wurden – schon von den hebräischen Propheten und Jesus. Ein Gelehrter behauptet, die frühen Christen des Nahen Ostens hätten 130 verschiedene Namen oder Eigenschaften Jesu auf Syrisch-Aramäisch rezitiert, einer Sprache, die dem Arabischen verwandt ist.

Normalerweise sind Listen der Wege des Herzens auf 99 Eigenschaften begrenzt. Da der Koran mehr als 99 solcher Qualitäten oder Namen des Einen enthält, weisen die verschiedenen Listen Unterschiede auf. Die hier vorliegende Sammlung beruft sich auf eine der gebräuchlichsten Listen. Ich habe ein Kapitel für den arabischen Namen der Einheit selbst hinzugefügt *(Allah)* und eines für die traditionelle Wendung, mit der man ein Unternehmen beginnt *(bismillah)*. In der einen Tradition sind die Namen der Wirklichkeit ohne Zahl, aber wenn du mit 99 verschiedenen Weisen, dich selbst zu kennen, beginnst, ist das schon mal ein guter Anfang.

Brauche ich einen Lehrer?

Dieses Buch möchte sowohl denen als Handbuch dienen, die auf dem Weg sind, als auch denen einen Einstieg zeigen, die es nicht sind. Eine spirituelle Übung hat unterschiedliche Wirkungen, je nachdem, ob sie intoniert, gesprochen, gesungen, gechantet oder geatmet wird; ob du dabei sitzt, stehst, gehst oder liegst; ob du sie in einem festen Rhythmus und Tempo durchführst oder nicht. Am besten führst du sie so aus, wie dein spiritueller Führer oder Lehrer sie dir gegeben hat, und dieses Buch soll in keinster Weise ein Ersatz für eine solche persönliche Führung sein. Die Beziehung zu einem Lehrer und der Segen (oder *baraka*), den zwei Menschen in einer spirituellen Beziehung erschaffen, bleiben die aktivsten Kräfte auf dem Sufi-Weg. Die arabischen heiligen Namen in der Form, in der wir sie haben und wie sie im Koran erscheinen, sind vom Propheten Mohammed überliefert. Das ist sowohl ein Segen als auch ein Schutz, und manche Sufis glauben, dass man eine direkte Übertragung von einem Lehrer empfangen kann, dem man niemals physisch begegnet ist.

Viele verschiedene Sufi-Lehrer und -Gruppen leben jetzt im Westen. Einer der Anhänge enthält die Kurzbiografien aller in diesem Buch erwähnten Sufis. Ein anderer Anhang beschreibt einige der Sufi-Gruppen, die ich persönlich kenne und die die Überlieferung dieser Lehrer heute weitergeben. In der Bibliografie werden außerdem einige der vielen Bücher über die verschiedenen Blickwinkel auf den Hintergrund des

Sufismus aufgeführt. Sollte dieses Buch deine erste Begegnung mit den Praktiken der Sufis sein und du findest Gefallen daran, dann empfehle ich dir, weiterzugehen. Praktizierst du bereits und hast dich von dem, was ich bisher gesagt habe, nicht abschrecken lassen und möchtest deine Praxis erneuern, willkommen – *marhaba!* Wenn du mit kritischen Augen an das Buch herangehst, wirst du zweifellos viele Mängel finden, die alle meiner eigenen Begrenztheit zuzuschreiben sind, nicht der meiner Lehrer.

Wie sucht man nach einem Lehrer? Zunächst einmal solltest du nicht meinen, dass ein Sufi-Lehrer alle deine Probleme »in Ordnung bringen« wird. Ein Sufi-Lehrer funktioniert nicht wie ein Psychotherapeut (auch wenn viele Lehrer heute in irgendeiner westlichen Therapieform ausgebildet sind). Rumi illustriert die Art der Sufi-Lehrer in der folgenden Geschichte:

> *Ein Mann geht zum Friseur und sagt: »Ich habe ein Vorstellungsgespräch. Können Sie mir alle diese weißen Haare aus dem Bart schneiden?«*
> *»Klar!«, sagt der Friseur, schneidet dem Mann den ganzen Bart ab und wickelt ihn in Papier.*
> *»Nehmen Sie das mit nach Hause. Die weißen Haare können Sie selber aussortieren.«*
> *Der Sufi-Lehrer analysiert dich nicht; sie oder er ist an Transformation interessiert. Diesbezüglich sage ich den Leuten meistens:*
> *»Geh allein, so weit du kommst.*
> *Wenn du an deine Grenzen stößt, suche nach einem Führer.«*

Die Aussprache der Wörter

Die Frage nach der richtigen Aussprache dieser Wörter taucht häufig auf. Wo es erforderlich ist, gehe ich im Meditationsabschnitt eines Kapitels auf, meiner Meinung nach, wichtige Aspekte der Aussprache ein, damit man die Übung mit dem ganzen Körper und nicht nur im Kopf erleben kann. In den Hilfestellungen zur Aussprache kommen häufig einzelne Großbuchstaben vor. Mach dir darüber möglichst wenig Gedanken – sie haben nicht so sehr mit der Aussprache zu tun, sondern weisen darauf hin, was die ursprüngliche sprachliche Wurzel des Wortes ist, wie ich sie jeweils in »Wurzeln und Zweige« beschreibe. Oder die Großbuchstaben zeigen an, an welcher Stelle bei der Aussprache die Atempause sein könnte.

Manchmal schlage ich vor, dass du in deinen Körper hineinatmest und dir deines Körpers bewusst wirst. Es macht nichts, wenn dir das zuerst seltsam vorkommt. Mit der Zeit wird es ganz natürlich für dich werden. Wenn du die Meditationen nicht machen willst, ist die »Ersatzübung« immer die, mit einer Hand leicht über dem Herzen liegend, tief und sanft ein- und auszuatmen, damit du dich im Herzen sammeln kannst. Für gewöhnlich empfehle ich, jeder Eigenschaft den Klang *Ya* (arabisch für O) voranzustellen. Diese traditionelle Vorsilbe öffnet das Herz und erinnert uns daran, der jeweiligen Eigenschaft des Göttlichen, die wir in uns suchen, mit Achtung zu begegnen.

Auch wenn man über die richtige Aussprache streiten kann, so ist doch das Intonieren oder Atmen der Heiligen Namen in keiner der semitischen Sprachtraditionen jemals eine Frage linguistischer »Korrektheit« oder eine Frage, wer in welchem Kontext was für korrekt erklärt. In der Übung geht es vielmehr um spirituelles Erleben. Daher haben sowohl Kabbalisten als auch Sufis aller Zeitalter verschiedene Arten, die heiligen Klänge auszusprechen, verwendet und tun es noch (auch »falsche«, wie der eine oder andere wohl sagen würde), um den ganzen Reichtum von Gefühl und Bedeutung in jedem Buchstaben zu spüren. Man sieht das sogar daran, dass im Koran »Zwillings-Eigenschaften« geschaffen wurden, wie *Ma`jid* und *Ma´jid* oder *Wa`li* und *Wa´li,* die, je nachdem, wie sie ausgesprochen werden, eine andere Bedeutung haben. Wenn du dich als Erstes mit einem Gefühl der Anbetung auf dein Herz konzentrierst, werden dir der richtige Rhythmus und die richtige Aussprache von selbst klar werden. Wenn dir das Arabische zu verwirrend ist, atme einfach mit dem Gefühl des Weges, den du gerade gelesen hast, in dein Herz. Du kannst das im Sitzen tun oder auch im Gehen.

Den Kreis deines inneren Selbst einberufen

Manche Meditationen empfehlen eine Art »Runden Tisch« für die Arbeit mit dem inneren Selbst. Bei dieser Art von Arbeit lädt man alle Aspekte seines inneren Selbst ein, sich zu versammeln und im Herzen zu integrieren. Den Vorsitz über eine solche Sitzung hat deine »höchste Führung« (dein höheres Selbst), die in der Sufi-Terminologie *ruh* heißt. Du kannst sie als die Stimme deiner Intuition verstehen, die mit deinem ganz eigenen Lebensziel verbunden ist. Wie schon erwähnt, sind die im

Kreis versammelten Aspekte oder dein »inneres Selbst« das *nafs* mit seinen verschiedenen Stimmen in verschiedenen Stadien der Evolution.

Ich verwende auch den Begriff »Tisch der Weisheit«, in dem Sinne, wie das Buch der Sprüche berichtet, dass die heilige Weisheit alle Wesen zu einem Fest einlädt, wo sie miteinander essen und trinken. Eine Lesart dieses Bildes, die mit der Psychologie der Sufis übereinstimmt, ist, dass diese Dinnerparty die Art symbolisiert, wie Bewusstsein entsteht. Indem es die Gefühle, Gedanken und Eindrücke sammelt und integriert, erschafft die Heilige Weisheit ein »Ich«, eine Bewusstheit des Selbst in jedem Augenblick. Diese Versammlung ist auch die Art und Weise, wie die verschiedenen inneren Selbste (das *nafs*) geboren werden. Alle diese Gefühle und Eindrücke sind in Wirklichkeit Teil des »Ich bin«, der Heiligen Einheit, aber wir können diese Verbindung vergessen und tun es auch. Es gehört zum Weg der Sufis, das »wilde und malerische« Gelände des eigenen *nafs* kennenzulernen.

Nicht nur die Seelenarbeit der Sufis, sondern auch andere psychotherapeutische Modelle, die von ähnlichen Grundlagen ausgehen, arbeiten mit Psychosynthese (von denen manche behaupten, sie beruhe auf dem Sufismus) und inneren Stimmen. In der Arbeit der Sufis ist der Göttliche Geliebte die Wirklichkeit, in der alle Ereignisse stattfinden. Nichts ist außerhalb davon oder ausgeschlossen.

Im Gegensatz zu manchen anderen Traditionen lässt sich der Sufismus nicht verwissenschaftlichen, rationalisieren oder säkularisieren, um dem modernen Geschmack entgegenzukommen. Um tiefe Liebe zu entdecken, die Art von Liebe, der Sufis in ihrer Dichtung Ausdruck verliehen haben, muss man bereit sein zu lieben. Paradoxerweise ist der Sufismus also eine Tradition der Gottesverehrung mit einer sehr langen Geschichte, jedoch ohne festes Dogma oder Ritual. Möglicherweise trifft der Begriff Gottesverehrung bei dir einen wunden Punkt, weil du vielleicht von einer organisierten Religion vorbelastet bist. Nur weil eine Liebesgeschichte fehlgeschlagen ist, heißt das aber nicht, dass Liebe nicht wichtig ist. Wie schon gesagt ist der Sufismus ein so wilder und nomadischer Weg, dass du, wenn du das Gefühl hast, zu sehr eingesperrt und festgelegt zu werden, dein Derwischlager jederzeit abbrechen und weiterziehen kannst.

Noch eine letzte Bemerkung: Beobachte dich nicht zwanghaft dabei, wenn du eine solche geistige Arbeit beginnst. Wenn deine höchste Führung dich dahin bringt, dich deinem inneren Selbst über einen dieser Wege zur rechten Zeit zu nähern, kann eine scheinbar kleine Intervention mit der Zeit große Veränderungen bewirken. Das wichtigste

Wachstum geschieht letztlich »im Dunkeln« unseres Seins – das heißt, wenn wir nicht hinschauen. Eine alte chassidische Geschichte drückt das so aus:

> *Eines Tages kam ein Hasid zu einem Rabbi, um ihn um Hilfe zu bitten.*
> *»Was mache ich falsch, Meister? Ich pflanze Samen in meinem Garten, aber sie gehen nie auf!«*
> *»Sag mir genau, was du machst«, sagte der Rabbi.*
> *»Naja, jeden Tag pflanze ich die Samen und gieße sie. Am Abend gehe ich schlafen, aber dann, mitten in der Nacht, wache ich auf und fürchte, dass die Samen vielleicht nicht wachsen werden. Also gehe ich hinaus und grabe sie aus und, wie ich es mir gedacht habe, sie wachsen nicht!«*
> *»Ich glaube, ich verstehe dein Problem«, sagte der Rabbi.*

Saadi Shakur Chishti (Neil Douglas-Klotz)
April 2004

Auf die Reise gehen

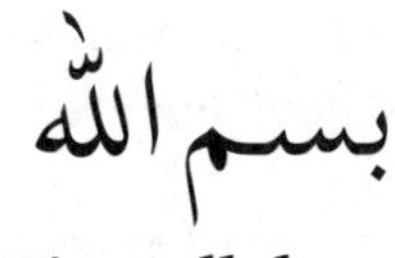

Bismallah

Wenn du zu diesem Weg des Herzens geführt wirst,
nimm dir einen Augenblick Zeit, einfach nur zu atmen,
und beginne dann dein Vorhaben mit ganzem Herzen.

Wenn wir irgendetwas Neues beginnen, ist uns vieles unbekannt. Wir haben Pläne, aber werden sie auch funktionieren? Können wir ganz und gar wir selber sein und dennoch tief mit anderen verbunden? Ist es möglich, sich ständig zu verändern und immer weiter zu wachsen und dennoch Freundschaften und Beziehungen über die Zeit hinweg aufrechtzuerhalten? Jede Entscheidung, zu lieben, etwas mit ganzer Leidenschaft und Hingabe zu tun, bedeutet einen Schritt ins Unbekannte.

Wenn wir uns zu Anfang eines jeden Tages oder eines jeden Jahres, jeder neuen Arbeitsstelle oder jeder neuen Beziehung die Zeit nehmen, zu meditieren oder einfach eine Weile in der Stille zu atmen, stellen wir uns dem Unbekannten. Das erfordert Mut und Herz. Die Sufis beginnen etwas Neues oft damit, dass sie das arabische Wort *bismillah* atmen, das sich poetisch so übersetzen lässt:

Wir beginnen, indem wir uns
des Klanges und Gefühls des Einen Seins,
der Quelle der Liebe, erinnern.
Wir versichern uns, dass durch das, was wir als Nächstes erleben,
das Licht des ganzen Universums schimmert.

Wenn wir die Welt auf diese Weise betrachten, dann ist der Grund für unser Dasein – und für jedwede Reise, zu der wir uns aufmachen –, dass wir alles, was wir als Mensch sind, den ganz einzigartigen Duft und Geschmack, den nur wir allein zu bieten haben, in die noch immer kochende »Suppe« des Universums einbringen möchten. Wie der Sufi-Dichter Saadi im zwölften Jahrhundert sagte:

> *Jedes Wesen wird mit einer Bestimmung geboren,*
> *und das Licht dieser Bestimmung ist in seiner Seele entzündet.*

Und doch sind wir, wie die Physiker uns heute sagen, untrennbar mit allem im Kosmos verbunden. Wir können nicht ohne einander auskommen. Wie bringen wir also unsere Individualität und unser Aufeinanderbezogen-Sein ins Gleichgewicht?

Unsere Individualität ist ein einzigartiges Geschenk. Der Sufi sagt jedoch, dass dieses Geschenk dem Herzen des ebenfalls einzigartigen göttlichen »Ich bin« entspringt, das den ganzen Kosmos erfüllt. Jeder Grashalm sagt »Ich bin!«, wodurch er sein Selbst ausdrückt. Wir können uns klar darauf ausrichten, all die Teile in uns zu integrieren und ganze Menschen zu werden, tief im Kontakt mit anderen Menschen, mit der Natur und mit der Quelle allen Seins. Das ist auch eine Art, *»bismillah«* zu sagen.

Für den Sufi ist jeder der hier beschriebenen Wege so etwas wie eine E-Mail-Adresse des Geliebten, und alle E-Mails erreichen denselben Posteingang. Natürlich gibt es im Grunde unzählige Gefühle, Namen und Eigenschaften des Heiligen. Wenn wir aber schon mal an die hundert verschiedene Gefühle und Reaktionen auf das Leben schaffen, ist das ein guter Anfang, um uns selbst kennenzulernen und letztlich mehr Freude und Erfüllung zu finden.

Vielleicht gibt das Leben dir gerade einen Anstoß, etwas zu beginnen, vielleicht eine äußere oder innere Suche. Dieser Weg ermuntert dich dazu, mit Leib und Seele auf die Reise zu gehen, damit dein Herz auch am Ende noch dabei ist.

Wurzeln und Zweige

Traditionelle Übersetzungen von *bismillah* sind »in Gottes Namen« oder »mit dem Namen Allahs«. Von der Wurzel her bedeutet dieses Wort buchstäblich: »mit, zusammen mit oder innerhalb *(B)* des Klanges, der Atmosphäre, des Namens oder Lichtes *(SM)* der Einheit des Einen Seins *(ALLAH)*«. In der aramäischen Version des Evangeliums benutzt Jesus einen ähnlichen Ausdruck, als er davon spricht, »in meinem Namen« *(b'sheme)* zu beten, was auch heißen kann »mit meinem Klang oder meiner Atmosphäre«. Er weist damit auf eine Art des Betens hin, die im Nahen Osten beheimatet ist: Ich bringe mich in denselben Atem- oder Bewegungsrhythmus wie ein Lehrer oder Führer, dieser Mensch wird für mich zu einem Tor, das mich wieder mit der Erinnerung an die heilige Einheit verbindet.

Meditation

Atme, mit einer Hand leicht auf deinem Herzen ruhend, sanft und leicht ein und aus. Spüre, wie die Bewusstheit von Atem und Herzschlag einen klaren, weiten Raum in dir schafft. Atme mit dem Klang des Wortes bismillah (Bis-MiL-LaaH). *Wenn wir uns darauf besinnen, unser Herz mit dem Herzen des Kosmos zu verbinden, denken wir daran, dass, wie die Sufis sagen, »Gott, unser Geliebter, ist nicht unser Gefängniswärter«.*

0. *Das Ja und Nein der Existenz*

Allah

*Wenn du zu diesem Herzensweg geführt wirst,
dann nimm dir Zeit, über die Qualität in dir
nachzusinnen, die alle Qualitäten in sich vereint, die
das Ja und das Nein deines Seins verbindet.*

Zu Beginn einer Reise ist es gut, wirklich hinzuspüren, wie sich »Ja« und »Nein« anfühlen, sodass wir – sollte etwas daherkommen, wofür oder wogegen wir uns entscheiden müssen – wirklich die Schwingung dieser beiden Möglichkeiten in unserem Innersten erfühlen können. Dieser Weg gibt uns Gelegenheit, unsere Gefühle von Zustimmung oder Ablehnung zu klären. Zu unserem vollen Menschsein gehört, unser wahres Ja und unser wahres Nein zu kennen.

Die Gefühle von Ja und Nein verbinden sich mit den ältesten Namen des Göttlichen im Nahen Osten. Diese Namen enthalten die Wurzel *AL (oder EL)*, die das heilige Etwas bedeutet, das ultimative Ja, verbunden mit der Wurzel *LA (oder LO)*, die das Heilige Nichts bedeutet, das ultimative Nein. Die Menschen des Nahen Ostens benutzen die eine oder andere Form dieses Namens seit mindestens viertausend Jahren, vom alt-kanaanäischen *Allat* oder *Elat* (ein Name der Göttin des Nahen Ostens) über das hebräische *Elohim* und das aramäische *Alaha* (das Jesus benutzte) bis zum arabischen *Allah,* das heute sowohl von Moslems als auch von Arabisch sprechenden Christen benutzt wird.

Jelaluddin Rumi, Sufi-Dichter des 13. Jahrhunderts, bringt wunderschön zum Ausdruck, dass der Abgrund zwischen Ja und Nein, zwischen Individualität und Beziehung, Vielfalt und Einheit, vielleicht nicht beständiger ist als die Welle, die in den Ozean zurückkehrt:

Ich suchte mich selbst, aber mein Selbst war fort.
Die Grenzen meines Wesens
waren im Meer verschwunden.

Wellen brachen. Bewusstsein tauchte wieder auf.
Und eine Stimme brachte mich zu mir selbst zurück.
Es geschieht immer so.
Meer kehrt in sich selbst zurück und schäumt,
und mit jedem bisschen Schaum
nimmt wieder ein Körper, wieder ein Wesen Form an.
Und wenn das Meer das Wort spricht,
schmilzt jeder schäumende Körper
zurück in den Atem des Ozeans.

Ja und Nein, Sein und Nichtsein, sind in die Zellen unseres Körpers eingebaut. Wenn wir also tief genug in unser Herz eintauchen können, finden wir den Ort, wo die beiden uns nicht zu ent-zweien brauchen.

Vielleicht ruft das Leben dich eben jetzt auf, loszulassen und in die Einheit zu kommen, für einen Augenblick alles loszulassen, was du über dich zu wissen glaubst. Wenn du nach und nach die Juwelen findest, die der Weg des Herzens bereithält, dann vergiss nicht, immer wieder zu dem Gefühl zurückzukehren, im Ozean der Einheit zu baden. Die vielen Eigenschaften des Herzens sind für das innere Selbst manchmal zu viel. Doch sagt der Koran, das Göttliche schuf alle diese Eigenschaften, Fähigkeiten und Gefühle in uns, bevor wir geboren wurden – zu Anbeginn des Kosmos, als Es uns in Seinem Herzen hielt als Teil des göttlichen Bildes, das sich im ersten Menschenwesen spiegelte. Wir können unser ganzes Leben lang den göttlichen Reichtum in uns erforschen und doch erschöpft sich niemals der Schatz, der dort verborgen liegt.

Wurzeln und Zweige

Traditionelle Übersetzungen dieses Namens sind unter anderem »Gott« und »das Eine und Einzige«. Das *h* am Ende des Wortes *Allah* betont, dass es immer noch ein göttliches Geheimnis gibt, etwas Ungehörtes, Unausgesprochenes, das Leben hinter allem Leben, ohne Namen oder Form und jenseits aller Ideen über das Göttliche. Wie ein Sufi-Schriftsteller kommentierte, ist »Allah« nicht wirklich »Gott«, das heißt »Allah« weist auf ein Wesen hin, das jenseits der von Menschen konstruierten Bilder, Ideale und Namen liegt. Es (nicht der Name) ist der Grund der Wirklichkeit, das Einzige Sein. In den Listen der 99 »schönen Namen« ist *Allah* nicht als einer der Namen gezählt. Um anzudeuten, dass er jenseits der Zählung liegt und doch alle Zahlen enthält, wird er manchmal symbolisch mit Null bezeichnet: Alles und Nichts, Sein und Nichtsein, die Unendlichkeit und jeder einzelne Moment. Genauso wie Null mal irgendeine Zahl immer Null ist, bleibt, wann immer man irgendeine Eigenschaft mit dieser Wirklichkeit »multipliziert«, immer nur diese Wirklichkeit.

Meditation

Lasse eine Hand leicht auf dem Herzen ruhen und spüre den Atem, wie er kommt und geht. Sage energisch »Ja!« und spüre nach, wie dein Herz und dein Atem darauf reagieren. Was für Bilder steigen in dir auf? Dann sage »Nein!« und schaue, was dabei anders ist. Atme dann mit dem wortlosen Raum, der sowohl das Ja als auch das Nein des Seins vereint. Fühle deinen Atem als Teil des Atems und der Luft, die den ganzen Planeten umgeben.

Lasse eine Hand leicht auf deinem Herzen ruhen und stimme einige Male den offenen Klang AhL *an. Spüre, wie der Klang deine Brust mit Schwingung erfüllt und deinen eigenen Anteil am heiligen Ja bekräftigt. Die Welle hebt sich, ein einzigartiges Geschenk an das Universum. Intoniere dann ein paar Mal den Klang* LaH. *Fühle, wie der Klang Raum in deiner Brust schafft und deinen eigenen Anteil an der heiligen Leere, dem Nein des Seins, bestätigt. Die Welle kehrt in den Ozean zurück, verändert und doch unwandelbar. Was ist leichter zu fühlen? Intoniere schließlich beide Teile des Wortes und spüre, wie sie sich verbinden,* AhL-LaH. *Sei sowohl die Welle als auch der Ozean.*

1. *Die Sonne der Liebe*

Ar - Rahman

Wenn du zu diesem Weg des Herzens geführt wirst, dann lass dir zu Bewusstsein kommen, dass du von ganzem Herzen tiefes Mitgefühl geben kannst.

Die Sonne scheint auf die Gerechten und die Ungerechten«, sagte Jesus. Die Sufi-Alchemisten entwickelten die Fähigkeit, von ganzem Herzen, aus dem tiefsten Bereich ihrer selbst, bedingungslose Liebe auszustrahlen. Diese Art von Liebe ist nicht mit dem zu verwechseln, was man gemeinhin mit »Co-Abhängigkeit« bezeichnet. Sie ist eher ein natürliches, strahlendes, »sonniges Wesen«. Zuweilen strahlen wir, weil wir gar nicht anders können, weil unser Licht aus einer tieferen Quelle heraus leuchtet. Eine schwangere Frau zum Beispiel leuchtet von innen, die Wärme neuen Lebens geht von ihr aus.

Wie die anderen Wege des Herzens, sagt der Sufi, gehört auch diese »Sonne der Liebe« bereits zu deinem inneren Wesen. Sie wartet nur darauf, entdeckt zu werden. Im Arabischen stammt dieses Wort für Liebe von dem Wort für *Mutterleib* ab. Diese schöpferische Liebe und Energie strahlen ganz natürlich aus unserem tiefsten Inneren. Wir brauchen uns dafür nicht anzustrengen. Jedes Mal, wenn wir sie spüren, ist es wie die Geburt eines neuen Selbstgefühls.

Um tiefer zu fühlen und dieses Gefühl durch unsere Stimme und unser Tun zum Ausdruck zu bringen, müssen wir vielleicht ein paar Vorstellungen darüber aufgeben, was wir sind. Jesus sagte: »Suchet, und ihr werdet finden.« Hier ist die Frage aber eher, ob wir uns trauen, zu suchen und auch zu finden. Mahmud Shabistari, ein Sufi-Dichter des 13. Jahrhunderts, vergleicht diesen Prozess mit dem Spiel:

Der Einsatz ist hoch für wahres Beten.
Du musst dich selbst aufs Spiel setzen
und bereit sein zu verlieren.

Hast du das getan und dein Ich wirft ab,
wofür es sich gehalten hat,
dann bleibt kein Gebet mehr,
nur ein Leuchten der Augen.
Wissender und Wissen sind eins.

Vielleicht gibt das Leben dir gerade den Impuls, tiefer in dich hineinzugehen und diese Quelle des Mitgefühls zu finden. Oder du tust gut daran, falls du gerade ein neues Projekt, eine neue Beziehung oder Lebensphase beginnst, dich auf diese Quelle zu besinnen. Möglicherweise solltest du zunächst deinem eigenen inneren Selbst ein wenig Mitgefühl zukommen lassen. Auch wenn du dich ganz bedürftig fühlst und meinst, überhaupt nicht nach außen strahlen zu können, dann nimm diesen bedürftigen Teil von dir an und liebe ihn bedingungslos. So, wie wir im Leib unserer Mutter getragen sind, bis die Zeit der Geburt gekommen ist, können wir auch unsere schwachen Anteile einfach als ein neues Selbst betrachten, das noch wächst und darauf hinreift, geboren zu werden.

Wurzeln und Zweige

Traditionell wird diese Eigenschaft unter anderem als »der Mitfühlende« und »der Gnädige« übersetzt. *Rahman* und auch der folgende Name *Rahim* stammen beide aus der alten semitischen Wurzel *RHM*, die auf das Ausstrahlen (*Ra*) aus einer tiefen, dichten Innerlichkeit hindeutet (*HM*). Wie das hebräische Wort *rahm* bringt sie die Funktion der Gebärmutter, des Mutterschoßes, zum Ausdruck. *Rahman* wird als die sogenannte positive, aktive oder sonnenhafte Seite dieser schöpferischen Liebe angesehen. Der Koran benutzt die Wendung *bismillah ar-rahman ar-rahim* am Anfang aller Suren (Kapitel), außer einer, um auszudrücken, dass die Wirklichkeit, von der wir sprechen, sowohl die »Sonne« als auch der »Mond« tiefer Liebe ist.

Meditation

Nimm dir heute etwas Zeit und atme in dein Herz. Lege dann deine Hände leicht über den Bauch und lasse dein Herz immer weiter und weiter werden, bis es den Bauch mit einschließt, und atme tiefer und tiefer in diesen Bereich hinein. Fühle eine Sonne dort, die nach allen Seiten Wärme und ein Ja zum Leben ausstrahlt.

2. *Der Mond der Liebe*

Ar - Rahim

Wenn du zu diesem Weg geführt wirst,
dann reflektiere darüber, wie viel tiefe Liebe und
Mitgefühl du auf allen Ebenen deines Seins
empfangen kannst.

Es ist leicht, darauf zu schauen, wie viel Liebe wir geben. Viele Selbsthilfebücher machen es sich zur Aufgabe, uns zu sagen, wie viel Liebe »zu viel« ist. Unsere Fähigkeit, Liebe anzunehmen, betrachten wir hingegen weniger oft. Ganz gleich, wie viel uns geschenkt wird – wenn unser Kelch zu klein ist, wird er überlaufen, bevor der tiefste Teil unseres Selbst etwas spürt. Die Sufis haben Praktiken dafür, einen großen inneren Raum für Gedanken, Gefühle und Empfindungen zu entwickeln. Was wir wirklich halten können, können wir auch loslassen. Wie der Sufi Hafiz im 14. Jahrhundert sagte:

Die Sonne ist der Wein, der Mond ist der Kelch.
Willst du gefüllt werden, so gieße die Sonne in den Mond.
Solchen Wein zu trinken könnte gut sein oder auch schlecht –
warum trinkst du nicht einfach?

Wenn die Sonne in den Mond gegossen wird, entsteht tiefe Freude. Niemand außerhalb unseres Selbst kann uns diese Freude schenken. Andere können uns nur daran erinnern, dass wir bereits der Wein, der Kelch und die Ekstase sind. Hier eine Geschichte darüber, wie wir manchmal Liebe empfangen:

Eines Tages besuchte ein Schüler des legendären weisen Narren Mullah Nasruddin diesen in seinem Heim. Er erwartete schon, dass Mullah sich irgendwie »verrückt« benehmen würde, und nahm sich daher fest vor, »nicht zu reagieren«. Ein anderer

spiritueller Lehrer hatte ihm nämlich eingeschärft:
»Wenn du unbewusst reagierst, entgeht dir das, was dich der Augenblick lehren will!«
Als Mullah die Tür auf machte, freute er sich sehr, seinen Schüler zu sehen:
»Mein Freund! Du kommst gerade recht ...du kannst mir helfen, Wasser aus dem Brunnen heraufzuziehen! Hier, nimm diesen Eimer und folge mir!«
Der Schüler folgte Mullah zum Brunnen und sah zu, wie dieser begann, Wasser aus dem Brunnen heraufzuziehen und es in den Eimer zu schütten, den der Schüler hielt. »Kein Problem«, dachte er sich.
Nach einer Weile bemerkte er, dass der Wasserpegel in seinem Eimer nicht sehr schnell anstieg.
Wohin verschwand denn all das Wasser? Sein Blick fiel auf die Unterseite des Eimers und er sah, dass fast ebenso viel herauslief, wie Mullah oben hineinschüttete. Für eine Weile ging das so und schließlich konnte der Schüler nicht mehr an sich halten und rief:
»Mullah, du Idiot! Siehst du nicht, dass der Eimer ein Loch hat?«
»Mein Freund«, sagte Mullah, »ich schaute nur auf die Oberseite des Eimers. Was hat die Unterseite damit zu tun?«

Wie so oft in Sufi-Geschichten agiert Mullah eine bestimmte Gewohnheit des Geistes, die viele von uns haben, aus und übertreibt sie. Wir sind so damit beschäftigt, zu schauen, wie viel wir gerade bekommen, dass wir überhaupt nicht merken, wie wir mit dem umgegangen sind, was wir bereits bekommen haben. In einem solchen Bewusstseinszustand ist mehr niemals genug – egal, ob es sich dabei um Liebe, Wissen oder Reichtum handelt –, denn unser Eimer hat keinen Boden.

Vielleicht möchte das Leben dir gerade die Fragen stellen: Wie nehme ich Liebe, Freundschaft oder sonst irgendeine Gabe an, die mir geschenkt wird? Schaue ich auf die Oberseite des Eimers oder auf die Unterseite? Überlege ich, wie viel mehr ich bekommen könnte, oder betrachte ich den Teil von mir, der nie zufriedenzustellen ist? Hat mein Eimer einen Boden? Dieser Weg erinnert uns daran, dass alle Neugeburt – auch die Geburt tiefer Liebe – Geben und Nehmen, Drängen und Loslassen, Ausstrahlen und Widerspiegeln enthält.

Wurzeln und Zweige

Traditionsgemäß wird diese Eigenschaft unter anderem mit »der Erbarmende« und »der Mitfühlende« übersetzt. Die Wurzeln von *Rahim* deuten auf die empfangende Seite desselben gebärmutterartigen Mitgefühls, von dem auch der vorherige Weg, *Rahman*, spricht. Die Endung 'im bedeutet, dass dieses Ausstrahlen von Wärme und Kreativität auf unzählige Weisen von unzähligen Wesen empfangen wird. Dadurch hat dieser Weg einen indirekten Bezug zu Wegen, denen wir später noch begegnen werden, wie zum Beispiel *Karim* (42) und *Halim* (32). Nach den Worten des Propheten Mohammed drückt *Rahman* die göttliche Liebe aus, die wir in der ständigen Erschaffung und Neuerschaffung des Universums sehen. *Rahim* ist Ausdruck des Versprechens, dass die göttliche Liebe in Zukunft auf jedes einzelne persönliche Bedürfnis eingehen wird.

Meditation

Atme und zentriere dich in deinem Herzen. Spüre seine Oberfläche wie einen Spiegel, der mit jedem Atemzug klarer und klarer wird. Wie der Spiegel eines Teleskops kann dieser Spiegel deines Herzens Licht empfangen und verstärken. Liebe zu empfangen ist keine passive Angelegenheit. Es erfordert eine andere Art von Konzentration, Fokus und Kraft, als auszustrahlen wie eine Sonne. Wenn du Freundschaft oder Liebe wirklich annimmst, wird ihre Wirkung verstärkt. Als »Mond der Liebe« kannst du beinahe ebenso viel Licht ausstrahlen, als wenn du die Sonne bist, und diese Liebe verwandelt die ganze Atmosphäre um dich herum.

3. Die „Ich kann"-Kraft des Kosmos

Al - Malik

Wenn du zu diesem Herzensweg geführt wirst, konzentriere dich auf das »Ich kann!«, auf die visionäre Kraft des Kosmos, die durch dich kommt.

Keine Kompromisse. Keine Zeitverschwendung. Manchmal musst du in deinem Leben den klaren Entschluss treffen, dich voll als Mensch verwirklichen zu wollen, egal was es kostet. Normalerweise bringt uns eine größere Krise an diesen Punkt. Schmerz ist oft das, was uns wirklich motiviert, eine Vision für ein vollkommen neues Leben ins Auge zu fassen. Langeweile und die Gewohnheit, »auf Nummer sicher zu gehen«, halten diese visionäre Kraft in uns unter Verschluss.

In vielen Sufi-Geschichten schockiert ein Derwisch die Menschen in seiner Umgebung so, dass sie auf einmal das Leben ganz anders betrachten. Die Sufis erzählen viele solche Geschichten über Jesus, den sie den »Atem Gottes« nennen und als großen Derwisch verehren:

> *Eines Tages war Jesus mit seinen Jüngern unterwegs, als sie vor sich auf der Straße einen toten Hund liegen sahen. Die Jünger wollten auf die andere Straßenseite wechseln, da der Hund als unrein angesehen wurde. Jesus ließ sie jedoch direkt vor ihm anhalten und schauen: »Schaut mal, wie schön weiß seine Zähne sind!«*

Jesus zwingt hier seine Schüler, sinnlosen Aberglauben beiseitezulassen und etwas ganz Unerwartetes – den Widerschein göttlichen Lichts – in etwas zu finden, das sie normalerweise gar nicht gesehen hätten. Einer der berühmten Aussprüche Jesu aus dem Thomas-Evangelium könnte leicht auf das Thema dieses Weges bezogen werden:

Wenn du zur Welt bringst, was in dir ist,
werden die Stimmen, die du erlöst, dich erlösen.
Findest und gebärst du sie nicht,
werden sie Teil dessen, was dich zerstört.[5]

Vielleicht gibt das Leben dir gerade den Impuls, deine eigene heilige Kraft der Vision wiederzufinden oder anderen dabei zu helfen, ihre visionäre Kraft zu entdecken. Eine solche Vision ist kein festes Bild oder eine Form. Sie ist eine dynamische, strahlende Eigenschaft, die dir hilft, wieder zu definieren und zu klären, was jetzt in deinem Leben wirklich wichtig ist. Nach der Sufi-Tradition ist dieser Weg der Teil in uns, der uns Mut macht und uns darin unterstützt, wir selbst zu sein. Eine klare Vision gibt uns die Kraft vorwärtszugehen. Sie zu sehen, die Kraft zu spüren und Verantwortung zu übernehmen sind nicht voneinander getrennt.

Wurzeln und Zweige

Traditionell wird diese Eigenschaft unter anderem mit »Meister« oder »König« übersetzt. Die alten semitischen Wurzeln von *Malik (MLK)* gehen auf eine Zeit zurück, als es im Nahen Osten überhaupt noch keine Könige oder Königinnen gab, eine Zeit, wo die Kraft von Visionen, die Kraft zu entscheiden und Verantwortung zu übernehmen, für ein Volk auf Wanderschaft Leben oder Tod bedeuten konnte. Die Wurzel dieses Wortes bildete in den alten semitischen Sprachen den Namen für die Führer der Clans oder Gemeinschaften (zum Beispiel *malkatu* auf Alt-Kanaanäisch). Die Wurzel von *Malik (MLK)* deutet auf Ermächtigung, Herrschaft, Rat und Vision. Jesus benutzte häufig die aramäische Form dieses Wortes (*malkuta,* das feminin ist), wenn er über »das Königreich«, wie es meist übersetzt wird, sprach. In der dritten Zeile seines Gebetes (Matthäus 6,10) zum Beispiel spricht er die Affirmation *teethe malkutakh:* »Möge deine Kraft der Vision, das ›Ich kann‹ des Kosmos, wirklich kommen!« (für gewöhnlich übersetzt mit »Dein Reich komme«).

Meditation

Sammle deine Aufmerksamkeit wieder im Herzen. Atme mit so viel Mut, wie du nur aufbringen kannst – Mut, nicht zum Tun, sondern zum Sein. Nur du hast die Herrschaft über dein Sein, niemand kann dich von außen aufhalten oder hindern.

Gehe und atme in einem festen Vierer-Rhythmus mit den Worten Ya Ma-Liek *(der letzte Schlag ist eine Pause:* Ya-Ma-Liek-Stop*). Nimm wahr, wie der Rhythmus deines Atems allmählich mit dem deines Herzschlags synchron wird und wie dich das belebt und dir Energie gibt. Du kannst auch mit diesem Rhythmus die Straße entlanggehen und spüren, wie dein eigener Herzschlag in dieser göttlichen Eigenschaft von Vision und Ermächtigung enthalten ist.*

4. Heiliger Raum

القُدُّوسُ

Al - Quddus

Wenn du zu diesem Weg geführt wirst,
nimm die Gelegenheit wahr, einen heiligen Raum in dir
zu schaffen, wo du dich daran erinnerst, was im Leben
wirklich zählt.

Zuweilen scheint das Leben nur aus einer Reihe von Terminen oder einer endlosen Liste von Dingen zu bestehen, die noch zu tun sind. Wie sollen wir unter diesen Umständen die Macht des »Ich kann« entdecken und was wir im Leben wirklich wollen, wie es im vorigen Weg beschrieben ist?

Der nächste Weg des Herzens sagt uns, dass wir uns daranmachen müssen, eine der schwierigsten spirituellen Praktiken des modernen Lebens zu meistern: uns einen Platz zu schaffen, an dem wir einfach sein können. Das ist nicht dasselbe wie anzuhalten und uns der Erschöpfung hinzugeben (auch wenn das vielleicht der erste Schritt ist). Heiligen Raum zu schaffen verlangt, dass wir einige Energie auf den Vorgang verwenden. Das heißt, wir entwickeln ein Gefühl dafür, in uns zu bleiben und »zu Hause« zu sein. Rumi sagt darüber folgendes:

Wenn Staub dein Herz-Glas verdunkelt,
wie kann der Spiegel klar werden?
Wisch den Staub weg und
Strahlen enthüllen dein wahres Gesicht.
Traubensaft gärt nicht über Nacht.
deshalb altert Wein in einer Flasche.
Wenn du willst, dass dein Herz wieder strahlt,
sei darauf gefasst, dich ein wenig anzustrengen!

Dies ist also wieder so eine Situation, die Vor- und Nachteile hat. Gut ist, dass es für den Sufi sehr viel mehr im Leben gibt als die Oberfläche der Dinge – mehr Liebe zu geben und zu empfangen, mehr Vision und mehr Energie. Die schlechte Nachricht ist die, dass es keinen leichten Weg dahin gibt. Zwar können wir in jedem Moment flüchtige Eindrücke erhaschen, die uns wach machen und uns zeigen, dass uns etwas fehlt. Aber deshalb gibt es noch lange keinen leichten, sozusagen »idiotensicheren« Weg zur Öffnung des Herzens. Jeder, der dir das erzählt, will dich eher unterhalten als führen (und ist wahrscheinlich eher daran interessiert, was er von dir kriegen, als was er dir geben kann).

Bei diesem Herzensweg hängen das Erschaffen eines Raumes und das Erkennen von Konzentration zusammen. Wir schaffen Raum für das, was uns im Leben am meisten interessiert. Interesse ist eine Art Liebe. Und wir sollten uns lieber für das interessieren, was uns ein tiefes Herzensanliegen ist, als uns von außen irgendein Interesse aufnötigen zu lassen. Seit Tausenden von Jahren finden viele Menschen den Raum, in dem sie sich nach innen ausrichten können, in der Natur. Diejenigen von uns, die in der Stadt leben, müssen daher ein bisschen mehr arbeiten. Außerdem zieht das moderne Leben unsere Aufmerksamkeit viel mehr an die Oberfläche der Dinge und zu schnellen Entscheidungen hin als das Leben, dem sich unsere Vorfahren gegenübersahen. Um unser Interesse gefangen zu halten, sind wir eine unbewusste Verschwörung miteinander eingegangen und haben uns subtile Verführungen wie Werbung, Massenmedien und Shopping erschaffen. Die Macht dieser Hilfsmittel – die man sowohl als Segen als auch als Fluch sehen kann – zeigt, wie viel Energie und Kreativität noch in uns warten. Sie demonstriert, wie kraftvoll wir sein könnten, wenn wir uns die Zeit und den Raum zurücknähmen, die wir mit Geschäftigkeit gefüllt haben.

Vielleicht gibt das Leben dir gerade den Anstoß, einen Moment aus dem Fluss herauszutreten und zu überdenken, welchen Dingen du in deinem Leben Platz einräumst. Heiligen Raum zu erschaffen, innen oder außen, erfordert Zeit. Dieser Weg erlaubt uns, nach innen zu gehen, immer wiederkehrende Gedanken und Gefühle abzulegen und zu sehen, wie der Spiegel des Heiligen in unserem Inneren wiedererschaffen wird.

Wurzeln und Zweige

Die traditionelle Übersetzung dieser Eigenschaft ist »das Heilige«. Die Wurzeln von *Quddus* zeigen sowohl Fokus *(QD)* als auch Leere *(US)*.

Symbolisch ist dies ein von einem Kreis umgebener Punkt, der getrennten Raum schafft. Jesus benutzte eine aramäische Form dieses Wortes in der zweiten Zeile seines Gebetes, als er sagte *nitkaddash shmakh:* »Lass Raum entstehen für den Namen und die Schwingung der Einheit.« Wenn wir weit genug werden, finden wir Raum, um uns zu erinnern, was uns im Leben wirklich wichtig ist. Die Erinnerung erschafft einen stillen Punkt, um den unser Leben sich drehen kann. Paradoxerweise ist es also so, dass, wenn du dich in die göttliche Einheit fallen lässt, der göttliche Fokus das ist, was erhalten bleibt. Im Koran erscheint dieses Wort oft in Kombination mit dem vorangegangenen Weg, *Malik* (3). Die Kraft der Vision und der Raum, sie zu empfangen, gehören zusammen. Zusammen öffnen sie Tore zu einem Prozess, der durch die folgenden sechs Wege führen kann, die der Koran in einem Vers erfasst (59:23).

Meditation

Sammle deine Aufmerksamkeit wieder im Herzen. Lasse deinen Atem in den Rhyth mus des Herzschlags kommen. Nimm nach und nach zu deinem Atem den Klang Ya QuDuus *hinzu. Fühle dein Herz wie einen Spiegel, der voller Vorfreude die Reflektion des Göttlichen erwartet.*

Ein anderes Mal kannst du mit diesem Namen in deinem Atem in die Stille gehen und dich einfach von ihm führen lassen. Berufe einen Kreis deines inneren Selbst ein, indem du dir einen runden Tisch vorstellst, an dem alle deine inneren Stimmen sich versammeln können. Lasse deine höchste Führung (das »hohe Selbst«, das die Sufis ruh *nennen) eine Einladung an all die Teile deiner selbst ausschicken, die im Exil sind – eine Einladung an einen Tisch, wo für alle genug da ist. Alle die kleinen, relativen Ichs sind im Kreis der Einheit willkommen.*

5. *Der Frieden des Anfangs*

السَّلَامُ

As - Salaam

Wenn du zu diesem Weg geführt wirst,
meditiere über die Anfänge des Universums und die
potenzielle Gegenwart vor der Schöpfung und besinne
dich auf die Quelle des tiefsten Friedens.

Mit den neuesten Teleskopen können wir immer tiefer in den Weltraum schauen, und so blicken wir weiter und weiter zurück zu den Ursprüngen des Universums. Wir haben in galaktischen Nebeln entstehende Sterne gesehen und sogar die Erschaffung des Raumes selbst in der Form dunkler Materie.

Unsere Vorfahren in den Traditionen des Nahen Ostens, die sich heiligen Raum und Zeit für sich selbst nahmen, ergriffen die Gelegenheit, tief in den nächtlichen Himmel und in die Natur hineinzuschauen, und fragten sich, was wohl vor dem Anfang war. Die Semitisch sprechenden Völker des Nahen Ostens stellten sich die Anfänge des Universums wie eine Karawane vor, mit der Vergangenheit am Anfang und der Zukunft am Ende. Manche Wesen sind uns vorausgegangen, manche folgen später nach. Alles ist in Bewegung: das Göttliche, die Natur, die Menschen, die Zeit und der Raum. Der geheimnisvolle Augenblick des Anfangs ist voll von jener Eigenschaft, die im Arabischen *salaam* genannt wird, ähnlich dem alten hebräischen *shalom* und dem aramäischen *shlama*.

Die meisten Menschen im Westen wissen, dass diese Wörter »Frieden« bedeuten. Es ist jedoch nicht der »Frieden« gemeint, der das Gegenteil von »Krieg« ist. »Frieden« beschwört hier den Frieden und das schöpferische Potenzial, die am Anfang aller Dinge da waren und die in der ganzen Karawane der Vorfahren vor uns noch immer gegenwärtig sind. In diesem Kontext bedeutet es mehr als einfach nur »Hallo!«, wenn man zu einem anderen Menschen »salaam« oder »shalom« sagt. Ein Sufi sagt auf diese Weise: »Weißt du noch, es gab eine Zeit, als niemand von uns hier war. Was bedeuten im größeren Plan der Dinge schon unsere Probleme, Konflikte und die Verletzungen, die wir verursacht oder erlitten haben? Frieden!«

Vielleicht fordert dich das Leben gerade auf, einem anderen Menschen oder einem Teil deines eigenen inneren Seins diesen Gruß zu entbieten, den Gruß des Friedens. Dieser Weg bringt uns in Erinnerung, wie kostbar das Leben, das uns gegeben wurde, wie kostbar der Segen des Augenblicks ist. Er verbindet uns auch mit jenen, die uns vorangegangen sind, und all jenen, die nach uns kommen.

Wurzeln und Zweige

Diese Eigenschaft wird in traditionellen Übersetzungen oft als »Quelle von Frieden« und »Ursprung von Sicherheit« bezeichnet. Die Wurzeln von *Salaam* weisen auf eine sich entfaltende Wirklichkeit des Potenzials hin *(SA-)*, die ständig Möglichkeiten, Gesundheit und Ganzheit *(LaM)* erschafft. Aus derselben Wurzel stammt der Begriff *Islam*, welcher den Weg des Friedens bezeichnet, die Hingabe seiner selbst an die größere Wirklichkeit der Einheit. Die Tradition des Sich-Erinnerns und des Grüßens ist im Nahen Osten sehr alt. In der alten hebräischen Tradition deutet das Wort *shalom* auf den siebten Tag (oder den erleuchteten Abschnitt) der Schöpfung hin, an dem das heilige Eine sich erinnert und sich alles, was zuvor war, wieder ins Bewusstsein ruft. Während des Ruhetages sagt das Göttliche in jedem Augenblick zu dem, was geschaffen wurde: »Friede sei mit dir!« Mohammed erzählte eine berühmte Geschichte, in der Allah Adam bittet, die Engel mit den Worten *salaam aleykum* zu grüßen – Friede sei mit euch. Die Engel antworten: »Friede sei mit dir, Adam, und auch das strahlende Mitgefühl *(rahman)* und der schöpferische Segen *(baraka)* des Einen!« Allah bittet Adam dann, diesen Gruß allen Menschen, die nach ihm kommen, weiterzugeben. Jesus forderte seine Jünger zu einem ähnlichen Gruß *(shalama bayta)* auf, wenn sie irgendein Haus betraten.

Meditation

Sammle deine Aufmerksamkeit wieder im Herzen. Zähle bei jedem Ein- und Ausatem bis vier und spüre deinen Atem im Herzen. Bringe bei dieser Gelegenheit das Gefühl deines ganzen inneren Selbst in den Kreis des heiligen Raumes in dir. Atme YA

SalaaM *zu jedem Gefühl, jedem Gedanken und jeder Empfindung, die in dir aufsteigen. Dann, oder auch zu einem anderen Zeitpunkt, begrüße jeden Menschen in deinem äußeren Leben auf diese Weise. Schließe zum Abschluss alle ein, die dir je geholfen haben – Lehrer, Heiler, Freunde, Familie-, und schließlich alle Wesen.*

6. Unterstützung

Al - Mu´min

Wenn du zu diesem Weg geführt wirst,
dann fühle dich der Unterstützung des Universums so
sicher wie der Erde unter deinen Füßen.

Die beiden vorhergehenden Wege (*Quddus* und *Salaam*) luden uns ein, Raum zum Sein zu schaffen und mit unserem Bewusstsein weit zurückzugehen bis zu den Anfängen des Kosmos. Die beiden nächsten Wege des Herzens holen uns aus diesem erweiterten in einen voll verkörperten Zustand zurück. Das Leben ist nicht nur Raum und Wellen, es ist auch Partikel. Göttliche Unterstützung umgibt uns und hält uns wie eine Mutter, die ihre Kinder hält.

Hier wird der Sufi geprüft, wie sehr er oder sie wirklich glaubt, dass die göttliche Einheit alles ist, was es gibt. Hakim Sanai, Sufi des zwölften Jahrhunderts, sagt:

Am Tag der Müllabfuhr
bring alles, was du besitzt und zu sein glaubst,
hinaus auf die Straße des Vertrauens-in-das-Eine.
An der Ecke wird dir
dein wahres Glück begegnen,
enthüllt in deinem eigenen Gesicht.
Der Kopf des Zweifels hat zwei Ohren,
das Herz nur eines.
Die Ohren des Kopfes hören
auf Millionen Stimmen hier und dort.
Das Herz hat nur ein Ohr
für den Gesang des Geliebten.

Vielleicht fordert das Leben dich gerade auf, dein Vertrauen zu erneuern oder anderen zu helfen, zu vertrauen. Vielleicht ist es Zeit, in die Tiefen deines Seins zu atmen und den Seinsgrund zu finden, der all deinen inneren Stimmen Trost und Hilfe ist. *Mumin* hilft uns nicht nur zu fühlen, dass der oder die göttliche Geliebte uns trägt, sondern auch, dass das ganze Universum das Vertrauen und die Gewissheit der Heiligen Einheit zum Ausdruck bringt.

Wurzeln und Zweige

Diese Eigenschaft wird traditionell zum Beispiel mit »der Getreue« und »der Hüter des Glaubens« übersetzt. Die semitische Wurzel *MN* bedeutet Vertrauen oder Glauben, die Gewissheit, dass das Eine uns zu allen Zeiten trägt und hält. Eine Form dieses Wortes beschließt Gebete sowohl des Judaismus als auch des Christentums und des Islam: *ameyn, amen, amin*. Das heißt: »Wir bekräftigen, dass das eben Gesagte der Grund unseres Handelns sein wird, die Erde, aus der all unser neues Wachstum hervorsprießt.« Das Wort *amin* wird im Arabischen auch als persönlicher Name gebraucht (und war ein Jugendname des Propheten Mohammed). Die Vorsilbe *MU-* fügt dieser Wurzel den Sinn einer voll verkörperten Aktion hinzu (wie das auch in anderen Herzenswegen der Fall ist). Göttliche Unterstützung ist also nicht nur um uns herum, sondern auch in unserem Inneren.

Meditation

Sammle deine Aufmerksamkeit wieder im Herzen. Nimm dir diese Zeit, um dein ganzes Selbst als den Körper des Universums zu fühlen, der sich bewusst wird, dass nur das Eine existiert. Durchstreife im Geiste die Gegebenheiten deines Lebens: Wo fühlst du dich getragen, wo nicht?

7. Schutz

المُهَيْمِنُ

Al - Muhaimin

Wenn du zu diesem Weg geführt wirst,
nimm Kontakt mit deiner höchsten Führung auf
und verbinde dich mit deinen Lehrern. Fühle, wie die
göttliche Unterstützung sich mit der Lebensenergie
verbindet
und sich wie eine schützende Hülle um dich legt.

Wenn, wie die Sufis glauben, die Heilige Einheit alles umfasst, brauchen wir dann überhaupt Schutz? Kommt nicht sowieso alles vom Göttlichen? Auf einer Ebene ist das richtig. Auf einer anderen Ebene jedoch gibt es noch immer einen Teil unseres Seins, der sich getrennt und schutzbedürftig fühlt. Und auf noch einer anderen Ebene haben wir, selbst wenn alles vom Göttlichen kommt, noch immer die Verantwortung zu handeln – denn unsere Handlungen wirken sich auf den Stoff der göttlichen Wirklichkeit aus und verändern ihn. Für die Sufis ist »Gott« kein Puppenspieler, der die Dinge herumbewegt, wie es ihm oder ihr gefällt. Nach den Worten des heiligen Paulus leben wir, bewegen wir uns und sind wir in Gott. Niemand von uns kann sich auf seinen Lorbeeren ausruhen, niemand kann es sich leisten, sich in einstudierter Gleichgültigkeit aus dem Leben zurückzuziehen. Saadi, ein Sufi des 12. Jahrhunderts, sagte:

Könige vergessen, dass sie den Armen dienen sollen,
nicht die Armen ihnen.
Die Schafe hüten nicht die Hirten –
es ist umgekehrt.
Deshalb halte kurz inne, wenn du meinst,
du seist zu Großem bestimmt
und für den Müll sei jemand anders da.
Die Erde dreht sich.

Der Erfolg eines Tages weicht den Sorgen des anderen,
und wenn du die Asche aus einem Grab holst,
wer kann da Reich von Arm unterscheiden?

Vielleicht gibt das Leben dir gerade den Impuls, für dein eigenes spirituelles Leben oder auch für das Leben deiner Familie oder Gemeinschaft zu sorgen und es zu schützen. Wir können niemals entscheiden, was für einen anderen Menschen richtig oder wahr ist, aber manchmal müssen wir beschließen, was in einem bestimmten Augenblick für uns selbst wahr und richtig ist. Vielleicht kommt es dir so vor, als würdest du aufgefordert, widersprüchliche Dinge zu tun – aber wenn du dich darauf besinnst, dass »Allah auf allen Seiten ist«, dann wird deine Frage in der Meditation sein: »Was verlangt dieser Augenblick von mir? Wie diene ich am besten dem göttlichen Mitgefühl? Was will ich in dieser Situation wirklich von Herzen tun?«

Wurzeln und Zweige

Diese Eigenschaft wird traditionell unter anderem mit »der Beschützer« und »der, der entscheidet, was richtig und falsch ist« übersetzt. In *Muhaimin* finden wir die Wurzel des vorherigen Weges *(Mumin)* mit der Wurzel *Hay* (62) – göttliche Lebensenergie – kombiniert. So gesehen ist Unterstützung plus Lebensenergie gleich Schutz. Die Wurzeln beschreiben eine Henne, die ihre Flügel ausbreitet, um ihre Küken zu schützen. Dieser Schutz befähigt uns auch, in diesem Augenblick Richtig von Falsch zu unterscheiden, zu spüren, ob etwas unserem Lebenssinn dienlich ist oder nicht. Der Koran benutzt dieses Wort außerdem, um sich als Schützer aller vorangegangenen Botschaften zu bezeichnen: »Sagt es allen: ›Wir glauben an das Eine Sein und an das, was auf uns herabgesandt wurde, und was Abraham, Ismael, Isaak und Jakob und den Stämmen herabgesandt wurde, und was Moses, Jesus und all den Propheten von ihrer Quelle gegeben wurde. Wir machen keinen Unterschied zwischen ihnen und wir geben uns derselben Quelle von Allem hin‹« (Sure 3:84). Im Aramäischen benutzt Jesus ein ähnliches Wort, wenn er von der Quelle seiner aktiven Heilkraft spricht. Er sagt zu denen, die er geheilt hat: »Dein verkörpertes Vertrauen in das Eine Leben *(haimanuta)* hat dich ganz gemacht.«

Meditation

Sammle deine Aufmerksamkeit wieder im Herzen. Atme den Laut MU- *in den Bauch und wenn er zu* HaaY *wird, bringe ihn ins Herz. Dann atme den Laut* 'Mien *aus und lasse ihn mit dem Gefühl des Schutzes in alle Richtungen ausstrahlen. Lasse nach einigen Minuten den Klang und das Atemmuster gehen und atme ganz natürlich. Fühle, wie die Macht der Einheit dein ganzes inneres Selbst schützt.*

Atme das Gefühl von Muhaimin *in die Stellen in dir, wo du dich unsicher und schutzlos fühlst. Du kannst diesen Atem auch nach außen richten, zu Freunden und Familien mitgliedern oder Gemeinschaften, die es brauchen.*

8. *Die Stärke der Form*

Al - `Aziz

Wenn du zu diesem Weg geführt wirst,
spüre, wie die verkörperte Kraft des Einen sich durch
dich bewegt, und gleichzeitig durch alles, was materielle
Form hat.

Die beiden vorangegangenen Wege (*Mumin* und *Muhaimin*) erinnerten uns daran, dass wir nicht nur mit dem Unaussprechlichen, dem weiten Raum und der uralten Karawane unserer Vorfahren verbunden sind, sondern auch mit der Verkörperung und dem praktischen Leben im Hier und Jetzt. Dieser Weg führt uns weiter in diese Richtung, indem er uns zu Bewusstsein bringt, dass unsere physische Form selbst und die Form jedes Wesens im Universum ebenfalls Teile der Göttlichen Einheit sind. In den alten semitischen Schöpfungsgeschichten bedeutet Erde unsere einzigartige materielle Form, Himmel bedeutet unsere gemeinsame Verbundenheit mit dem Rest des Universums. So, wie Wissenschaftler die Natur des Lichts mal als Partikel und mal als Welle sehen, zeigt uns unser »Irdischsein« unsere individuelle Natur als Partikel; unser »Himmlischsein« enthüllt als Welle unsere Verbundenheit mit allem anderen. So betrachtet ist die Erde also nichts Geringeres als der Himmel, und die Sufi-Theorie der Relativität wäre: Materie = Energie = wir. Wenn wir spirituelle Techniken in erster Linie als etwas ansehen, mit dem wir aus dem Hier und Jetzt entfliehen können, verpassen wir einen Teil der Möglichkeiten des menschlichen Lebens.

Rumi sagte:

Hört diese Geschichte:
Als die Seele den Körper verließ,
wurde sie an der Himmelspforte von Gott aufgehalten:
»Wie schade! Du bist genau so zurückgekehrt, wie du auszogst.

Das Leben ist ein Segen von Möglichkeiten.
Wo sind die Beulen und Kratzer,
die dir die Reise geschenkt hat?«

Die meisten von uns haben auf ihrer bisherigen Lebensreise schon eine ganze Menge Beulen und Kratzer gesammelt. Manche der Verletzungen unseres Herzens, ob sie nun aus der Kindheit oder dem Erwachsenenleben stammen, sind vielleicht zu schmerzhaft, als dass man sich überhaupt an sie erinnern möchte. Wir weben deshalb gern ein emotionales Narbengewebe über unsere Fähigkeit zu fühlen. Dieser Weg will uns unter anderem sagen, dass wir die Schürfwunden des Lebens nie ganz vermeiden können. Aber wir können die Beulen und Kratzer der Vergangenheit erlösen – indem wir fühlen, welch ein Segen und welch eine Kraft es ist, eine physische Form zu haben, durch die wir wirken können.

Vielleicht fordert das Leben dich gerade auf, eine konzentrierte und klar ausgerichtete Energie in deinem Leben zu erschaffen, um Dinge aus dem Bereich des Möglichen in das tatsächliche Sein zu bringen. Vielleicht fühlst du dich auch innerlich schwach. Kannst du tief in dich hineingehen und die Festigkeit der Erde spüren, die deine Knochen trägt, und diese Stärke dann in die aktuelle Situation bringen?

Wurzeln und Zweige

Traditionelle Übersetzungen dieser Eigenschaft sind unter anderem »erhaben in Macht« und »allmächtig«. Die Wurzeln von *Aziz* weisen auf eine Kompression des Lebensatems in die Form *(AZ)*, die zu verkörperter Kraft führt *(Z-)*. All diese Kraft gehört zur Heiligen Einheit – dem Urgrund der Wirklichkeit des Universums. Wir können die komprimierte Stärke in der dunklen Materie im Innern aller Form sehen, die sie aufrechterhält und stützt, vom kleinsten subatomaren Partikelchen bis zur größten Galaxie. Eine verkörpertere oder internalisiertere Form dieses Weges finden wir in *Mu`izz* (24). Im Arabischen wird, wenn der Laut *'A* intensiviert ist und anzeigt, dass der Lebensatem zu sehr in die Form gesperrt und egozentrisch geworden ist, *`Aziz* zu *`Izza* – zu persönlichem Stolz oder Arroganz. Die Botschaft ist folgende: Wenn du die Stärke der Erde spürst, die durch dich wirkt, dann atme weiter und spüre deine Verbundenheit mit den Menschen, die dich umgeben. Du bist schließlich nicht die Quelle dieser Kraft.

Meditation

Sammle deine Aufmerksamkeit wieder im Herzen. Sitze einen Augenblick lang auf deinen Händen und spüre die solide Verbindung zwischen deinem Becken und deiner Unterlage. Fühle, wie diese feste Unterstützung in dir aufsteigt, fühle sie als die Macht der Erde und der Form. Atme nun in dein Herz und berufe einen Kreis deines inneren Selbst ein, lade die verschiedenen Stimmen in dir ein, am Tisch Platz zu nehmen. Wer ist da? Wer fühlt sich stark? Wer fühlt sich schwach? Was könnte dir in deinem Leben dabei helfen, die Stärke der Erde durch dich wirken zu lassen?

9. Ganzmachen und Wiederherstellen

Al - Jabbar

Wenn du zu diesem Weg geführt wirst, hast du Gelegenheit, die wiederherstellende Kraft des Einen zu fühlen und etwas Heilendes zu tun, damit etwas Zerbrochenes wieder ganz wird.

Während der letzte Weg *(Aziz)* uns an die Gabe erinnerte, Kraft in einer Form zu verkörpern, sagt uns dieser Weg, dass wir manchmal kraftvoll handeln müssen, um zu reparieren, was kaputtgegangen ist, um schlechte Gesundheit oder Unglück abzuwenden. Zweifellos gibt es viele Augenblicke im Leben, wo es das Weiseste ist, sich den Umständen zu ergeben. Dieser Weg sagt uns jedoch, dass es jetzt um etwas anderes geht.

Wie im 12. Jahrhundert der Sufi Abdul Qadir Jilani sagte:

> *Wenn ich mich vor eine Herausforderung gestellt sah, strengte ich mich zunächst selbst an bis zur Erschöpfung, dann spannte ich meine Familie ein, dann die Gemeinschaft, machte alle Verbindungen und Bekanntschaften mobil. Erst als alle Kräfte erschöpfe waren, wandte ich mich an Gott. Doch das Eine Sein antwortete nicht, bis ich alle anderen Mittel ausgeschöpft hatte, und erst, als ich alles andere aufgegeben hatte. Ich war in den Händen des Einen wie ein Baby in den Armen seiner Mutter, wie ein Poloball vor dem Schläger. An diesem Punkt kam die Erlösung. Dann sah ich, wie Allah durch alles gewirkt hatte – durch mein Tun, das meiner Familie, das meiner Freunde, alles. Ich hatte es vorher nicht erkannt, deshalb dachte ich, »ich« hätte es »selbst« gemacht. Jetzt sieht diese Person nichts als das Wirken des Einen. Ich bin aus meinem Selbst verschwunden.*

Vielleicht bedarf etwas in deinem inneren oder äußeren Leben der Wiederherstellung oder muss wieder ganz gemacht werden. Das Leben fordert dich auf, jetzt zum Handeln überzugehen und deine Kräfte zu versammeln. Anstatt zu befürchten, dass du es nicht kannst, gestatte dir das Eine Sein zu fühlen, das durch dich handelt. Dieser Herzensweg erfordert konzentrierte, kreative Energie.

Wurzeln und Zweige

Traditionell wird diese Eigenschaft unter anderem mit »der Zwingende« und »der Unwiderstehliche« übersetzt. Die Wurzel *JB* deutet auf die schöpferische Kraft des Einen hin, die in den organischen Grenzen der Natur und der Schöpfung selbst enthalten ist und wirkt. Diese Kraft heilt Wunden, repariert Brücken und schließt Kreise, die rund werden wollen – alles zur rechten Zeit. Dieselbe Wurzel erscheint auch im arabischen Wort *jabara*, was heißt, einen gebrochenen Knochen wieder einzurichten. Die zweite Hälfte des Wortes, *-BAR*, zeigt, dass diese wiederherstellende und kreative Kraft durch das göttliche Licht und die göttliche Intelligenz wirkt. Wir verneigen uns natürlich vor dieser Kraft. In diesem Sinne ist *Jabbar* auch das, was uns dazu bringt, über Allahs Schöpfung zu staunen und uns der Kraft, die dahintersteht, hinzugeben. Die entsprechende Wurzel wird im hebräischen Wort *Gabri-el* benutzt, dem Namen des Engels, der die göttliche Kraft ausdrückt (im Koran heißt er *Jibril* und man sagt von ihm, er habe Mohammed die Offenbarungen des Korans zugetragen).

Meditation

Sammle deine Aufmerksamkeit wieder im Herzen. Atme rhythmisch den Klang Ya Ja-BaaR, *indem du dich beim Ausatmen leicht vorbeugst und beim Einatmen zurück. Lass dich von dem Klang hin zum Handeln wiegen, als ob du in der Karawane des Lebens ein Kamel reiten würdest. Lass den Klang sich zuerst nach außen ausbreiten und spüre, wie wieder gesunde Grenzen hergestellt werden. Dann lade freundlich alle Stimmen deines inneren Selbst ein, sich zu versammeln, und lass dich während des Heilungsprozesses von den Armen des Geliebten umfangen.*

10. Konzentration

Al - Mutakabbir

*Wenn du auf diesen Weg geführt wirst,
dann finde bei dieser Gelegenheit den göttlichen Fokus
in deiner eigenen Fähigkeit, dich zu konzentrieren.*

Der berühmte Sufi von Bagdad, Abul Qadir Jilani, repräsentiert den Weg der Konzentration im klassischen Sufismus. Seine Schriften unterstreichen, wie wichtig es ist, die richtige Beziehung zum Göttlichen zu haben, und zeigen machtvolle Herzensübungen, die, wenn man darin Vollkommenheit erlangt, zur Meisterschaft führen. Seine Botschaft ist im Wesentlichen folgende: Alles, was man im Herzen halten kann, kann man auch erreichen. Und es lohnt sich nicht, irgendetwas im Herzen zu halten, das nicht vom Geliebten kommt. Eine von Jilanis Übungen zur Entwicklung von Konzentration lautete: Beginne nichts, ohne es zu vollenden.

Wenn es dir schwerfällt, etwas bis zum Ende durchzuführen, dann probiere es zunächst mit irgendetwas aus: Aufstehen und ein Glas Wasser holen oder zu einer bestimmten Zeit mit der Arbeit aufhören und zu Mittag essen, wie du es dir vorgenommen hast. Das sind vielleicht keine wirklich wichtigen Vorhaben, aber mache einfach aus jedem eine Zeit lang eine heilige Übung, das heißt, nimm dir vor, es zu tun, und tue es dann. Lass deine Konzentration nicht unbewusst abschweifen.

Eine Übung wie diese soll natürlich nicht dazu führen, dass du dich wie besessen auf die kleinen Beschäftigungen deines Lebens stürzt (es handelt sich schließlich nur um eine »Übung«). Sie soll vielmehr deine innere Kraft und Konzentration schulen, sodass du sie zur Verfügung hast, wenn das Leben es wirklich erfordert. Sie ist wie eine Kostümprobe vor der eigentlichen Aufführung. Ein weiterer Vorteil dieser Übung: Wenn du merkst, dass ein Gefühl oder Gedanke dich sozusagen besetzt hält, kannst du die auf diese Weise entwickelte Konzentrationskraft benutzen, um sie loszuwerden.

Konzentration bedeutet nicht, viel zu denken. Der moderne Sufi Idries Shah sagte dazu:

> *Eine Menge Gedanken sind einfach bloß ein Ersatz für die Gedanken, die der Betreffende in dem Augenblick wirklich brauchen könnte.* [6]

Konzentration bedeutet stattdessen, die Energie des Herzens zu entwickeln, die mit Interesse gepflanzt wird, zu Zärtlichkeit heranwächst und schließlich zu etwas erblüht, von dem das Wort Liebe nur ein Schatten ist. Wie Rumi sagte:

> *Ob du Gott liebst oder einen Menschen,*
> *wenn du genügend liebst, kommst du in die*
> *Gegenwart der Liebe selbst.*

Vielleicht gibt das Leben dir gerade einen Anstoß, dich auf das zu konzentrieren, was in deinem Leben wichtig ist, oder deine Aufmerksamkeit auf deine nächsten Schritte zu konzentrieren. Durch solche Konzentration erweitern wir auch unser Bewusstsein und nehmen die Gelegenheiten um uns her besser wahr. Sie ist einer der Schlüssel, die uns helfen, unsere Aufgabe und unser Sinnziel im Leben zu finden.

Wurzeln und Zweige

Traditionelle Übersetzungen dieser Eigenschaft sind unter anderem »der Majestätische« und »der Allerhöchste«. Die Wortwurzel *KB* deutet auf einen zentralen Punkt oder darauf, dass etwas sich setzt, also das Bild der Konzentration schlechthin. Etwa so wie der Grundton in einem Musikstück: Die Melodie bewegt sich ständig darum herum und kehrt zu ihm zurück. *Ya Mutakabbir* öffnet die Tür zu einem Teil unseres Seins, der darauf wartet, sich auszudrücken. Die Vorsilbe *MU-* enthüllt wieder die volle Verkörperung der Eigenschaft. Dieser Weg gabelt sich in zwei andere: *Mutakabbir* verkörpert vollkommen die äußere schöpferische Kraft von *Kabir* (37) und bringt vollkommen die innere Schöpferkraft von *Khabir* (31) nach außen. Das heißt, in dieser Eigenschaft unseres Seins gibt es kein außen oder innen. Es gibt nur die Konzentration: Alle Aspekte unserer selbst sind im Herzen vereint und wirken aus ihm. Eine solche Fülle verströmender Liebe ist sowohl verblüffend als auch majestätisch. Wie Jesus in einer der Seligpreisungen (aus dem Aramäischen übersetzt) sagt: »Gereift sind jene, die von ganzem Herzen ihrer Leidenschaft folgen; da sie eins sind, sehen sie die Einheit überall.«

Meditation

Diese Übung kommt von Abdui Qadir Jilani: Sammle deine Aufmerksamkeit wieder im Herzen. Wenn dir das schwerfällt, lege eine Hand sacht über die Mitte deiner Brust und spüre, wie sie sich sanft hebt und senkt. Atme dann rhythmisch mit dem Klang Ya Mu-ta-kab-bier. *Nimm wahr, wie dein Atem und das Gefühl in deinem Herzen sich verändern. Gestatte dir, mit jedem Atemzug mehr in deinem eigenen innersten Heiligtum präsent zu sein. Bringe nach einer Weile in deinen Atem und das Gefühl deines Herzens irgendeine Entscheidung im Leben, über die du gerade nachdenkst. Atme etwa eine Minute lang mit jeder der Möglichkeiten, die du vor dir siehst, und fühle, wie dein Atem oder dein Herzensgefühl sich dabei verändern. Fühlst du dich weiter oder enger, leicht oder schwer, durchlässig oder dicht? Erwarte keine bestimmte Reaktion, sondern beobachte einfach, ob und wie sich dein Gefühl verändert. Dann lass alle Möglichkeiten los und atme wieder mit dem Gefühl von* Ya Mutakabbir. *Mache, wenn du eine bestimmte Entscheidung treffen willst, diese Übung mindestens dreimal. Folge der Weisung, die das Eine Sein dir durch die Reaktion deines Herzens und Atems gibt. Wenn du möchtest, kannst du mit einer Entscheidung beginnen, die dir nicht so viel bedeutet; so umgehst du zunächst deine Gedanken und stärkst deine Intuition, die eine Eingebung des Einen ist.*

11. Schnitzen und Formen

Al - Khaliq

*Wenn du zu diesem Weg geführt wirst,
ergreife die Gelegenheit, die Hände des Heiligen Einen
als deine eigenen Hände wahrzunehmen, die ein neues
Leben formen und es schöpferisch gestalten.*

Der vorherige Weg – göttliche Konzentration – führt uns zum nächsten: die Sache in die Hand nehmen. Die Zeit, sich etwas nur vorzustellen, ist vorüber – jetzt ist es Zeit zu handeln. Es gibt verschiedene Wörter für »erschaffen« in den semitischen Sprachen; das mit diesem Weg verbundene zeigt uns das Bild von jemandem, der ein Stück Holz oder Stein schnitzt oder behaut, sodass es ein gewisses Maß, eine gewisse Proportion bekommt. Jede Bewegung muss sitzen und mit Geduld ausgeführt werden, mit einem intuitiven Gefühl für die Harmonie des Ganzen und in Hinblick auf das, was dabei herauskommen soll.

Ganz gleich, ob wir sie schon benutzt haben oder nicht: Diese Eigenschaft ist in uns und wartet darauf, eingesetzt zu werden. Wie wissen wir das? Weil das Universum auf diese Weise geschaffen wurde und wir ein Abbild des Universums in uns tragen. Die Schöpfung des Universums war kein Projekt, das zu einer bestimmten Zeit fertig und ein für allemal abgeschlossen war. Es entwickelt und verändert sich immer weiter, und *Khaliq* beschreibt diese Handlung des göttlichen Geliebten.

Vielleicht ruft das Leben dich eben jetzt auf, eine schöne Arbeit oder Komposition zu gestalten, die dir selbst ebenso dienen wird wie den anderen. Stell sie dir vor und gehe dann eindeutig zum Handeln über, ohne jede Halbherzigkeit. Wie Rumi sagt: »Wenn du Zweifel hast, beginne ein großes, verrücktes Projekt wie Noah!«

Wurzeln und Zweige

Diese Eigenschaft wird traditionell mit »Schöpfer« und »Erschaffer« übersetzt. Die Wortwurzeln *Kh* und *Q* zeigen die Energie von Definition und Gestalt, das Schnitzen unserer Realität. In der Mitte des Wortes ist AL, das Zeichen von *Allah*, der der Schöpfer ist. *Khaliq* erschafft Definition durch deutliche Formen, die gleichzeitig voll göttlichen Lebens und Schwingens sind. Dies ist eines der Wunder der Schöpfung: eine unglaubliche Vielfalt einzigartiger Formen und Wesen, von denen jede ihr eigenes Gefühl von Innerlichkeit in sich trägt und eine Facette der göttlichen Einheit zum Ausdruck bringt. Im Koran wird mit dem Wort *Khaliq* die Erschaffung sowohl abstrakter als auch materieller Dinge beschrieben. Er verwendet das Wort *Badi`* (95) für den ursprünglichen Schöpfungsakt, aus dem das Universum entstand.

Meditation

Sammle deine Aufmerksamkeit wieder im Herzen. Atme zunächst mit der Eigenschaft und benutze dann den Namen selbst, um in einem Vierer-Rhythmus zu gehen: Ya-Khaa-Lieq-Stop. *Fühle die Festigkeit des q-Lautes am Ende und lass dir von ihm helfen, Definition, Konzentration und angewandte Entschlossenheit zu fühlen. Jede Handlung ist genau richtig und trifft den Nagel auf den Kopf.*

Dann – oder auch ein anderes Mal – atme in dein Herz und konzentriere dich mehr nach innen. Berufe den Kreis deines inneren Selbst ein und heiße alle deine inneren Stimmen willkommen. Drücke allen deinen Dank für das aus, was sie dir geben können, um ein heiler und vollständiger Mensch zu werden. Jede von ihnen besitzt die Essenz von Khaliq, *die darauf wartet, erweckt zu werden.*

IN DER EINHEIT BADEN

Wenn wir den vielen Wegen des Herzens folgen, überwältigt uns das leicht. Wir müssen nicht unsere ganze innere Landschaft an einem Tag kartografieren, auch nicht in einem Jahr – (vielleicht) nicht einmal in einem Leben. Tatsächlich geht es gar nicht darum zu kartografieren, sondern zu erleben.

Genauso, wie wenn wir zu viele verschiedene Weine hintereinander probieren, müssen wir vielleicht unseren Gaumen wieder etwas klären. Der Sufi klärt seinen Gaumen, indem er zu Allah zurückkehrt, dem Gefühl der Einheit. Jetzt ist möglicherweise ein guter Augenblick dafür.

Der Prophet Mohammed erzählte einst eine Geschichte über Moses und Allah, die so geht:

> *Moses kam zu Gott und sagte: »O Heiliges Eines, lehre mich, wie ich mich stets an dich erinnern kann!«*
> *»Wiederhole einfach immerzu la ilaha ilallah – es gibt keine Wirklichkeit als die Eine Wirklichkeit.«*
> *»Aber, o Heiliges Eines«, sagte Moses, »alle deine Diener sagen das bereits während jeder Gebetsrunde.«*
> *»Wiederhole einfach la ilaha illalah.«*
> *»Ja«, sagte Moses, »es gibt wirklich keine Wirklichkeit außer dir … aber trotzdem hätte ich so gerne ein Gebet oder eine Übung von dir,*
> *die speziell für mich ist.«*
> *»Geliebter Moses, wenn du die sieben Ebenen des Himmels und die sieben Ebenen der Erde nehmen würdest und sie auf die eine Seite einer Waage stelltest, würde das la illaha illalah sie immer noch aufwiegen.«* [7]

Meditation

Atme mit einem sanften Atemzug den Klang Allah *in dein Herz und fühle, wie jeder Atemzug dich in die Einheit des Augenblicks der Gegenwart bringt. Atme mit dem Ausatem jeden Eindruck fort, den du aufgenommen hast und der im Moment nicht wichtig für deinen Weg ist. Atme mit dem Einatem Inspiration aus dem Herzen des göttlichen Geliebten ein.*

12. *Kreativität ausstrahlen*

البَارِئُ

Al - Bari´

Wenn du zu diesem Weg geführt wirst,
nimm die Gelegenheit wahr zu spüren, dass du etwas
ganz Neues und Anderes erschaffen kannst – aus etwas,
das wie nichts zu sein scheint.

Entstand die Schöpfung aus etwas oder aus nichts? Vielleicht können wir diese Frage nicht beantworten, aber das hält die Wissenschaftler – und auch die traditionellen Geschichtenerzähler aller Zeiten – nicht davon ab, es trotzdem zu versuchen. Das Arabisch des Korans impliziert, dass nach dem ersten geheimnisvollen Augenblick der Entstehung ein Definitionsprozess die Schöpfung fortsetzte, gefolgt von einer strahlenden Energie, die ihn belebte und am Laufen hielt.

Manche von uns sind besser darin, einen Prozess in Gang zu setzen, andere, ihn am Laufen zu halten, und wieder andere, ihn zu Ende zu führen. Wir können natürlich einfach sagen, wir können das eine besser als das andere, und es dabei belassen. Wenn wir jedoch unser Menschsein voll erleben wollen, müssen wir uns vielleicht aus der Hülle dessen heraus begeben, was wir zu sein meinen.

Der menschliche Ausdruck dieses Weges ist ein Abbild des Göttlichen, das zu Beginn der Zeiten in uns geschaffen wurde. Nämlich damals, wie sowohl die Bibel als auch der Koran berichten, als wir nach dem Bilde Gottes geschaffen wurden. Das Wort für dieses Bild (sowohl auf Hebräisch als auch auf Arabisch) bedeutet jedoch kein festes Bild. Es ist eher so etwas wie ein sich bewegender Schatten eines lebendigen, atmenden Wesens, eines, das alle Wesen umfasst. Wenn, wie einige Wissenschaftler meinen, die Erde selbst ihr Wesen als Gaia zum Ausdruck bringt, wieso könnte da nicht auch das ganze Universum Ausdruck eines vereinten, sich entwickelnden, lebendigen Wesens sein? In einem Ausspruch Allahs durch Mohammed (einer »heiligen Überlieferung« in muslimischer Ausdrucksweise) sagt das Eine Sein auf die Frage »Wieso überhaupt etwas erschaffen?«:

> *Ich war ein verborgener Schatz, und ich liebte es, erkannt zu werden, so erschuf ich die Welt, damit ich erkannt würde.*

Nach Ansicht der Sufis war die Ursache für das gesamte Universum Liebe. Ohne Liebe wäre es nur ein potenzielles Universum geblieben und nicht in die Tat umgesetzt worden.

Vielleicht gibt das Leben dir im Moment eher den Impuls, Möglichkeit und Schöpferkraft zu atmen, zu spüren und auszustrahlen, als im Außen etwas zu tun. Manchmal betritt ein Mensch einen Raum und man spürt, wie sich Möglichkeiten auftun. Dieser Mensch könntest du sein. Oder vielleicht lässt die Schwingung, die du in irgendeinen festgefahrenen Prozess hineinbringst, diesen in einem ganz neuen Licht erscheinen. Dies kann auch eine Gelegenheit für dich sein, wieder deine volle Kraft zu fühlen, nachdem die Herausforderungen des Lebens dich ausgelaugt haben. Wir können uns mit der Macht Allahs ganz zu Beginn des Kosmos verbinden, der Macht, die da war, noch bevor es irgendetwas gab, aus oder mit dem man etwas erschaffen konnte.

Wurzeln und Zweige

Traditionell wird diese Eigenschaft mit »Macher« und »Entwickler« übersetzt. Dieser Weg zeigt das Tun des Einen, wenn es etwas mit Macht *(BA-)* aus dem unmanifesten Zustand in die Manifestation bringt, es ausstrahlt wie einen Lichtstrahl *(RI´)*. Wo *Khaliq* (11) »Partikel«-Schöpfung ist, ist *Bari´* »Wellen«-Schöpfung. Gleicherweise erschafft (das hebräische *bara*) Gott, wie in Genesis 1,1 zu lesen ist, sowohl den Himmel (*shemayin*, Welle) als auch die Erde (*aretz*, Partikel) als die ersten Wirklichkeiten. Im Koran wird das Wort *Bari´* verwendet, um Schöpfung in dem Sinne auszudrücken, in welchem sie von bereits Existierendem abweicht, befreit oder Neues auftut.

Meditation

Sammle deine Aufmerksamkeit wieder im Herzen. Stelle dir im Zentrum deines Wesens einen lebendigen Springbrunnnen vor oder eine Quelle, die von tief innen hervor sprudelt. Du bist das Wasser; die Quelle ist Allah. Atme die Laute Ya BaaR- *aus und den Laut -ie´ ein, mit dem Gefühl, dass das ie am Ende zurück in dein Inneres fällt. Spüre, wie die Quelle beim Ausatmen in alle Richtungen hinaus fließt. Berühre beim Einatmen die Quelle tief in deinem Inneren.*

13. Gestalten und Üben

المُصَوِّرُ

Al - Musawwir

Wenn du zu diesem Weg geführt wirst,
hast du Gelegenheit zu spüren, dass die Macht des
Einen eine neue Existenz für dich erschaffen und dich
ganz allmählich dazu anleiten kann, diese auf die
liebevollste und segensreichste Weise zu erfahren.

Manchmal muss unser ganzes Leben neu gestaltet werden. Das geschieht für gewöhnlich nicht über Nacht. In derselben Weise, wie sich das Universum immer weiterentwickelt, müssen wir darauf vertrauen, dass wir unser Leben auf kreative Weise gestalten können, wie ein Töpfer, der einen Klumpen Ton auf die Drehscheibe legt. Das Gefühl dafür, was daraus werden wird, ist in seinen Händen.

Rumi vergleicht unser ganzes Leben mit diesem Prozess des Knetens, Gestaltens und Formgebens. Manchmal handeln wir in Einklang mit dem Geliebten, manchmal nicht:

Liebe fliegt ohne Grenzen.
Durchbricht alle Schleier.
Verwirft das Leben, das du zurückblickend kanntest.
Füße kommen überhaupt nicht in Frage – viel zu langsam!
Blickt direkt hinter die Oberfläche.
Kümmert sich nicht um Zwänge und Süchte.
Meine Seele besinnt sich auf ihre Quelle:
Ich war in der Hand des Töpfers,
als er Ton und Wasser mischte –
eine neue Heimat für mich, glaube ich.
Der Brennofen ist heiß. Ich versuche zu entkommen!
Willig, unwillig – was macht das schon?
Mich nicht mehr widersetzend werde ich geknetet und geformt,
wie jeder andere Tonklumpen auch.

Vielleicht ermuntert dein Leben dich gerade, dich daran zu erinnern, dass es sich in einem ständigen Prozess der Gestaltung befindet und dass es die Hände der Wirklichkeit sind, die dich durch die deinen kneten und formen. Oder du hast ein großes Projekt vor dir, das viele einzelne Schritte umfasst. Fange mit einem Gefühl für die ganze Gestalt an, auch wenn dir die einzelnen Schritte dahin noch nicht klar sind. Vielleicht müssen auch in deiner inneren Gemeinschaft ein paar der Stimmen freundlich, aber bestimmt an die Hand genommen werden, damit sie nach und nach Liebe und Disziplin lernen. Das Eine Sein hat jede Menge Wege und Mittel dafür zur Verfügung: alles, was du brauchen könntest, um dein Leben zu gestalten und umzugestalten.

Wurzeln und Zweige

Traditionell wird diese Eigenschaft zum Beispiel mit »Gestalter« und »Formgeber« übersetzt. Die Wurzeln von Musawwir haben den Sinn einer allmählichen Ausgestaltung, so, wie ein Fluss sich ganz allmählich ein Flussbett gräbt *(SW)*. Wenn die beiden vorangehenden Wege der Schöpfung der Anfang und die Mitte waren, so zeigt uns dieser Weg, dass ein eindeutiges Ende in Sicht ist, in allen Farben, allen Dimensionen und Einzelheiten. Dieser Weg unterscheidet sich von der Schöpferkraft von *Khaliq* (11) insofern, als jener mit einem Streich ein klares Bild oder eine Form eingraviert. Hier halten wir den Prozess eine Weile – sodass er nach und nach Gestalt annimmt. Der Koran benutzt dieses Wort, um die Art der Schöpfung zu beschreiben, die Dinge zur Vollkommenheit oder Vollständigkeit reifen lässt.

Meditation

Sammle deine Aufmerksamkeit wieder im Herzen. Atme mit einem Gefühl der Geduld: Du kannst alles, was du wissen musst, nach und nach lernen, während des Prozesses selbst. Atme mit den Lauten Ya Mu-Saa-Wier *und fühle, wie sie die kreativen Möglichkeiten in dir enthalten und formen und den richtigen Augenblick abwarten, um zur Vollendung zu gelangen.*

14. Spannung und Schmerz verbrennen

الغَفَّارُ

Al - Ghaffar

*Wenn du zu diesem Weg geführt wirst,
gib alle Einschränkung oder Behinderung, die du in dir
selbst oder anderen spürst, in die Glut und das Feuer
der Einheit ab.*

Wir fühlen uns oft verletzt von etwas, das wir als die Ungerechtigkeit oder Unwissenheit der anderen empfinden. Als Reaktion darauf verhärten wir uns manchmal, um die Dinge nicht so an uns heranzulassen, und entwickeln einen gewissen Zynismus gegenüber dem Leben. Oder wir geben es auf, uns zu behaupten, und werden zu einer Art Fußabtreter für die anderen. Oder wir werden hypersensibel und fühlen uns bei jeder Gelegenheit gekränkt. Alle diese Reaktionen machen uns letztlich zu passiven Opfern des Lebens, und nichts behindert Harmonie und Frieden so effektiv wie eine zwanghafte Opferhaltung. Der indische Sufi Nizamuddin Auliya meinte im 14. Jahrhundert zu diesem Thema:

> *Wenn jemand dir einen Dorn in den Weg legt und du legst ihm einen Dorn in den Weg, dann liegen bald überall Dornen herum.*

1993 war ich in Sachen Bürger-Diplomatie (citizen diplomacy) mit einer Gruppe auf einer Reise in den Nahen Osten und traf bei dieser Gelegenheit den Melkitenpriester Bruder Elias Chacour, der in der Nähe von Nazaret lebt. Bruder Chacour, der sein ganzes Leben in der Friedensbewegung engagiert war und dem dieses Engagement ungeheuer leidvolle Erfahrungen beschert hat, sagte uns sehr energisch: »Es gibt kein größeres Hindernis für den Frieden als Menschen, die immer betonen, dass sie Opfer sind.« Als ich ihn ein paar Jahre später wiedersah, sagte er seinem Publikum noch eindringlicher: »Wenn ihr dadurch, dass ihr mich unterstützt, jemand anderen hassen lernt, will ich eure Unterstützung nicht.«

Was ist dann die Lösung für den Schmerz, den unsere Beziehungen zu anderen uns einbringen? Inayat Khan, Sufi des 20. Jahrhunderts, hatte dafür zwei Antworten. Die erste lautet: Es gibt keine Lösung. Die zweite: Entwickle dein Herz – was für den Sufi nicht nur die Emotionen meint, sondern eine Kombination von Gefühl und Intelligenz, die das Leben in einem klareren Licht erscheinen lässt. Hier einige seiner Worte zu diesem Thema:

> *Das Herz schläft, bis es mit einem Schlag zum Leben erweckt wird. Es ist ein Fels, und das darin verborgene Feuer flammt auf, wenn es mit einem anderen Felsen zusammenstößt.*
>
> *Du kannst alles Gute haben – Wohlstand, Freunde, Freundlichkeit, Liebe zu verschenken und Liebe zu empfangen –, wenn du einmal gelernt hast, dich davon nicht blenden zu lassen; wenn du gelernt hast, der Enttäuschung und dem Widerwillen zu entkommen, wenn die Dinge nicht so sind, wie du sie gerne hättest.*
>
> *Die Qualität der Vergebung, die alles verbrennt außer der Schönheit, ist die Qualität der Liebe.*[8]

Dieser letzte Ausspruch bringt uns zurück zu der Wichtigkeit, die die Sufis der Liebe beimessen – der Liebe nicht als Dekoration unseres Lebens, sondern als die mächtigste schöpferische Kraft im Universum. Wir könnten unser ganzes Leben damit zubringen, wirkliche Liebe von Leidenschaft, Romantik, Lust, Sentimentalität und all den anderen Dingen zu unterscheiden, die unsere Kultur uns als Liebe zu verkaufen versucht.

Das Leben will dir vielleicht gerade sagen, dass du die brennende Flamme der Liebe benutzen kannst, um Eindrücke zu heilen und zu löschen, die sich auf dein Herz gelegt haben. Wir wissen, dass unsere Wut sich, wenn wir sie unterdrücken, lediglich andere Kanäle sucht und später irgendwo anders wieder zum Vorschein kommt. Dieser Weg weist uns an, die Glut unserer Wut dazu zu benutzen, die Eindrücke von Spannung und Schmerz, die den Spiegel unseres Herzens getrübt haben, auszulöschen. Eine andere Übung dieses Weges ist, dass wir uns unser Herz wie einen Dampfkochtopf vorstellen, der etwas weich kocht, um es dann zu assimilieren und loszulassen. Manchmal dauert das eine Weile und ist auch ziemlich schmerzhaft. Die in dem komprimierten Schmerz festgehaltene Energie kehrt dann in die universale Energie zurück; das heißt, sie ist geheilt. Dann sehen wir, dass sich das Gesicht der Verletzung in eine weitere Manifestation des Gesichtes Allahs verwandelt hat.

Wurzeln und Zweige

Traditionelle Übersetzungen dieser Eigenschaft sind unter anderem »Vergeber« und »Erlöser«. Die Wurzeln des Wortes *Ghaffar* zeigen eine Einschränkung *(Ghf)*. die durch Hitze und Feuer *(AR)* aufgelöst wird. Diese Form des Wortes zeigt auch eine Aktion, die wiederholt geschieht. Der Koran sagt, dass das Eine Sein wieder und wieder vergibt und dass auch ein ganzes Leben voller Irrtümer in einem Augenblick vergeben sein kann. Diese Inspiration steht hinter Rumis berühmtem Ausspruch; »Komm, komm, wer immer du bist, auch wenn du dein Gelübde hundertmal gebrochen hast, komm.« Eine andere Seite der Vergebung erscheint auf einem ähnlichen Weg, *Ghafur* (34), der durch Licht und Intelligenz wirkt, statt durch Hitze. Beide entstammen derselben Wortwurzel, ebenso wie das arabische Gebet *istaghfar Allah* (oder *estaferallah,* in einer Form, die in türkischen Sufi-Kreisen oft zu hören ist). Diese letztere Wendung fügt eine anbetende Eigenschaft hinzu, indem sie den Namen des Einen mit hereinnimmt.

Meditation

Sammle deine Aufmerksamkeit wieder im Herzen und stelle dir dort einen Spiegel vor. Wenn du dir irgendeiner Verletzung oder Kränkung bewusst bist, betrachte sie wie in einem Spiegel. Du kannst auch einen Aspekt deines inneren Selbst in diesem Spiegel betrachten, der jemand anderen gekränkt hat oder gekränkt wurde. Stelle dir vor, dass du diesen Eindruck völlig wegbrennst, sodass der andere – oder der Teil von dir, der sich getrennt fühlt – im klaren Licht der Einheit gesehen werden kann.

Atme das Gefühl der Laute Ya GhaF-FaaR *und lasse dich von ihrer Schwingung durchdringen, so, als würdest du Hitze zum »Kochen« hereinbringen und etwas weich kochen, das ver-*

härtet und angespannt war. Der erste Teil des Lautes zieht die Kehle zusammen; der zweite öffnet sie. Manchmal wirkt Ghaffar *wie ein Dampfbad, das eine Wunde aufweicht, sodass sie danach heilen kann. Manchmal wirkt es auch wie eine Verschorfung: Es stoppt die Blutung und schließt die wunde Oberfläche, sodass im Inneren Heilung geschehen kann.*

15. *Natürliche Kraft*

القَهَّارُ

Al - Qahhar

Wenn du zu diesem Weg geführt wirst,
hast du Gelegenheit zu spüren, wie die gewaltige
Urkraft der Natur Teil deines eigenen Seins ist und sich
durch dein Leben ausbreitet.

Im vorhergehenden Weg haben wir gesehen, wie Feuer als heilende Kraft benutzt werden kann. Dieser Weg hier führt uns zum größeren Ganzen dieser strahlenden Kraft, nämlich der Heiligen Einheit, die durch die Macht der Natur wirkt.

Wenn, wie das gemeinhin geschieht, von den »blinden Kräften der Natur« die Rede ist, fragt sich der Sufi, was da wohl gemeint ist. Wenn man von blinder Natur spricht, geht man irgendwie von einer Trennung zwischen der Welt der Natur und der göttlichen Welt aus, normalerweise in dem Sinne, dass die natürliche Welt sündhaft oder bestenfalls dumm ist. Für den Sufi ist das ganze Universum ein Ausdruck der Macht und Weisheit des Einen, wie Shah Maghsoud, ein Sufi des 20. Jahrhunderts, sagt, wenn er das Leben des Menschen mit einem Wassertropfen vergleicht:

> *Wüsste der Regentropfen um sein Schicksal*
> *und sähe er die unendliche Weite des Ozeans,*
> *er bliebe kein leeres Bläschen,*
> *gefangen zwischen zwei Welten.*[9]

Bei diesem Weg handelt es sich nicht um die Macht, etwas zu tun, sondern die Macht, die alles schafft und geschaffen hat. Diese ursprüngliche Macht wirkt nicht nur durch alle Natur-»Gesetze«, sondern drückt sich auch auf Weisen aus, für die die Menschen noch kein Gesetz und keine Erklärung gefunden haben. Wenn wir in Ehrfurcht vor dieser Macht stehen und sie als Teil unseres eigenen Seins wahrnehmen, verschwindet unser kleines Ich für einen Augenblick und wird verwandelt. Fatima Jahanara, eine Sufi des 17. Jahrhunderts, beschreibt dieses Erleben in ihrem spirituellen Tagebuch:

Diese Person ist ein Tropfen
im Ozean geworden,
ein Stäubchen in den Strahlen der Sonne,
ein Teil des Ganzen,
erhoben über Tod und die Angst vor Strafe,
über jede Sorge um Hölle oder Paradies.
Ob Frau oder Mann -
ein ganzer Mensch
durch die Gnade des Einen Seins.

Vielleicht sagt das Leben dir gerade, dass deine eigene »persönliche« Macht nicht genügt. Wenn das so ist, bist du diesem Weg sehr nahe. Diese ursprüngliche Macht kann die Ereignisse in jede Richtung lenken und wenden und das erschaffen, was die Menschen als Wunder bezeichnen und was einfach lebendige Zeichen dafür sind, dass wir in einem heiligen Universum leben, das im göttlichen Herzen getragen ist.

Wurzeln und Zweige

Traditionell wird diese Eigenschaft unter anderem mit »herrschend« und »unwiderstehlich« übersetzt. Die Wurzel *QH* drückt die Macht der Wirklichkeit aus, die von jenseits der Uranfänge bis in die Gegenwart reicht. Im Koran wird dieses Wort oft mit sowohl dem Anfang als auch dem Ende aller Zeit assoziiert, die beide in diesem Augenblick erlebt werden können: das eine als grenzenloses Potenzial, das andere als der Augenblick der Abrechnung. Aus diesen Tiefen heraus breitet sich der Klang des Wortes wie eine Welle oder Spirale durch Lebensenergie (der Klang *H*) ins Sein aus und strahlt immer weiter aus *(AR)*, durch alle Welten hindurch. Verwandt mit dem Urfeuer brennt es sich durch das, was wir in unserem Leben nicht mehr brauchen. Verwandte Wege in dieser Familie der »natürlichen« Kraft des Einen Seins sind *Qawi* (53), *Qayyum* (63), *Qadir* (69) und *Muqtadir* (70).

Meditation

Sammle deine Aufmerksamkeit wieder im Herzen. Stell dir den Augenblick des Anfangs des Universums vor, als alles, einschließlich der »Naturgesetze« sich aus einem bestimmten Punkt heraus entfaltete, den manche Wissenschaftler den Urknall nennen. Fühle, wie dieser Feuerball der Macht dein Herz reinigt und dich mit der Macht verbindet, die das Universum erschuf.

16. Fließender Segen

الوَهَّابُ

Al - Wahhab

*Wenn du zu diesem Weg geführt wirst,
ergreife die Gelegenheit, in den Fluss von Allahs
liebevoller Gnade einzutauchen.*

Manchmal überwältigen uns die Kräfte der Natur und manchmal haben wir das Gefühl, in ihrer heilenden Gegenwart baden zu können. Der vorangegangene Weg lud uns zu Ersterem ein; dieser Weg möchte uns die zweite Erfahrung vermitteln. Es gibt Zeiten, wo wir einfach mit dem Fluss der Liebe mitfließen können, bis wir zum Ozean gelangen.

Dieses besondere Gesicht der Liebe wächst langsam wie eine Freundschaft oder wie ein Feuer, das nach und nach aus dürrem Holz aufgebaut wird. Allmählich kann es zu einer großen Flamme werden und lange Zeit brennen, aber nur, wenn wir nichts übereilen. Das alte hebräische Lied der Lieder benutzt ein ähnliches Wort, wenn es uns erinnert, dass »Liebe so stark wie der Tod« ist. Das heißt, eine Liebe, die öffnet und uns mit den Dingen und Menschen Freundschaft schließen lässt, die den Geliebten an die erste Stelle stellt, ist stärker als der Weg zwischen den Welten.

Auf diesem Weg ist das Leben gut. Wie Saadi sagt:

Es ist der erste Hauch des Frühlings,
aber rieche ich einen Garten
oder den Duft von zwei Freunden, die sich begegnen?

Warum um alles in der Welt sollten wir diesen Weg je verlassen wollen? Weil der Fluss tatsächlich zum Meer führt, es in seinem Lauf aber viele Windungen und Schleifen gibt. Du kannst dich mit dem Wasser identifizieren, dem Flussbett, den Steinen oder dem Fließen selbst. So viele Möglichkeiten des Seins gibt es und noch mehr.

Vielleicht ermuntert das Leben dich gerade dazu, den göttlichen Segensstrom zu fühlen, in dem du dich befindest, und dich unnötigen Handelns zu enthalten. Feiere die Heilige Einheit als den Strom, die Quelle und den Ozean des Lebens. Dieser Name zeigt uns auch den Prozess auf, durch den Veränderungen im inneren Selbst geschehen können: Schon eine leichte Wellenbewegung wirkt sich auf das Ganze aus, daher ist es nicht nötig, ständig »in der Suppe zu rühren«.

Wurzeln und Zweige

Traditionell wird diese Eigenschaft mit »der Versorger« und »der gute Gaben beschert« übersetzt. Mit der Wortwurzel *WaH-* öffnen wir uns für die Verbindung zum Göttlichen. Allah ist das ewige »Und« des Seins (das ist die wörtliche Bedeutung von *wa*). In den Tiefen des Einen Seins ist immer noch mehr. Auf andere Weise gelesen deutet die Wurzel *WaH* auf eine Transformation hin, einen Prozess, der uns von einer Realität in eine andere trägt. Der Wurzellaut *-HAB* zeigt uns das Geschenk des Segens, der aus dem Herzen fließt und uns befreit. Dieser Fluss versiegt nie.

Meditation

Sammle deine Aufmerksamkeit wieder im Herzen. Atme den Klang Ya Waa- *in dein Herz und spüre, wie er bis zur Oberseite deines Kopfes fließt. Spüre dann beim Ausatmen, wie der Klang* -HaaB *sich wie ein Springbrunnen über dich ergießt. Welcher Teil deines Seins wartet darauf, in diesem Wasserfall von Segen zu baden?*

17. Nahrung

الرَّزَّاقُ

Ar - Razzaq

Wenn du zu diesem Weg geführt wirst,
nimm die Gelegenheit wahr, die nährende Versorgung
des Einen Seins zu empfangen und deine Beziehung
zum Nähren und Genährtwerden zu überprüfen.

Auf einem vorangegangenen Weg haben wir die Fähigkeit untersucht, das zu halten, was wir empfangen, wie es Nasruddins leckender Eimer symbolisierte. Ganz gleich, wie viel wir empfangen, es ist vielleicht nie genug, wenn wir nicht ganz bewusst daran arbeiten, ein Gefäß dafür zu werden. Auf diesem Herzensweg arbeiten wir weiter an der Entwicklung unseres Gefäßes. Wenn uns klar wird, dass alle Nahrung, in welcher Form auch immer, aus dem Einen kommt, dann wird das, was wir konsumieren, weniger wichtig als die Art und Weise, wie wir uns mit der Lebensenergie verbinden, die es liefert. Von dieser Lebensenergie sind wir ständig umgeben, aber, wie Rumi bemerkt, erkennen wir sie oft nicht; wir nehmen den Fluss des Segens überall um uns her einfach nicht wahr:

Selbst die Hügel und Felder fließen,
warum fühlst du dich da so allein
und voller Tränen dich selbst umarmend?
Die Welt ist ein Baum schwer beladen mit Früchten,
während du dich beugst, um faulende Äpfel zu stehlen.

Die Erkenntnis der reichen Fülle der Erde stellt uns auch vor die Verantwortung, diese zu teilen. Tatsächlich scheint das Teilen der Schlüssel zu sein, durch den wir diese Qualität in uns entdecken. Das folgende Zitat von Mohammed beruft sich auf eine alte Tradition der Gastfreundschaft und des Miteinander-Teilens, ähnlich der, die Jesus in den Evangelien zum Ausdruck bringt:

Am Tage der Auferstehung wird Allah verkünden:
»Kinder Adams, ich bat euch um Nahrung und ihr habt mich nicht gespeist.«
Die Seelen werden antworten:
»O Ernährer, wie konnten wir dich speisen, der du bereits über alle Ebenen des Seins herrschst? «
»Habt ihr nicht meine Diener gesehen, die euch um Nahrung baten, und ihr habt ihnen nicht zu essen gegeben? Wisst ihr nicht, dass ihr, hättet ihr ihnen zu essen gegeben, mich durch diese Gabe entdeckt hättet?« [10]

Vielleicht fordert das Leben dich gerade auf, die Lebensenergie auf geerdetere Weise in dich aufzunehmen und zu halten, auf eine Weise, die den Boden deines Eimers abdichtet. In der Arbeit mit unseren inneren Stimmen hilft uns dieser Weg zu erkunden, wie wir empfangen und wer in uns wirklich um Nahrung bittet.

Wurzeln und Zweige

Traditionelle Übersetzungen dieser Eigenschaft sind unter anderem »Versorger« und »Ernährer«. Der Wurzellaut *RA-* zeigt uns ein Ausstrahlen unbegrenzter Macht und grenzenlosen Lichtes aus dem Heiligen Einen heraus. Die Wurzel *–ZAQ* zeigt uns das bewusst erschaffene Gefäß für diese Macht, sowie eine Kette, die es mit der göttlichen Quelle verbindet.

Meditation

Sammle deine Aufmerksamkeit wieder im Herzen. Atme die Laute Ya RaZaaq *und lasse dich von diesem Gefühl zur Quelle der genau richtigen Nahrung leiten, die du in diesem Augenblick brauchst. Das kann Nahrung für deinen Körper, deine Gefühle oder deine Psyche sein.*

Berufe einen Kreis deines inneren Selbst ein. Welcher Teil deines Wesens meldet sich, um am gemeinsamen Mahl teilzunehmen? Welche Stimme in dir fühlt sich hungrig? Welche Nahrung kann dein höheres Selbst geben?

18. *Sich dem Atem der Einheit öffnen*

Al - Fattah

Wenn du zu diesem Weg geführt wirst,
nimm die Gelegenheit wahr zu erleben, wie die Heilige
Einheit dich für dein Schicksal öffnet.

Wenn sie von diesem Weg sprechen, sagen die Sufis oft: »Gott öffnet Türen.« Es gibt viele Stellen, sowohl im Koran als auch in den Lehren Mohammeds (*hadith* genannt), wo Allah sagt: Wenn der Suchende nur einen Schritt auf dem Weg vorangeht, kommt ihm die Heilige Einheit zehn Schritte entgegen:

Wenn sie mich in ihrem Herzen erinnern,
erinnere ich mich in meinem Herzen an sie.
Wenn sie auf mich zugegangen kommen,
renne ich ihnen entgegen. [11]

Wir finden es aber vielleicht beunruhigend, offener zu sein als sonst. Wie vollständig darf das Bild unseres wahren Selbst sein, damit wir es in diesem Moment aushalten? Man muss wissen, dass in unserer inneren Gemeinschaft von Stimmen, die die Sufis *nafs* nennen, nicht alle Teile eine erzwungene Öffnung als harmonisch erleben. Wenn du dich also mit einer starken Energie wie dieser auf den Weg machst, lade die verschiedenen dir bekannten Teile deines Wesens zuerst in einen »allgemeinen Bereich« ein (du kannst dir zum Beispiel eine »Tafelrunde der Heiligen Weisheit« vorstellen) und frage, wer bereit ist teilzunehmen. Machtvolle und subtile Übungen sind auf dem Entwicklungsweg gleichermaßen wichtig. Hingabe, Liebe und Achtung helfen bei allen Aspekten der inneren Arbeit.

Wenn wir uns mit einer völlig neuen Sicht auf uns selbst und unseren Sinn des Lebens konfrontiert sehen, müssen wir vielleicht vertrauensvoll einen Sprung ins Unbekannte wagen, der sich anfühlt, als ob wir uns in nichts auflösen. Wie Rumi sagt: Was gibt es, wovor wir uns fürchten könnten?

Hab keine Angst vor dem Nichtsein.
Wenn du Angst haben willst,
fürchte dich lieber vor dem Sein, das du jetzt hast.
Deine Hoffnungen für die Zukunft,
deine Erinnerungen an die Vergangenheit,
das, was du »ich« nennst, sind nichts.
Dem Nichts wird also nichts genommen und
ein Nichts löst sich auf in dem Einen Nichts.

Vielleicht haben deine Lebensumstände dir gerade eine völlig neue Sicht auf dich selbst, auf deine Beziehungen und das, was du tust, eröffnet. Für gewöhnlich geschieht das entweder durch große Liebe oder großen Schmerz. Fürchte diese Öffnung nicht, sondern nutze die Gelegenheit, um den Schlüssel zum Sinn deines Lebens zu finden.

Wurzeln und Zweige

Traditionelle Übersetzungen dieser Eigenschaft sind unter anderem »Öffner der Wahrheit« und »Richter«. Die Wurzeln zeigen uns den Mund oder das Gesicht von etwas, das sich öffnet *(FT-)*, um Atem zu geben und zu empfangen *('AH)*. Als wahrscheinlich einer der ältesten heiligen Laute des Nahen Ostens geht *Fattah* mindestens bis auf den ägyptischen Gott *Ptah* zurück, der das Universum durch Raum erschuf. Das Alt-Hebräische enthält ebenfalls eine Form desselben Wortes. Das Markus-Evangelium, selbst in seiner griechischen Version, spricht außerdem von Jesus, der beim Heilen des Tauben die aramäische Entsprechung dieses Wortes benutzte: *eth-phatah* – »Sei geöffnet!«

Meditation

Sammle deine Aufmerksamkeit wieder im Herzen. Während du atmest und den Klang Ya FaTaah *fühlst, schaue durch die Augen deines Herzens auf die verschiedenen Situationen in deinem*

Leben. Welche verlangen mehr Weite, mehr Öffnung? Welche ermuntern dich zu einer umfassenderen Sicht auf dich selbst? Lade alle Mitglieder deiner inneren Gemeinschaft, die gerne fühlen würden, wie sich eine Tür zum Sinn ihres Lebens öffnet, in Liebe und Achtung an den Tisch der Weisheit ein.

19. Namen und Formen verstehen

Al - `Alim

*Wenn du zu diesem Weg geführt wirst,
hast du Gelegenheit, die Tiefe der Einheit dein Lernen
und Wissen durchdringen zu lassen.*

Ziehen wir uns aus dem Leben zurück oder versuchen wir, es zu meistern? Wenn wir uns aus dem Leben zurückziehen, verstricken wir uns nicht in seine Geschäftigkeit und Oberflächlichkeit, aber wir verpassen auch die Gelegenheit, uns zu vervollkommnen, weil wir es nicht voll erfahren. Sehr wenige von uns sind zum Einsiedlertum berufen, zumindest auf die Dauer. Wenn wir uns andererseits voll auf das Leben einlassen, verlieren wir uns vielleicht in den äußeren Einzelheiten und vergessen darüber, zu entdecken, wer wir wirklich sind. Fariduddin Attar, ein Sufi aus dem 12. Jahrhundert, bemerkte dies in einer seiner Geschichten, die vielleicht auf eigener Erfahrung beruhen:

> *Ein Derwisch kam in eine neue Stadt und wurde von einer unfreundlichen und hochnäsigen Person angesprochen:*
> *»Geh weg! Hier kennt dich keiner!«*
> *»Ja«, sagte der Derwisch, »aber ich kenne mich, und es wäre viel schlimmer, wenn es andersherum wäre.«*

Eine der verführerischsten Illusionen auf diesem Weg ist, zu meinen, dass ich alles begriffen habe oder dass Gott sich nur auf eine ganz bestimmte Weise offenbart (und in der Regel auch nur mir). Mohammed spricht von dieser Gefahr, die offenbar eine Falle ist, in die die Fundamentalisten der meisten Religionen tappen:

> *Mohammed erklärte einst den Tag des Jüngsten Gerichts:*
> *»Es wird in der Zukunft einmal eine bestimmte Gemeinschaft geben,*

die aus unreifen Gläubigen besteht. Allah wird sich ihnen auf eine Weise offenbaren, die ihnen ungewohnt ist, und sagen: ›Ich bin euer Erhalter, folgt mir nach.‹
›Nein, wir flüchten uns vor dir zu Allah‹, werden sie antworten. ›Wir bewegen uns hier nicht weg, bis unser Erhalter kommt, und wir werden ihn auf der Stelle erkennen.‹ Allah wird dann in der Form zurückkehren, die sie gewohnt sind, und sagen: ›Hier bin ich, euer Erhalter.‹ Dann werden sie sich freuen – ›Du bist wirklich unser Erhalter!‹ – und ihm folgen.
Wenn sie zur anderen Seite der Brücke über das Feuer der Zeit und des Urteils gelangt sind, wird Allah ihnen sagen: ›Wer immer mich in einer meiner ungezählten Eigenschaften anbetet, sollte mir aus dem Verstehen dieser Eigenschaft heraus vertrauensvoll folgen.‹« [12]

Vielleicht verlangt das Leben gerade von dir, ganz rigoros oder auf komplexe Weise deinen Verstand zu benutzen. Dieser Weg wird dir helfen, mit deinem Wissen im Herzen Allahs zentriert zu bleiben. Er entspannt den Teil deines Selbst, der fälschlicherweise meint, es sei der Weg zur Weisheit, einen äußeren Namen oder eine Form zu verändern. Das größte Lernen und Wissen ist das Wissen um sich selbst. Als Begleiter Mohammeds sagte Imam Ali: »Wer immer sich selbst kennt, kennt das Eine.«

Wurzeln und Zweige

Die traditionelle Übersetzung dieser Eigenschaft ist »allwissend«. Die Wurzel *ALM-* bedeutet in den semitischen Sprachen wirklich »Welt« oder »eine Sammlung von Substanz« (ähnlich dem buddhistischen Ausdruck *skandha*). Das kann sich auf Ebenen, Zeiten oder irgendetwas beziehen, das Namen und Form hat. Jesus benutzt die aramäische Form dieses Wortes mehrmals, zum Beispiel in Matthäus 16,26: »Was nützt es einem Menschen, wenn er um die Welten der Form weiß und diese erringt, wenn er aber den Kontakt mit seiner eigenen *naphsha*, dem inneren Selbst, verliert.« *Alim* bezieht sich auf die Fähigkeit, alle die Welten der Form zu kennen und zu verstehen. Klassische Sufis bezeichnen die beiden wesentlichen Züge des spirituellen Weges als *Ilm* (göttliche Intelligenz, verwandt mit *Alim*) und *Ishk* (göttliche Leidenschaft). Kopf und Herz sind auf dem Weg der Transformation im Gleichgewicht.

Meditation

Sammle deine Aufmerksamkeit wieder im Herzen. Atme den Laut `Al *ein und fühle das* A *so, als ob es rückwärts in dich hineinfiele, bis zur Ebene des Solarplexus. Dann, während du den Laut* 'IM *ausatmest, spüre, wie dieser Laut vom Solarplexus aufsteigt und sowohl Herz als auch Kopf reinigt. Fühle, wie dein Atem zu einem Springbrunnen des Segens wird, der sich über und durch den Rest deines Körpers ergießt und auch durch dein inneres Selbst. Nimm dir am Ende der Übung einen Augenblick Zeit, um dem Einen Sein Raum zu geben, sich durch dich zu erkennen.*

20. Grenzen setzen

القَابِضُ

Al - Qabid

Wenn du zu diesem Weg geführt wirst,
hast du Gelegenheit, dich selbst besser zu erkennen,
indem du Grenzen deines Wesens schließt, die vielleicht
zu weit geöffnet wurden.

Inayat Khan bemerkte einmal:

> *Alles, was existiert, hat sein Gegenteil außer Gott; aus diesem Grund kann Gott nicht verständlich gemacht werden.*[13]

Zwei Wege zuvor wurden wir aufgefordert, unser Wesen zutiefst zu öffnen. Warum sollten wir uns jemals verschließen wollen? Ein Grund: Das Leben erfordert es. Unsere körperlichen, mentalen, psychischen oder emotionalen Grenzen können durch verschiedene Lebensumstände zu weit geöffnet werden – zum Beispiel durch Rauschzustände, Krankheit, Überempfänglichkeit oder eine co-abhängige Einfühlsamkeit, das heißt, eine Anhänglichkeit, die weder deinem eigenen Lebensziel dienlich ist noch dem des anderen. In solchen Fällen können unverarbeitete Eindrücke und Bewusstseinsinhalte eines anderen Menschen unser inneres Sein überschwemmen. Wir verlieren vielleicht unser gesundes Gefühl persönlicher Einheit (das heißt, ein integrales »Ich bin«) oder unsere Verbindung zur Heiligen Einheit (dem einzigen »Ich bin«).

Genau wie der Atem weitet sich das Herz nicht nur, sondern es zieht sich auch zusammen. Mit der Öffnung muss auch das Schließen kommen, wie die hebräische Version der Schöpfungsgeschichte beschreibt: »Und der Abend (das Schließen) und der Morgen (das Öffnen) machten einen Tag (eine Periode erleuchteter Aktivität des Heiligen Einen).« Rumi sagt:

> *Schau nur auf deine Hand.*
> *Die Faust zu schließen geht immer dem Öffnen voran.*

Eine Hand, die immer geschlossen oder offen ist,
ist eine verkrüppelte Hand.
So öffnet und schließt sich auch dein Herz,
so, wie ein Vogel die Flügel öffnen und schließen muss,
um zu fliegen.

Vielleicht ruft das Leben dich jetzt auf »deine Fühler einzuziehen«, oder vielleicht merkst du, dass du dich für etwas geöffnet hast, das dich aus der Mitte bringt. Oder du erlebst scheinbar grundlos einen Druck um dein Herz herum. Jetzt ist ein guter Moment, Atem zu holen und zu schauen, was es sein könnte. Dieser Weg kann uns auch helfen, eine beengte oder festgefahrene Beziehung zu einem bestimmten Menschen oder einem bestimmten Teil deiner selbst näher anzuschauen. Wie beim Trainieren eines Muskels, den wir außer Acht gelassen haben, ist der erste Schritt, sich dessen bewusst zu werden. Zunächst musst du einen Muskel (oder eine emotionale oder geistige Fähigkeit) spüren, bevor du ihn (oder sie) richtig benutzen kannst. Nicht-Fühlen bindet Energie, die im Dienste der Einen Wirklichkeit benutzt werden könnte.

Wurzeln und Zweige

Traditionell wird diese Eigenschaft unter anderem mit »Beherrscher« und »Schließer« übersetzt. Die Wurzeln von *Qabid* zeigen das Einschließen der göttlichen Kreativität *(QAB)* als lebendige Gegenwart *(-iD)*. Der Sinn dieser Periode der Zusammenziehung ist also, etwas Neues in uns reifen zu lassen, wie ein Küken, das sich bereit macht, aus dem Ei zu schlüpfen. Die Wurzeln von *Qabid* zeigen auch einen Vogel, der beim Fliegen seine Flügel einzieht. Dieser Weg ist nicht wie das Schließen einer Tür, er ist mehr wie ein allmähliches Sich-Einhüllen in die Flügel der Liebe. Im nächsten Weg *(Basit)* entfalten sich diese Flügel wieder.

Meditation

Sammle deine Aufmerksamkeit wieder im Herzen. Lege deine Hände leicht über dem Herzen zusammen. Öffne dann langsam deine Hände und Arme und atme dabei den Laut Ya- *ein; bringe sie langsam zurück und hülle dich wieder damit ein, indem du* -Qaa-bid *ausatmest. Der letzte Laut (ein gesummtes* d, *zur*

Hälfte wie ein stimmhaftes s ausgesprochen) schließt die Grenzen aller Körper, die vielleicht zu weit offen sind. Fühle deine eigenen Arme wie die Schwingen der göttlichen Liebe, die dich umhüllen.

21. Grenzen erweitern

البَاسِطُ

Al - Basit

Wenn du zu diesem Weg geführt wirst,
ergreife die Gelegenheit, Allah ganz sanft
deine Grenzen erweitern zu lassen –
die körperlichen, geistigen, emotionalen
und psychischen.

Manchmal bewirkt die Angst, die von vergangenen Verletzungen herrührt, dass Teile von uns sich verschließen, so wie eine geschlossene Faust. Vielleicht sind wir in einer Beziehung verletzt worden oder haben uns in irgendeiner anderen Situation als »Versager« erlebt. Auch die Auswirkungen von Krankheiten oder Rauschzuständen können sehr dichte Grenzen erschaffen, wie wir im vorangegangenen Weg, *Qabid*, gesehen haben: sie bilden eine Art psychosomatisches Narbengewebe.

Sufi-Dichter weisen meist daraufhin, dass »ich selbst« und »andere«, wie wir das nennen, ziemlich relative Begriffe sind, wenn jedes Wesen bereits im Herzen des Einen Seins enthalten ist. Shabistari drückte das so aus:

»Ich« und »du« bündeln Licht
wie ein Lochmuster, das man
in einen Lampenschirm schneidet.
Aber es gibt nur Ein Licht.

»Ich« und »du« werfen einen
dünnen Schleier zwischen Himmel und Erde.
Hebe den Schleier und die
Glaubenslehren verschwinden.

Wenn »ich« und »du« verschwinden,
wie kann ich wissen, ob ich
in einer Moschee bin, einer Synagoge,
einer Kirche oder einem Observatorium?

Vielleicht ruft das Leben dich gerade auf, deine Grenzen wieder auszudehnen und so durchlässig zu sein, wie dieser Augenblick deines Lebens es erfordert. Das heißt nicht, dass du alle Grenzen zwischen dir und anderen aufheben sollst. Wir brauchen irgendeine Art von Hülle oder Behältnis, solange die Gemeinschaft unserer inneren Stimmen, *nafs*, noch am »Brodeln« ist – solange sie noch ihren Weg zur Ganzheit sucht. Der Koran empfiehlt:

Verbringe dein Leben im Grund der Einheit –
betrachte es als Leihgabe von Allah.
Dein Leben wird doppelte Zinsen tragen – oder mehr.
Nur das Eine dehnt dich aus und zieht dich zusammen –
keine andere Quelle von Bedürftigkeit oder Fülle.
Und nur zum Einen kehrst du zurück.[14]

Wurzeln und Zweige

Traditionelle Übersetzungen dieser Eigenschaft sind unter anderem »Ausdehner« und »Aufschließer«. In Basit öffnet sich der Laut *BA-* von innen heraus und kehrt die Richtung des *QAB* in *Qabid* um. Es drückt dieselbe ausstrahlende, schöpferische Energie aus, die wir in *Bari* (12) gesehen haben. Dies ist nicht das plötzliche Öffnen einer Tür wie in *Fattah* (18), sondern *Basit* dehnt sich allmählich von einer Mitte ausgehend nach allen Seiten aus. Aus einem stillen Mittelpunkt entfalten wir uns in einen großen Kreis mit klaren Grenzen; diese Bewegung beginnt dadurch, dass wir den heiligen Raum in uns wieder entdecken, wie in *Quddus* (4).

Meditation

Sammle deine Aufmerksamkeit wieder im Herzen. Lege deine Hände sanft über dein Herz, dann atme und öffne die Hände mit dem Gefühl des Baa-, *das sich nach außen öffnet. Wenn du das Ende des Wortes, den Laut* -sit *erreichst, spüre, wie deine Grenzen durchlässiger werden und sich so weit ausdehnen, wie es in diesem Augenblick richtig ist. Sie sind nur so dick oder dünn, so geschlossen oder offen, wie es in diesem Augenblick gut für dich ist. Wenn es sich richtig für dich anfühlt, kannst du auch* Basit *und* Qabid *abwechselnd erleben, öffnend und schließend, bis der Rhythmus deines eigenen Herzens wieder in den Rhythmus des Herzens des Heiligen Einen zurückfindet.*

22. Minderung

Al - Khafid

*Wenn du zu diesem Weg geführt wirst,
dann ehre den Teil deines Wesens, der sich vielleicht
klein, unreif, bedrückt oder herabgesetzt fühlt.*

Manchmal ist das Leben einfach so, dass wir uns bloß verstecken wollen. Du wunderst dich vielleicht, dass »göttliche Depression« ein Name des Geliebten ist, aber es gibt Momente, wo es unsere wichtigste Aufgabe ist, das scheinbar »Geringste« in uns zu ehren. Wie mein alter Lehrer Moineddin Jablonski mir einst sagte, ist »manchmal dein Schlechtestes gut genug«.

Das, was sich in uns klein fühlt, widersetzt sich vielleicht dem Licht des Bewusstseins und möchte lieber im Schatten verborgen bleiben. Wenn wir die Liebe des Einen in unserer eigenen Liebe zu diesem Aspekt unseres Selbst finden, kann der Teil von uns, der sich minderwertig fühlt, in die Seele integriert werden: als Erkenntnis eines weiteren göttlichen Potenzials, das geboren wurde. Dazu müssen wir allerdings die Tendenz überwinden, die unbekannten Winkel unseres Wesens lieber unerforscht zu lassen. Die folgende berühmte Geschichte über Mullah Nasruddin illustriert dies:

Es war einmal... spät in der Nacht und Mullah Nasruddin kroch auf Händen und Knien unter einer Straßenlaterne herum. Ein guter Freund entdeckte ihn da und, da er dachte, Mullah sei vielleicht betrunken,
wollte er ihm helfen: »Mullah! Brauchst du Hilfe um heimzufinden?«
»Nein, mein Freund... ich habe meinen Hausschlüssel verloren. Hier ... komm runter und hilf mir suchen.«
Ächzend ließ sich Mullahs Freund auf die harte Straße nieder und begann ebenfalls herumzukriechen. Er suchte gründlich, lugte in

die Pflasterspalten und zog nach und nach immer weitere Kreise. Nachdem sie, wie es ihm schien, stundenlang gesucht hatten, taten ihm die Knie weh. Umsonst!
»Mullah, ich habe überall im Umkreis von zehn Metern gesucht. Bist du sicher, dass du deine Schlüssel hier verloren hast?«
»Ach nein ... eigentlich glaube ich, ich hab sie da drüben verloren, eine Ecke weiter.«
»Mullah, Mullah, du Blödmann! Wieso verplempern wir dann hier unsere Zeit?«
»Naja, hier war das Licht besser ...«

Ins Dunkle zu schauen bedeutet eine Reise in unsere Tiefen. Welches ist der Ort in uns, den wir am wenigsten liebenswert finden? Es könnte sich herausstellen, dass sich dort die Tür zu unserer größten Kraft und Freude öffnet.

Vielleicht ruft das Leben dich gerade auf, die Stimme in dir zu finden, die vielleicht durch eine Krankheit, durch Schmerz oder Verlust in sich zusammengefallen ist. Das Eine verbirgt sich manchmal in den kleinsten Gesichtern unseres inneren Seins, und wie ein homöopathisches Mittel kann es, obwohl gering an Substanz, eine große Wirkung haben. Halte diesen Teil deiner selbst in deinem Herzen und fühle dein eigenes Herz innerhalb des Herzens des Einen. Du kannst das zum Beispiel tun, indem du den Kreis deines inneren Selbst einberufst und dir vorstellst, dass du all den Stimmen in dir ein Festmahl bereitest. Benutze *Khafid*, um freundlich alle einzuladen, die geneigt sind, sich zu zeigen.

Wurzeln und Zweige

Eine traditionelle Übersetzung dieser Eigenschaft ist »der Erniedriger«. Die Wurzel *KhF* weist auf eine schützende Decke über etwas hin. Sie kann auch denjenigen bezeichnen, der Schutz braucht. Die Endung *-iD* enthüllt, dass ein Teil von uns unter diesem Schutz verborgen ist und wächst. Die Wurzeln von *Khafid* zeigen auch ein sanft und langsam dahinschreitendes Kamel, das dennoch Schritt für Schritt zu dem Ort gelangt, wo es hinsoll. Indirekt verwandt mit diesem Weg ist das arabische Wort *Kafi*, das »gerade genug« bedeutet und oft als heiliger Ausdruck beim Heilen verwendet wird. Wenn der Teil von uns, der sich herabgesetzt fühlt, heilt und wächst, wird *Khafid* zu *Khabir* (3), dem Samen für große Kreativität. Der Koran benutzt *Khafid*, um »jene zur Linken« zu bezeichnen, die sich am *maliki yaumiddin* – gewöhnlich als »Tag des Gerichts« übersetzt – kleiner fühlen werden. Dieser »Tag« (wörtlich: erleuchteter Augenblick) kann jeder Augenblick sein, wo wir ehrlich und liebevoll alle Teile unseres Selbst anschauen und sie vom reinigenden Licht der Liebe des Einen durchdringen lassen.

Meditation

Sammle deine Aufmerksamkeit wieder im Herzen. Atme mit so viel Mitgefühl, wie du in diesem Augenblick spüren kannst, einen Segen für dein inneres Selbst, einen Ruf der Anerkennung für jene Stimmen, die sich durch den Stress des Lebens herabgesetzt fühlen. Betrachte deine Lebensumstände und schau durch dein Herz auf die scheinbaren äußeren Gründe für dein Gefühl des Kleinseins. Allah ist ebenso in und mit den Kleinen als in und mit den Großen. Wie Jesus sagte: »Wenn ihr nicht werdet wie kleine Kinder, werdet ihr nicht eintreten in die ermächtigende Vision, die durch den Kosmos schwingt« (Matthäus 18,3).

IN DER EINHEIT BADEN

Manchmal arbeiten wir vielleicht sehr hart in einem Bereich unseres Lebens, ohne irgendwelchen Erfolg zu sehen. Später wird uns dann klar, dass das, was wir durch unser »Versagen« gelernt haben, wichtiger ist als alles, was wir durch »Erfolg« hätten lernen können. Deshalb lehren die Sufis mithilfe von Methoden, die andere als unwesentlich betrachten würden. Anstatt schwer verständliche Philosophien und gebündelte Fakten zu übermitteln, arbeitet der Sufi mit Geschichten, Stille, Träumen, den Künsten und Musik. Diese Art des Arbeitens wird manchmal »Verlernen« genannt.

Einst entdeckte Mullah eine erfolgreiche Methode, seinen Lebensunterhalt zu verdienen: Schmuggel. Jede Woche überquerte er die Grenze zwischen Persien und Griechenland mit zwei Eseln, jeder mit einem großen Ballen Stroh auf dem Rücken. Wenn er die Grenze in der einen Richtung überschritt, durchsuchten die Beamten alles, konnten aber immer nur Stroh finden. Und doch wurde Mullah immer reicher und alle wussten es. Die Zollbeamten suchten Woche um Woche in wachsender Verzweiflung, aber niemals fanden sie etwas.

Viele Jahre später zog sich Mullah nach Ägypten zurück. Einer der früheren Zollbeamten kam ihn besuchen und fragte: »Mullah, wir wissen, dass du damals irgendetwas von Persien nach Griechenland und zurück geschmuggelt hast.

Jetzt, wo du in Sicherheit bist, könntest du mir doch sagen, was es war!«

»Ja, mein Freund«, sprach Mullah, »jetzt, wo du frei von deiner Verantwortung bist, kann ich es dir verraten. Ich habe Esel geschmuggelt.«

In den vielen Büchern über Sufismus suchen die Gelehrten nach schlüssigen historischen oder theologischen Trends, Philosophen suchen nach einem übergreifenden metaphysischen Rahmen und Wissenschaftler suchen Methoden, die immer und unter allen Umständen wirken. Dem Sufi hingegen ist nur an der Transformation des jeweiligen Menschen, der zu ihm kommt, gelegen. Das heißt, er schmuggelt die Lehre zur Seele, während der bewusste Verstand woandershin schaut.

Meditation

Benutze diese Gelegenheit, um alle vorgefassten Ideen über dich oder die inneren Stimmen in dir loszulassen, einschließlich derer, die du durch diese Arbeit hier schon gefunden hast, und atme einfach mit dem Klang und Gefühl von Allah im Herzen.

23. Begeisterung

Ar - Rafi`

Wenn du zu diesem Weg geführt wirst,
dann nimm mit dem Teil deines Seins Kontakt auf,
der am liebsten vor Freude springen würde,
der sich geehrt und erhoben fühlt.

Manche Leute würden sagen, das beliebte englische Brettspiel »Chutes and Ladders« (etwa »Leiter hoch und Rutsche runter«, Anm. d. Üb.), in dem man bei jedem Würfeln im Nu aufsteigen oder abstürzen kann, müsse ursprünglich ein Sufi-Spiel gewesen sein. Wenn wir niedergeschlagen, also unten sind, sind wir richtig unten, und wenn wir ein Hoch haben, sind wir wirklich oben. Statt emotional zwischen den beiden Extremen hin- und herzupendeln (was in Wirklichkeit bedeutet, dass man sich in einer falschen Identifikation der Seele am einen oder am anderen festhält), würde der Sufi fragen: »Kann ich vielleicht beiden ihren Platz in meinem Herzen einräumen, im Gleichgewicht?«

Als Mullah Nasruddin jung war, wollte sein Vater ihn gern dazu erziehen, das Familiengeschäft zu übernehmen, welches in dieser Geschichte darin bestand, sich um den Totenschrein eines Sufi-Heiligen zu kümmern. Die Pilger gaben für gewöhnlich dem Hüter des Schreines ein Trinkgeld und mit der Zeit konnte das zu einem Lebensunterhalt werden. Aus dem einen oder anderen Grund machte Mullah sich jedoch in diesem Geschäft nicht so gut, daher gab sein Vater ihm eine Weile frei, um mit seinem Lieblingsesel eine Reise in den Osten anzutreten.
Weit weg von zu Hause starb plötzlich Mullahs Esel und dieser war darüber so außer sich, dass er den Esel begrub, sich hinsetzte und weinte und weinte. Bald kamen andere Leute vorbei und fragten Mullah, was denn geschehen sei.
Aber er konnte nur weinen.

»Dies muss das Grab eines wirklich großen Heiligen sein«, sagten die Leute untereinander. Sie setzten sich nieder und fingen an zu beten und zu meditieren.
Ein paar Wochen später war schon eine ganze Menschenmenge da. Ein sehr frommer und energischer Mensch nahm es in die Hand, Geld zu sammeln, um einen Schrein um das Grab zu bauen, in dem sich mehr Menschen versammeln konnten.
Zu diesem Zeitpunkt begann Mullahs Vater sich Sorgen zu machen, was aus Mullah geworden wäre. Nach Monaten der Suche fand er ihn endlich.
Mullah erklärte seinem Vater, was geschehen war, und sein Vater flüsterte ihm ins Ohr: »Denk dir nichts, mein Sohn, dasselbe ist auch mir passiert.
So hat sich mein Geschäft mit dem Schrein entwickelt!«

Vielleicht gibt das Leben dir gerade Gelegenheit, dich erfrischt, erlöst, erhoben und begeistert zu fühlen. Wie beim vorherigen Weg, *Khafid*, könnte sich dies schon morgen ändern. Genieße es, aber halte nicht daran fest. Die ausgewachsene Pflanze wirft ihre Blätter ab und kehrt zur Erde zurück, wenn es Zeit ist.

Wurzeln und Zweige

Eine traditionelle Übersetzung dieser Eigenschaft ist »der Erheber«. Die Wurzel *RF* deutet auf Genesung oder Erlösung, eine Erfahrung oder Situation, die erfrischt. Der Zusatz des *I´* am Ende erschafft die Energie des Hochhebens oder Wegtragens. In diesem Sinne drückt *Rafi* ein »Sich-forttragen-Lassen« aus. Durch seine Anfangswurzel ist es auch mit *Ra´uf* (83), den göttlichen Flügeln der Heilung, verwandt. Der Koran benutzt diesen Namen ähnlich wie den der vorherigen Eigenschaft *Khafid* (22), um jene zu bezeichnen, die am »Tag des Gerichts« »zur Rechten Gottes« sitzen. Wir können dies als den Ort in unserem Sein betrachten, der, wenn er im ehrlichen Licht des Einen steht, vollkommen die Würde und Ehre Gottes spiegelt.

Meditation

Sammle deine Aufmerksamkeit im Herzen und atme diesen Klang sanft zum Bauch hin. Berufe einen Kreis deines inneren

Selbst ein und benutze diesen Namen als Gruß. Schau, wer auftaucht. Wer fühlt sich erhoben oder geehrt? Mit dem Atem kann dieser Klang sowohl eine Einladung als auch ein Segen werden, der unserem kleinen Ich gestattet, sich von seiner Verbundenheit mit dem größeren Selbst des Göttlichen davontragen zu lassen.

24. Hohe »Selbst«-Achtung

Al - Mu`izz

Wenn du zu diesem Weg geführt wirst,
verbinde dich mit dem Ort in deiner Seele,
wo du Festigkeit findest und die Schönheit,
die Anmut und den Reichtum des
Göttlichen in deiner Seele spürst, den Ort
heiliger hoher Selbstachtung.

Vielen von uns fällt es viel leichter, mit Versagen und Fehlern umzugehen als mit Erfolg. Äußerer Erfolg kann so verführerisch sein, dass wir unbewusst wissen, dass wir davon leicht aus der Mitte gezogen werden können und dann etwas Dummes tun. Die Angst davor führt fast immer dazu, dass wir dann tatsächlich etwas Dummes machen. Wir könnten uns also genauso gut erst gar nicht anstrengen und lieber bei uns bleiben.

Vielleicht findest du es schwierig, die Vorstellung von hoher Selbstachtung mit der Sufi-Idee zusammenzubringen, dass das Ego, für das wir uns halten, letztlich nicht real ist. Welches »Selbst« wollen wir denn verbessern? Und wozu ein Selbst aufbauen, nur um es dann niederzureißen?

Rumi allerdings vergleicht die Situation mit Kichererbsen, die in einem Topf kochen. Sie versuchen immer herauszuspringen und der Koch hält sie immer wieder mit seinem Löffel im Topf. Das Leben kocht uns und wir leisten Widerstand, weil wir nicht wissen, warum wir hier sind, welche »Mahlzeit« hier gekocht wird. Der Koch sagt zu den Kichererbsen: »Einst habt ihr im Garten frischen Tau getrunken. Das diente dazu, dass ihr ein gutes Mahl für den Gast abgeben könnt. Haltet euch nicht an dem fest, wofür ihr euch haltet. Lasst euch in etwas noch Besseres verwandeln – ein Mahl für den Geliebten.« In Rumis Sicht ist das ganze Universum in Transformation begriffen, in Essen und Gegessenwerden für eine von Liebe geleitete Evolution.

Vielleicht zeigt das Leben dir gerade einen Aspekt des Geliebten, der sich in deinem Inneren spiegelt und sich größer anfühlt als dein kleines Selbst oder irgendein Teil davon, und den du nicht verleugnen kannst. Oder du wirst an den Ort tief in dir gerufen, der bereit ist, diesen Aspekt in dir zu offenbaren. Dies ist nicht dein Geist der Führung, der immer mit dem Einen verbunden ist, sondern der vertrauensvollste und gläubigste Teil deines *nafs* oder inneren Selbst, die Spiegelung von »rettender Gnade«. Dieser Ort ehrt auch andere, weil er die Quelle seiner eigenen Ehre darin spürt, dass er sich des Einen gewiss ist.

Wurzeln und Zweige

Traditionell wird diese Eigenschaft unter anderem mit »der Ehrende« und »der Erheber« übersetzt. Die Wurzeln deuten auf die Verkörperung oder Verinnerlichung *(MU-)* der Ausdauer und Kraft eines Felsens *(-`IZZ)*, auf eine tiefinnere Gewissheit. Der äußere Aspekt des Namens zeigt eine Stärke, die andere preisen und ehren, weil sie ihnen ihre eigene göttliche Gewissheit spiegelt. Da jedoch die wirkliche Quelle Allah ist, vergeht die äußere Ehre mit der Zeit. In diesem Sinne kann *Muizz* dir, während du diese Eigenschaft entweder innerlich spürst oder von außen so gesehen wirst, helfen, die Erfahrung im Heiligen Einen zu verankern. Sie ist ein Abkömmling des Weges *Aziz* (8). Der Koran benutzt sowohl diesen Namen als auch den nächsten, *Mudhill*, um anzudeuten, dass sowohl hohe als auch niedere Selbstachtung sich von einem Tag auf den anderen ändern können und letztlich keine Realität haben, außer im Sein des Einen.

Meditation

Sammle deine Aufmerksamkeit wieder im Herzen. Atme rhythmisch den Klang Ya Muuies. *Du kannst dazu den Oberkörper langsam nach vorne beugen, sodass der letzte Laut ins Herz hineinklingt und dann als Segen in den Bauch hinunter. Ist nicht die Gewissheit und die Achtung des Einen bereits in jedem Partikel von allem, was lebt? Wenn ja, wieso dann nicht auch in dir? Was andere in dir sehen, gehört in Wirklichkeit dem Geliebten, den jeder auf irgendeine Weise sucht.*

25. Niedere »Selbst«-Achtung

المُذِلُّ

Al - Mudhill

Wenn du zu diesem Weg geführt wirst,
schließe den Ort in dir in dein Herz, der sich schwach,
erschöpft, getrennt und überbeansprucht fühlt und
geringes Selbstbewusstsein zeigt, weil er das Gefühl hat,
alles »selber« machen zu müssen.

Die letzten drei Wege haben uns zwischen recht erschreckenden Extremen in unserem Sein hin- und hergeführt. Wie soll »niedere Selbstachtung« in irgendeiner Definition von »selbst« etwas Heiliges sein? Unsere Kultur ist gnadenlos darauf ausgerichtet, dass wir uns gut fühlen, alles im Griff haben oder zumindest so tun als ob. Unterschwellig wird uns so gesagt: Wenn du dich nicht gut fühlst, bleib zu Hause. Oder geh in Therapie. Oder beides.

Die Sufis sehen das anders. Wie der Weg *Khafid* (22) uns zeigte, kann gerade der Teil von uns, den wir lieber nicht sehen wollen, große Schätze enthalten. Zum Beispiel kann die »unterentwickelte« Seite unserer Persönlichkeit, die nicht kultiviert oder gesellschaftlich akzeptabel ist, unserer inneren Arbeit Schutz bieten. Sie führt dazu, dass die anderen uns ignorieren und uns einfach unser Leben leben lassen. Da echtes Lernen bedeutet, alles zu verlernen, was wir fälschlicherweise über uns zu wissen glauben, kann übermäßiges Lob von außen uns in dem bestärken, was wir zu sein meinen. Aus diesem Grunde begaben sich die Sufis aktiv auf den »Weg der Blamage«. Das heißt, sie handelten extra so, dass sie ganz gewiss ignoriert oder entehrt wurden oder an den Rand der Gesellschaft gerieten. Überall in dieser Tradition finden sich Geschichten darüber, wie Weisheit von denen gehört wird, die wir gar nicht beachten, weil ihr Benehmen nicht in unsere vorgeschriebenen Muster passt. Hier ist zum Beispiel eine, die Rumi über Mohammed erzählt:

Eines Tages kam zur Gebetsstunde ein einfacher Bauer in die Moschee, während Mohammed die Gebete der Gemeinde anleitete. In einem der Gebetszyklen rezitierte Mohammed die Stelle aus dem Koran, wo Moses vor den Pharao kommt, der Pharao ihn aber nicht anhören will.
»Der verdammte Hurensohn!«, rief der Bauer. Alle hielten den Atem an, einige machten »Psst!« und die Gebete wurden fortgesetzt.
Hinterher fielen mehrere der Begleiter des Propheten über den Bauern her und sagten ihm, seine Unterbrechung sei nicht nur unhöflich gewesen, sondern sie hätte auch sein Gebet unwirksam gemacht.
Während sie ihn noch beschimpften, kam der Engel Gabriel zu Mohammed und sagte: »Allah hat zwei Botschaften für dich. Die Erste lautet: Friede sei mit dir. Die Zweite: Würdest du bitte deinen Freunden sagen, sie sollen aufhören, diesem armen Bauern zuzusetzen? Sein ehrlicher Fluch hat mich mehr erfreut als all die Gebete.«

Vielleicht gibt das Leben dir gerade Gelegenheit, Weisheit von einem Teil deines Seins zu hören, der nicht annehmbar zu sein scheint – so wie der Bauer in der Geschichte. Vielleicht sagt dir diese Stimme, dass du dich zu sehr nach dem Terminkalender anderer Leute gerichtet hast und deine eigenen Bedürfnisse vernachlässigst. Du fühlst dich dadurch möglicherweise zerrissen und geschwächt, als ob du in der Wüste herumwanderst. Hier hast du Gelegenheit zu entdecken, dass deine niedere Selbstachtung Teil der göttlichen niederen Selbstachtung ist. Wie einer der späten jüdischen Weisheitstexte, der *Ich-Bin-Rede* aus Nag Hammadi, durch die Stimme der Heiligen Weisheit sagt:

Geht zusammen voran in die Kindheit:
die Kleinen, die Einfachen, die Armen
können mit den Großen, Vielschichtigen und Reichen leben.
Trennt in euch selbst nicht Groß von Klein,
nicht Reich von Arm.
Durch das eine erkennt ihr das andere
und niemand kann in geteilter Gesundheit leben.[15]

Wurzeln und Zweige

Traditionelle Übersetzungen dieser Eigenschaft sind unter anderem »der Entehrende« und »der in die Irre führt«. Sowohl *Mudhill* als auch die vorherige Eigenschaft *Muizz* verkörpern oder internalisieren *(MU')* gewisse Gefühle, Eigenschaften und Prozesse des Einen in dir. Die Wurzel *'IZZ* von *Muizz* zeigt die göttliche Stärke, die sich auf vielfältige Weise ausdrückt. Man könnte auch sagen, die Richtung geht von der Heiligen Einheit zur Heiligen Vielfalt. Die Wurzel *-DhLL* von *Mudhill* zeigt den Ausgangspunkt der Verschiedenheit und Getrenntheit (wobei das *Dh* ähnlich ausgesprochen wird wie ein stimmhaftes *s*), die wächst *(LL)*, wenn sie ohne Verbindung zur göttlichen Lebenskraft des Einen bleibt. In seinem Extrem symbolisiert das Wort Isolation. Indem wir dieses Gefühl erkennen, haben wir jedoch bereits einen Schritt getan, um unsere Vielfalt wieder mit der Einheit zu verbinden. Wenn dies geschieht, verwandelt sich *Mudhill* in *Dhul* (85), das Meistern einer bestimmten Eigenschaft, eines wird zu dem Einen.

Meditation

Sammle deine Aufmerksamkeit wieder im Herzen. Wie Meister Eckhart, der christliche Mystiker des Mittelalters, einst sagte: »Gott ist zu Hause. Wir sind es, die spazieren gegangen sind.« Atme Ya Muu-sill *(mit stimmhaftem* s*) in den Bauch hinunter. Finde den Ort in dir, wo sich Getrenntheit und Vergessen wieder mit dem Kreis des Einen Seins verbinden. Berufe einen Kreis des inneren Selbst ein und lade alle ein, wieder heimzukommen an den Tisch der Heiligen Weisheit. Atme Liebe und Achtung zu all den Teilen deines Wesens, die im Exil sind.*

26. Erwachtes Hören

As - Sami`

Wenn du zu diesem Weg geführt wirst,
halte inne und lausche den Klängen
der Heiligen Einheit überall um dich herum,
in jedem Klang ist ein Tropfen des Einen,
und in diesem Tropfen ist der Ozean aller
göttlichen Eigenschaften.

Manche Aussprüche Mohammeds enthalten, was man »heilige Überlieferungen« nennt *(hadith qudsi)*. Sie sind die Stimme Allahs, die durch Mohammed kommt, aber nicht im Koran enthalten ist. Einer dieser Aussprüche, den die Sufis sehr lieben, ist folgender:

> *Meine vertrauten Diener kommen mir unaufhörlich näher, indem sie Akte liebender Anbetung vollbringen, die über das hinausgehen, was ich verlangt habe, bis ich sie ganz und gar mit meiner Liebe umfange. Wenn ich sie umfange, bin ich das Gehör, mit dem sie hören, das Auge, mit dem sie sehen, die Hände, mit denen sie greifen, und die Füße, mit denen sie gehen. Wenn sie mich für die ganze Menschheit bitten, werde ich ganz gewiss antworten. Wenn sie vor der ganzen Menschheit bei mir Zuflucht suchen, werde ich sie ihnen ganz gewiss gewähren.* [16]

Diese Tradition erinnert uns an den Sinn jeder spirituellen Übung oder des Lebens selbst, wie er in den Schöpfungsgeschichten dargestellt ist, die das Judentum, das Christentum und der Islam gemeinsam haben. Wir sind hier, um in uns das Bewusstsein all der Wesen zu halten, die uns in der Karawane des Lebens vorangegangen sind, und um das Sehen des gesamten Kosmos in unser Sehen einzuschließen. Das heißt es, unserem göttlichen Ebenbild gerecht zu werden, »Essenz-Wesen« oder in hebräischer Sprache *a'dam* zu sein (dam bedeutet »Essenz«, »Saft« oder »Blut«).

Vielleicht verlangt das Leben gerade von dir, dass du etwas empfängst, was über das hinausgeht, was du hörst – eine Energie oder Atmosphäre, ein Licht oder ein Gefühl hinter den Worten. Oder du sollst dich öffnen, um die göttliche Stimme oder Schwingung zu hören, die durch deine eigene Stimme klingt. Das bedeutet normalerweise, dass du dich von den Stimmen anderer befreien musst, die dir vielleicht gesagt haben, dass deine Stimme (oder auch deine Kreativität) auf eine bestimmte Art zu klingen habe. Dieser Weg gibt uns Erlaubnis, mit unseren eigenen Ohren zu hören, die auf tiefster Ebene die Ohren des Einen sind.

Wurzeln und Zweige

Eine traditionelle Übersetzung dieser Eigenschaft ist »der All-Hörende«. Dieser und die nächsten Wege bringen uns in die Welt der Empfindung, des Körperbewusstseins und der Schwingung. Wie die semitische Wortwurzel *ShM* der hebräischen und aramäischen Sprachen bezeichnet *Sami* den Namen, den Klang und die Wellenrealität des Kosmos. Der Endlaut *I'* verbindet jeden Klang mit der Quelle allen Klangs. Wenn wir überall den Klang der Einheit hören können (oder zumindest manchmal), sind wir wieder mit der Quelle des Lebens verbunden. Der Koran benutzt diese Eigenschaft oft kombiniert mit *Alim* (19), dem Verstehen der Formen. Ein interessantes Beispiel gibt Sure 2:256, die »Nötigung oder Zwang« verbietet, wenn es um Glauben, Religion oder moralisches Gesetz geht.

Meditation

Sammle deine Aufmerksamkeit wieder im Herzen. Atme den Klang Ya Sa-Mie *und bade im Zentrum allen Klangs, ohne dich auf einen bestimmten Klang zu konzentrieren. Folge dem Gehörsinn nach innen statt nach außen, zurück zu seiner Quelle Wo in deinem Inneren fängt das Hören an?*

27. *Erwachtes Sehen*

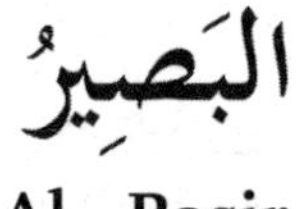

Al - Basir

Wenn du zu diesem Weg geführt wirst,
öffne dein Sehen, sodass du überall das Licht
der Einheit siehst.

Wie der vorherige Weg, *Sami*, fordert uns auch dieser auf, die starre Art loszulassen, in der wir manchmal die Dinge mit unseren Sinnen fassen. Die meisten von uns finden das beim Sehen schwieriger als beim Hören, weil die westliche Kultur uns in der Werbung, im Fernsehen und im Internet mit vielen schnellen visuellen Bildern bombardiert. Dieser Weg empfiehlt: Schließe nicht die Augen, erlaube nur Allah, sie zu benutzen.

> *Eine Ladenbesitzerin hatte einmal einen Assistenten, der schielte, sodass er alles doppelt sah. Eines Tages bat sie ihn, ins Lager zu gehen und einen großen Krug Öl in den Laden zu holen. Der Assistent kam einen Augenblick später zurück und fragte: »Da sind zwei, welchen soll ich nehmen?«*
> *Die Ladenbesitzerin seufzte; sie war solche Fragen schon gewohnt. Also versuchte sie es mit etwas Neuem.*
> *»Zerbrich einfach einen davon und bring den anderen!«*
> *Das tat der Assistent, aber als der eine Krug zerbrach, war auch der andere kaputt.*

Diese Geschichte deutet an, dass das, was wir als Dualität oder »Zweiheit« wahrnehmen, letztlich vielleicht nicht wirklicher ist, als die beiden Krüge, die der schielende Assistent sah.

Vielleicht fordert das Leben dich gerade auf, über den Schein der Dinge hinauszusehen; nicht, eine tiefere Bedeutung zu finden, sondern auf eine ganz neue Art zu schauen. Ist das, was du siehst, in irgendeiner Weise ein Spiegel deines Lebens oder deines inneren Selbst? Kannst du den »anderen« als Teil deiner selbst sehen und ihm oder ihr so viel Mitgefühl entgegenbringen, wie du in diesem Augenblick gerade aufbringen kannst?

Wurzeln und Zweige

Eine traditionelle Übersetzung dieser Eigenschaft ist »der Alles-Sehende«. Die Wurzeln von *Basir* lassen sich auf verschiedene Weisen lesen. In einem Sinne ist das Wort die Erleuchtung *(-IR)* verkörperten Wachstums *(BaS-)*. In einer anderen Lesart *(BA + SIR)* beschreibt es das Sehen als das, was den Blick davon abhält, direkt durch das Ding hindurch zur Einheit zurückzublicken und stattdessen um die äußere Erscheinung zu kreisen. Verwandte Wörter im Aramäischen *(besra)* und Arabischen *(bashar)* bezeichnen unser Fleisch, das heißt unsere Substanz, die entweder unseren Sinn im Leben zum Ausdruck bringen kann oder nicht, je nachdem, ob wir uns in diesem Augenblick des Göttlichen bewusst sind oder nicht.

Meditation

Sammle deine Aufmerksamkeit wieder im Herzen. Atme den Klang Ya BaSier, *strahle ihn zu den Augen hin und durch die Augen hinaus. Lass den Unterkiefer locker und lass deine Augen sich entspannen, sodass sie zu Fenstern der Seele werden, durch die das Eine schauen kann. Dann oder auch ein andermal verinnerliche den Klang, atme den Namen und schaue weiter, indem du deinen Blick nicht auf etwas Bestimmtes konzentrierst, sondern durch alle Formen hindurch das durchdringende Licht des Einen siehst. Fühle dieses Licht als die göttliche Intelligenz, die durch dich sieht. Oder atme wie beim vorherigen Weg den Klang, schließe die Augen und folge dem Sehsinn zurück zu seiner Quelle.*

28. Der Heilige sechste Sinn

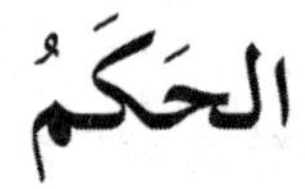

Al - Hakam

*Wenn du zu diesem Weg geführt wirst,
nimm Kontakt mit dem Ort in dir auf, wo das Spüren
entsteht – der Heilige Sinn hinter den äußeren Sinnen des
Sehens, Hörens, Riechens, Tastens und Schmeckens. Bleibe
als Zeuge in der Mitte des Wirbels der Eindrücke, die dich
umgeben.*

Aus einem Chaos von Eindrücken filtern wir auf irgendeine Weise das heraus, was unsere Sinne aufnehmen und was wir bewusst erleben. Man könnte das natürlich das Gehirn nennen, das Nervensystem oder das Selbst, aber es gibt nicht wirklich einen wissenschaftlichen Namen für diesen organisierenden »sechsten Sinn«. Er verhindert, dass wir von der Flut der Eindrücke, denen wir ständig unterworfen sind, überwältigt werden, und macht es uns möglich zu sagen: »*Ich* höre, *ich* rieche, *ich* schmecke, *ich* sehe.« Wir wissen, dass etwas in uns das tun muss, weil es Menschen gibt, deren Ich-Gefühl sich in multiple Selbstanteile aufgespalten hat und die nicht in der Lage sind, als einheitliches Wesen zu agieren. Die moderne Psychologie hat herausgefunden, dass dies oft geschieht, wenn ein Mensch in seinem frühen Leben nicht genügend gesunde Berührung erhält.

Für den Sufi finden unser individuelles »Ich« sowie die verschiedenen Eindrücke und Gefühle in uns ein Zuhause im Herzen des Göttlichen, dem einzigen »Ich bin«. Gleichermaßen werden unsere individuellen Sinne durch den Heiligen Sinn, der uns direkt mit der Quelle verbinden kann, ermächtigt. Da dieser Sinn seine Arbeit auch tut, wenn wir uns nicht bewusst auf ihn ausrichten, könnten wir natürlich fragen, wozu wir dann überhaupt an ihn denken sollen? In einem Sinne repräsentiert dieser Teil unseres Seins unsere primitivere menschliche Intelligenz, den tierischen Teil unserer Natur. Von dem Bedürfnis nach Leistung getrieben, ignorieren oder überfordern wir diesen Teil unseres

Selbst oft. Wenn wir auf ihn hören würden, würde er uns sagen, dass wir bestimmte Grenzen respektieren müssen, wenn unser Körper gesund bleiben und uns helfen soll, unsere Herzenswünsche zu erfüllen. Viele Sufi-Geschichten sprechen von Tieren, um zu zeigen, wie wir diese instinktiveren Teile unserer selbst behandeln:

> *Mullah Nasruddin beschloss, dass er sich ein neues Tätigkeitsfeld erschließen wolle: Esel züchten. Er besprach sich mit allen Experten und fand, dass die größte finanzielle Ausgabe bei diesem Geschäft das Futter war. Daher entschied er, seinen Profit dadurch zu erhöhen, dass er den Eseln einfach weniger zu fressen gab. Er begann, seinen ersten Esel aufzuziehen, und gab ihm am ersten Tag eine normale Futterration, und langsam, Tag für Tag, fütterte er den Esel immer ein bisschen weniger. Zunächst schien das zu funktionieren. Der Esel sah tatsächlich ein paar Tage lang besser aus und das ermutigte Mullah, das Futter des Esels nach und nach noch mehr zu reduzieren. Der Esel sah jedoch allmählich immer unglücklicher aus und wurde schwächer und schwächer. Schließlich konnte er nicht mal mehr stehen. Und dann starb er.*
> *»Zu dumm«, sagte Mullah, »wenn er bloß noch ein bisschen durchgehalten hätte, hätte ich ihm beigebracht, von nichts zu leben.«*

Vielleicht fordert das Leben dich gerade auf, zu spüren, was hinter deinen Sinnen ist. Was in deinem Essen nährt dich? Was atmet durch deinen Atem? Was liebt, wenn du liebst? Ziehe die Sinne aus dem Außen zurück und richte sie mit ein paar sanften Atemzügen nach innen. Nimm dir diese Zeit, um die Sinne zu klären, die vielleicht überreizt oder erschöpft sind. Lass dich in die dunklen Arme des Heiligen Sinnes fallen. Bleibe in der Mitte der Dinge.

Wurzeln und Zweige

Diese Eigenschaft wird traditionell unter anderem mit »Richter« und »Schiedsrichter« übersetzt. Die Wurzeln dieses Weges weisen auf voll verkörperten Atem *(H)* innerhalb eines dichten, noch zu erforschenden Gebietes *(KM)*. Aus dieser letzteren Wurzel haben wir das arabische *alkhemia*, den Ursprung des Wortes Alchemie. Beide Wörter erscheinen auch in dem hebräischen Wort *Hokhmah*, der Heiligen Weisheit (oder dem Heiligen Sinn), die in den Sprüchen 8-9 erwähnt ist. Wie die Schöpfungsgeschichte in Genesis 1,2-3 sagt, wird, wenn göttliche Dunkelheit und göttlicher Atem sich vermählen, Licht-Intelligenz oder Bewusstsein geboren. *Hakam* ist direkt mit einem anderen Weg verbunden, nämlich *Hakim* (46), der unterscheidenden Weisheit, und er ist indirekt auch mit *Haqq* (51) verwandt, der Verkörperung der Lebensenergie.

Meditation

Sammle deine Aufmerksamkeit wieder im Herzen. Wie die beiden vorherigen Wege kann auch dieser uns an den inneren Ort bringen, wo Dunkelheit sich in Licht verwandelt, Nichtwissen in Wissen. Diesen Ort können wir ansatzweise in der Pause zwischen zwei Atemzügen fühlen. Ziehe dich sanft aus dem Sog äußerer Empfindungen zurück und für einen Moment lang erlebe einfach nur. Atme den Klang Ya HaKam *(das H wird leicht gehaucht) in den Bauch. Atme in einen verborgenen Raum, wo du das Leben als eins erfahren kannst.*

29. *Dinge in Ordnung bringen*

العَدلُ

Al - `Adl

Wenn du zu diesem Weg geführt wirst,
nimm Kontakt mit dem Ort in deinem Wesen auf, der
die Dinge in Ordnung bringen kann. Es ist das Gesicht
des Einen Seins in uns, das materielle, geistige und
emotionale Gerechtigkeit herstellt.

Das Wort Gerechtigkeit im Zusammenhang mit unseren eigenen Gefühlen und Gedanken zu benutzen, mag vielleicht fraglich scheinen. Manche von uns haben eine äußerst aktive Stimme in sich, die uns ständig be- und verurteilt. Wir kennen die Kehrseite dieser übermäßigen Selbstkritik – die Angst nämlich, überhaupt irgendetwas zu tun.

Dieser Weg stellt uns das »salomonische« Potenzial in uns vor, den Ort in uns, der das, was wir erleben, mit liebender Weisheit betrachtet. Diese Stimme in uns versucht, Zeit und Raum, emotionale und geistige Bedürfnisse und all die anderen Millionen Einzelheiten menschlicher Erfahrung, die unter der Oberfläche der Ewigkeit brodeln, genau aufzurechnen und zu versöhnen. Da dieser Teil von uns das größere Bild sieht, mag er unserem übrigen inneren Selbst kompromisslos erscheinen. Am besten wird man mit ihm fertig, indem man ihm etwas zu tun gibt; das ist besser, als ihm die Kontrolle zu überlassen, was zu einem effizienten, aber seltsam unerfüllten Leben führen würde. Übermäßige Kontrolle bringt uns hier nicht weiter.

Mullah Nasruddin beschloss wieder einmal, eine andere Beschäftigung aufzunehmen. Anstelle von Eseln wollte er nun Brieftauben züchten.
Nachdem er sich mit den besten Köpfen beraten hatte, kam er zu der Erkenntnis, dass das Hauptproblem an Brieftauben war, dass die Vögel leicht die Botschaft verlieren können, die an ihrem Bein befestigt ist. Mullah dachte lange angestrengt nach und kam auf

eine glänzende Idee. Wenn er eine Brieftaube mit einem sprechenden Papagei kreuzte, konnte dieser Vogel einfach am einen Ende der Reise die Botschaft auswendig lernen und sie am anderen Ende wiederholen – kein Stück Papier könnte so verloren gehen.
Irgendwie schaffte er es. Der Vogel hatte einen wunderbaren Orientierungssinn und konnte auch sprechen. Bevor er den Vogel auf den Markt brachte, wollte Mullah ihn aber testen. Er brachte ihm eine Botschaft bei und gab ihn dann einem Freund, der ihn mit in sein eigenes Dorf nahm. Er trug dem Freund auf, den Vogel am Morgen zu einer bestimmten Zeit fliegen zu lassen. Dann wartete er. Und wartete.
Schließlich, am Ende des Tages, viele Stunden nachdem er eigentlich hätte da sein sollen, kam der Vogel zurück.
»Du Idiot! Warum hast du so lange gebraucht?«, fragte Mullah. »Du hättest schon vor Stunden hier sein sollen!«
»Naja«, sagte der Vogel, »es war so ein schöner Tag, da habe ich beschlossen, zu Fuß zu gehen!«

Vielleicht bekommst du gerade den Impuls, dein äußeres Leben in Ordnung zu bringen. Oder ein überaktiver innerer Kritiker, der dich immer noch tüchtiger machen will, plagt dich. In beiden Fällen gehst du am besten mit Liebe an die Sache heran. Lass diese Stimme in dir zu Wort kommen. Spricht sie mit deiner eigenen Stimme oder mit der eines anderen – zum Beispiel eines Elternteils, eines Verwandten oder eines früheren Lehrers? Wenn das so ist, dann schicke den Teil dieser Eigenschaft, der nicht zu dir gehört, wieder heim. Was übrig bleibt, kann sich dem Kreis deines inneren Selbst anschließen und dir helfen, das rechte Maß in deinem Leben zu finden.

Wurzeln und Zweige

Traditionelle Übersetzungen dieser Eigenschaft sind unter anderem »der Gerechte« und »der Ausgleichende«. Die Wurzeln dieses Namens weisen auf die Verteilung und Beherrschung *(DL)* der geformten Existenz *(`A)*. Auf einer Ebene erkennt diese Eigenschaft der Oberfläche des Herzens, dass unsere fleischliche Existenz begrenzt ist, und möchte daher die Zeit möglichst gut nutzen. *`Adl* ist, wie der vorherige Weg *Hakam*, ein weiteres Talent unseres früheren instinktiven menschlichen Bewusstseins. Der Koran benutzt dieses Wort, um die Erfüllung der Verheißungen des Einen in Bezug auf Zeit, rechtes Maß und Gerechtigkeit auszudrücken.

Meditation

Sammle deine Aufmerksamkeit wieder im Herzen. Atme mit dem Gefühl des Klanges Ya `A *(das* `A *ist guttural und geht nach hinten in die Kehle) und atme den Laut* -DiL *aus (dich innerlich weitend und öffnend). Benutze diesen Atem, um dich darauf zu besinnen, dass alles Rechnen dem Einen gehört, das Mitgefühl und Gnade ist. Schaue dann mit den Augen des Herzens darauf, wie du jetzt gerade dein Leben führst. Wie verbringst du deine Tage? Was ist jetzt am wichtigsten für dich, um den Sinn deines Lebens zu erfüllen?*

30. *Subtiles und Geheimnisvolles*

اللَّطِيفُ

Al - Latif

Wenn du zu diesem Weg geführt wirst,
nimm Kontakt zu dem Teil deines Wesens auf, der das
Geheimnisvolle und Subtile spiegelt und darüber
reflektieren kann.

Wenn wir mithilfe der Wege des Herzens unser inneres Selbst erforschen, passiert es uns leicht, dass wir glauben, eines Tages alles verstehen zu können. Dass wir vielleicht alle Wunder erklären könnten, wenn wir nur unsere Gefühle und Empfindungen fein genug ausbilden – zum Beispiel, indem wir die beiden vorherigen Wege *Hakam* und *`Adl* erforschen. Dieser Weg und der nächste (die oft miteinander verbunden sind) sagen uns, dass – wie empfindsam unser Körper, unser Nervensystem und unsere Sinne auch werden mögen, und welches Maß an Meisterschaft auch immer wir über uns selbst gewinnen – das Göttliche stets ein Geheimnis bleibt. Die folgende Meditation des Korans (Sure 22:63) bringt dies zum Ausdruck:

Mein Geliebter, bitte fordere alle auf zu bemerken,
wie das Eine Sein Regen vom Himmel schickt,
und sofort grünen die Felder.
Sicht und Sinn des Einen sind nicht zu ergründen,
so fein, nährend, geheimnisvoll
bringt es das Samen-Selbst aller Wesen zum Reifen.[17]

Das Geheimnis bleibt eine aktive Kraft im Universum, wie ein Joker im Spiel der Existenz. Das kann eine gute oder eine schlechte Nachricht sein, je nachdem, wie dein Leben im Moment vonstatten geht. Da alle anderen Dinge gleich sind, entscheidet sich der Sufi gewöhnlich für das Geheimnis. Wie Rumi sagt:

Leere dich von dem, was du zu wissen glaubst.
Deshalb sagte Mohammed:
»Narren werden im Paradies den größten Platz einnehmen.«
Dein kluger Kopf wirbelt nur
einen Sandsturm von Stolz auf.
Lass dich für dumm verkaufen und
der Frieden scherzt sich einen Weg in dein Herz.
Wenn dein Kopf zerspringen würde vor Verwunderung
über das, was die Wirklichkeit wirklich ist,
hätte die Tyrannei der Vernunft ein Ende und
jedes Haar auf deinem Kopf
würde zum Orakel.[18]

Vielleicht gibt das Leben dir im Augenblick den Impuls, über das Feine und Geheimnisvolle nachzusinnen und in Ehrfurcht vor der Einen Wirklichkeit des Lebens zu stehen. Versuche nicht, die Dinge zu erklären, füge nur dein Staunen und deine Dankbarkeit hinzu. Wenn wir anfangen, mit den Augen von *Latif* zu sehen, scheint alles um uns her seinen eigenen, unvergleichlich schönen, geheimen Platz in uns zu haben. Und Allah hütet Allahs Geheimnis in uns allen.

Wurzeln und Zweige

Traditionelle Übersetzungen dieser Eigenschaft sind unter anderem »fein« und »gütig«. Die Wurzeln von *Latif* deuten auf etwas hin, das unsere Aufmerksamkeit erringt (der Klang *LA*), in dem ein Geheimnis *(T)* von großem Zauber und großer Schönheit *(IF)* liegt. Die feinen Zentren des Körpers, Herz-, Kehl-, Stirn-, Kronen-, Solarplexus-, Sakral- und Wurzelchakra, werden in der Sufi-Tradition mit einem ähnlichen Wort bezeichnet, *lata'if*. *Latif* und der nächste Weg, *Khabir*, wachsendes inneres Bewusstsein, sind oft in Passagen des Korans verbunden, die dazu ermuntern, tief in die Wunder der Natur zu schauen, um die lebendige Gegenwart des Göttlichen zu entdecken.

Meditation

Sammle deine Aufmerksamkeit wieder im Herzen. Atme sanft und voll den Laut LA- *ein und atme dann noch sanfter den Laut* -TieF *aus. Spüre, wie dieser Laut durch die feinen Zentren deines*

Körpers schwingt. Fühle, wie der Atem das ganze Nervensystem streichelt, und lasse die feinsten Wellenlängen der Einheit dein ganzes Selbst heilen.

31. Der Samen des Potenzials

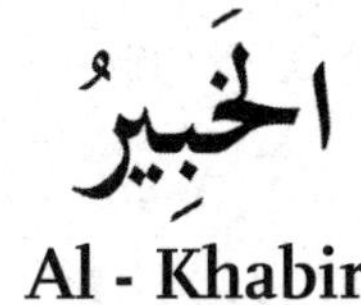

Al - Khabir

*Wenn du zu diesem Weg geführt wirst,
ergreife die Gelegenheit, in dem Ort deines inneren
Wesens zu ruhen, der keimt wie ein Samen.*

Oftmals können wir eine neue Seins- oder Handlungsweise sozusagen ahnen, aber eine Stimme in uns sagt, dass wir noch nicht bereit dafür sind. Wenn diese innere Stimme irgendwie ängstlich klingt oder wie jemand, den wir kennen, lassen wir sie am besten gehen. Wenn sie klar und liebevoll spricht, ist sie jedoch vielleicht die innere Stimme der Weisheit, zu der dieser Weg uns führt. Der vorherige Weg forderte uns auf, das Feine und Geheimnisvolle in unser Leben einzuschließen. Dieser führt uns weiter nach innen, um zu erkennen, dass tief in uns der Samen eines Potenzials verborgen liegt, der auf die rechte Zeit, den rechten Ort, die richtige Erde, das passende Wetter und auf Sonne wartet, um hervorzusprießen. Auf einer anderen Ebene ist *Khabir* die »leise kleine Stimme« des Heiligen Einen, die Elija in der Höhle vernahm, wie die hebräische Bibel es schildert. Diese Stimme der Führung kommt unerwartet oder aus einer scheinbar unbedeutenden Quelle. Ihre Botschaft ist, dass etwas Wertvolles vielleicht Zeit zum Wachsen braucht. Saadi von Shiraz sagt:

Was schnell entsteht, hält nicht lang.
In China arbeitete man vierzig Jahre an einer Porzellanschale,
In Bagdad kommen täglich hundert davon aus einem Brennofen.
Welche ist mehr wert?
Ein frisch geschlüpftes Küken pickt seine Nahrung selbst auf,
ein kleines Kind hingegen bleibt jahrelang hilflos.
Das Erste hebt nie seinen Blick vom Boden,
während das Zweite vielleicht Sterne und Galaxien
in seinem Innern findet.

Vielleicht ist jetzt eine Zeit der Saat für dich und das Leben fordert dich auf, diesem Gesicht Allahs in dir oder einem anderen deine feine Liebe und Aufmerksamkeit zu schenken. Grabe den Samen nicht aus (wie der Mann in der Geschichte am Ende der Einleitung), wärme ihn einfach mit den Strahlen göttlichen Mitgefühls, das sich durch dich ausdrückt. Wenn dir irgendetwas zu Bewusstsein kommt, wächst es aus den Tiefen an die Oberfläche, reift vom Samen zur Pflanze. Welches Universum möchte in deinem Herzen geboren werden?

Wurzeln und Zweige

Traditionelle Übersetzungen dieser Eigenschaft sind unter anderem »der Wissende« und »der Bewusste«. Wie schon erwähnt ist *Khabir* durch seine Wurzel verwandt mit *Khafid* (22), das das Kleine in uns ehrt. Was sich eingeschränkt oder zusammengezogen *(Kh)* und deshalb herabgesetzt und nicht gesehen *(-FID)* fühlte, wird jetzt neu geboren *(B-)*, ins Bewusstsein *(-IR)* gehoben und wird Teil des göttlichen Planes für dein Leben. Anders als *Alim* (19), das Verstehen von Namen und Formen, beleuchtet diese Art von Wissen einen Wachstumsprozess. Wenn *Khabir* sich allmählich ganz offenbart, wird es zu *Kabir* (37), äußerer Schöpferkraft. Aus dieser veräußerlichten Form kann es wieder in sein Samen-Selbst zurückkehren und der Wachstumszyklus beginnt von vorne.

Meditation

Sammle deine Aufmerksamkeit wieder im Herzen. Atme mit dem Klang Ya KhaBier *und lasse ihn in dein Wesen einsinken wie Regen in trockene Erde, wie die Sonne, die im Frühling die Erde wärmt. Atme den Anfangslaut* Kha- *in dein Herz und atme dann den Laut* -Bier *nach außen und fühle dabei das Potenzial für Wachstum. Finde den Ort in dir, wo ein neues Bewusstsein aufdämmert und wo das, was geboren werden will, sich zu regen beginnt. Nähre dieses Gefühl, indem du sanft aus dem Herzen in dein inneres Selbst atmest.*

32. Ketten auflösen

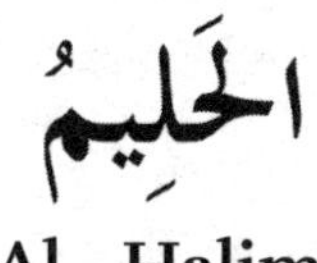

Al - Halim

Wenn du zu diesem Weg geführt wirst,
nimm die Möglichkeit wahr, deine Fesseln zu spüren,
dehne und strecke dich, bis sie sich auflösen und
abfallen.

Plötzlich und ohne Vorwarnung kann uns ein erweiterter Bewusstseinszustand überfallen. Viele Menschen haben das zum Beispiel auf einer Wanderung in der Natur erlebt oder auch wenn sie verliebt waren oder beim Sport. Wenn wir eine solche Erfahrung achselzuckend abtun oder verdrängen, haben wir einen Zugang in eine andere Welt verpasst. Klassische Sufis bezeichnen diese plötzlichen Lichtblitze als *hal*. Sie unterscheiden diese »Zustände der Gnade« von dem Bewusstsein, das wir durch unsere Bemühungen im täglichen Leben gewinnen (und welches als *maqam* bezeichnet wird). Die Trennung ist jedoch nicht so klar. Etwas, das wieder vergeht, kann ebenso wertvoll sein wie das, was bleibt, wenn es uns eine neue Möglichkeit zeigt oder die augenblicklichen Knoten auflöst. Al-Qushayri, ein Sufi des 11. Jahrhunderts, beschreibt diese Zustände so:

Zuerst, Lichtblitze
von einem unbekannten Horizont,
dann Lichtstrahlen,
die den Weg nach vorn zeigen,
schließlich Licht überall,
das volle Leuchten, enthüllt
nur denen,
die ihre Sinne nach innen richten.

Dieser Weg enthüllt einen Teil unseres inneren Seins, durch den das Heilige eine Spannung auflöst und uns von unseren Vorstellungen von der Vergangenheit befreit. Deshalb legen die Sufis die Betonung auf das Verlernen. Was wir brauchen, ist nicht noch mehr Information, sondern eine tiefere Kenntnis unserer selbst. Und wenn wir uns nicht genug kennen, können uns alle Bücher und Lehrer der Welt nicht helfen. Es ist wie die berühmte Geschichte über die Männer im Dunkeln:

> *Ein paar Männer suchten Unterschlupf in einer Scheune, in der es stockdunkel war. »Hier ist noch etwas!«, rief der eine, »Ich höre es atmen!«*
> *»Du hast recht. Wenn ich meine Hand ausstrecke, ist da so etwas wie eine große, rauhe Wand, die sich bewegt.«*
> *»Nein! Von hier fühlt es sich wie eine Schlange an!«*
> *»Hier drüben fühle ich ein riesiges Blatt, das sich auf- und abbewegt.«*
> *»Hier fühle ich einen Baumstamm!«*
> *Die Männer stritten noch eine Weile herum und beschlossen dann, eine Fackel anzuzünden. Im Licht der Fackel merkten sie, dass sie alle einen Elefanten anschauten.*

Vielleicht fordert das Leben dich gerade auf, dich in die Hände Gottes fallen zu lassen, die die Knoten in deinen Muskeln – seien sie emotional, körperlich, geistig oder psychisch – lösen können. Diese Hände sind immer für uns da, wir brauchen uns nur darauf zu besinnen, dass sie bereitwillig auf uns warten. Vielleicht bist du auch aufgefordert, loszulassen und einem anderen Menschen zu verzeihen. In einem seiner Gedichte erzählt der moderne Sufi Samuel L. Lewis eine Himmelsvision Isaaks, und über der Himmelspforte stand: »Lasst die Spannung los, alle, die ihr hier eintretet.« Dieser Herzensweg öffnet die Tür zu genau diesem Himmel.

Wurzeln und Zweige

Diese Eigenschaft wird traditionell unter anderem mit »nachsichtig« und »milde« übersetzt. Wie oben erwähnt, hat dieser Weg dieselbe Hauptwurzel wie das Wort *hal*, das eine Behausung für etwas, ein Zelt oder einen spirituellen Zustand bedeuten kann. Ein spiritueller Zustand kann uns umfangen und wieder loslassen, es ist natürlich, dass er kommt und geht. Ein Zustand, der in Einklang mit unserem Lebensziel einfach über uns kommt, kann uns von einer starren Ansicht darüber, wer wir sind, befreien. *Halim* ist auch mit dem arabischen Wort für Träume und Visionen verwandt. Die Islamische Tradition gibt dem Propheten Ismael, dem ersten Sohn Abrahams, den Namen *Halim Allah*. Wie der Koran diese Geschichte erzählt, war es Ismael, den Abraham opfern sollte, und Ismael blieb, als er das hörte, ganz heiter und gelassen.

Meditation

Sammle deine Aufmerksamkeit wieder im Herzen. Lass deinen Atem überall da hingehen, wo du überflüssige Spannung fühlst. Atme den Klang Ya Ha-LieM *und spüre, wie er dein Wesen massiert und lockert und richtig auf den Augenblick einstimmt.*

33. Flexible Stärke

Al - `Azim

Wenn du zu diesem Weg geführt wirst,
fühle eine flexible Stärke, die sich jeder Situation
anpassen kann und doch in deinem Lebenssinn
verwurzelt bleibt
und auf ihn hinstrebt.

Bedauern kann eines der größten Hindernisse im Leben sein. »Wenn ich doch nur ...« führt uns einen Weg hinab, auf dem wir bei jedem Schritt schwächer werden. Wenn wir jedoch tief in uns hineinhorchen, sagt ein Teil unseres Wesens: »Vergiss die Vergangenheit... Geh einfach weiter!« Dieser Weg schenkt uns einen Vorrat an Entschlossenheit und Flexibilität und lässt uns die Verzweiflung darüber überwinden, wie die Dinge im äußerlichen Drama unseres Lebens gelaufen sind oder noch laufen. Er gibt uns die Hoffnung, dass wir jede Situation auflösen können, indem wir uns auf die Quelle des Lebens ausrichten. Rumi sagt:

Gib nie die Hoffnung in den Geliebten auf.
Hoffnung ist das Zugpferd auf dem Weg der Zuflucht.
Selbst wenn du nicht auf dem Weg bist,
bewahre dir zumindest dieses Zugpferd.
»Mein Handeln hat mich verkrümmt«, sagst du.
Denk an Moses Stab, der eine Schlange wurde
und die Zauberstäbe der Magier des Pharao fraß.
Wenn du den geraden Weg findest,
frisst er alles, was einmal verschlungen war, auf.

Vielleicht fordert das Leben dich gerade auf, einen Ort in dir zu finden, der diese göttliche Kühnheit und flexible Stärke angesichts aller Widrigkeiten spiegelt. Oder vielleicht sollst du diese Eigenschaft in anderen sehen, wenn sie auf ihre ganz eigene Art das Heilige zum Ausdruck bringen. Manchmal kann das Schlimmste im Leben das Beste in uns zum Vorschein bringen. Dann sind wir dem nähergekommen, was wirklich göttlich in uns ist.

Wurzeln und Zweige

Traditionelle Übersetzungen dieser Eigenschaft sind unter anderem »Der Erhabene« und »der Größte«. *Azim* ist indirekt mit *Aziz* (8) verwandt, dem Einen, das durch die Kraft der Form wirkt. Wie dort zeigt der Anfangslaut `*AZ* den Atem, der sich verdichtet und konzentriert, und die Endung -*M*, dass diese verdichtete, energetisierte Substanz auch flexibel und fließend sein kann. Sie kann sich jeder Lage anpassen oder in jedem Menschen erscheinen. Dieselbe Wurzel steckt im arabischen Wort für Knochen. Als diese verdichtete, aber flexible Stärke wird *Azim* die Definition dessen, was es heißt, groß zu sein. Wenn die persischen Derwische diese Eigenschaft in einander sahen, grüßten sie sich mit diesem Namen – in der persischen Aussprache *Ya az'm*.

Meditation

Sammle deine Aufmerksamkeit wieder im Herzen. Atme den Klang `A-*(indem der Klang rückwärts in den Körper hineingeht) ein und atme den Klang* -ZieM *aus. Spüre, wie er sich vom Herzen zum Solarplexus und zum Dritten Auge ausdehnt. Atme, bis du den Eindruck hast, dass diese Zentren im Gleichgewicht sind. Kannst du den Atem dieser Qualität dazu benutzen, um das Beste aus all den Kräften hervorzuholen, die du ins Leben einbringst? Erinnere dich in deinem Herzen an Menschen, die du kennst – Freunde, Familie, Kollegen, Lehrer. Wie bringen sie durch ihre einzigartige Weise, sich den Herausforderungen des Lebens zu stellen, diese flexible Stärke zum Ausdruck?*

IN DER EINHEIT BADEN

Der Prophet Mohammed war eines Tages mit ein paar Begleitern auf Reisen. Einige der Männer standen auf und begannen ganz laut Allaho Akbar! *(Die Einheit ist immer größer!) zu chanten. Da sagte der Prophet: »Freunde, bitte nehmt's leicht und schreit nicht so. Ihr ruft nicht jemanden an, der taub oder gar nicht da ist. Das Eine ist hier. Die Wirklichkeit, zu der ihr betet, ist euch näher als der Hals eures Kamels.«*

Wenn wir uns für etwas begeistern, lassen wir uns leicht davontragen. Oft folgen wir einfach den anderen, ohne uns wirklich bewusst zu sein, was wir da tun. Die Sufis erkennen, dass Ekstase unser normales Bewusstsein transformieren kann. Sie ermahnen uns allerdings auch, unseren gesunden Menschenverstand nicht außer Acht zu lassen und nicht einfach etwas mitzumachen, weil es das Richtige zu sein scheint. Dazu gibt es eine berühmte Geschichte, die Rumi erzählt:

Eine Gemeinschaft armer Derwische lud einst Mullah Nasruddin zu einem Bankett ein, das sie ihm zu Ehren geben wollten. Mullah wurde zu der Zeit gerade als eine Art Weiser bekannt, und so wandte er sich an seinen Diener und sagte: »Siehst du, so sollte ein großer Sufi behandelt werden! Packe den Esel und dann gehen wir!« Bei seiner Ankunft begrüßten ihn die Derwische mit allen angemessenen Ehren: »Ya Az'm! O Großer, Sufi aller Sufis! Du bist höchst willkommen und wir sind deiner nicht würdig! Bitte komm und ruhe von deiner langen Reise aus. Wenn du erwachst, wird alles bereitet sein!«
»Siehst du«, sagte Mullah zu seinem Diener. »So gehört sich das ... denk daran! Jetzt lass mich in Ruhe bis zum Bankett.«
Was Mullah nicht wusste, war, dass die armen Derwische, als er sich in einem Zelt zur Ruhe gelegt hatte, seinen Esel nahmen und ihn verkauften, um Zutaten für das Mahl zu kaufen und die Mu-

siker und Unterhaltungskünstler zu bezahlen. Mullahs Diener sah das, aber da er Mullah ja nicht stören sollte, tat er es auch nicht. Stunden später weckten die Derwische Mullah und sagten: »O Großer! Alles ist bereit. Bitte sorge dich um nichts und komme an unsere Tafel!« Mullahs Diener versuchte, ihm von dem Esel zu erzählen, aber Mullah wies ihn ab: »Nicht jetzt! Siehst du nicht, dass das mein Abend ist? Alles ist bereit!«

Wie große Abende so sind, war es wirklich großartig – das beste Essen, Leckereien und Musik (ein guter Esel war damals viel wert!). Dann brachen die Derwische, wie es bei solchen Versammlungen üblich war, in heilige Gesänge aus. Das ging Stunden um Stunden und auch die ganze Nacht so weiter.

»Mullah, Mullah«, sagte sein Diener.

»Ich habe dir doch gesagt: Nicht jetzt!«, sagte Mullah.

Die Gesänge der Sufis sind oft vielstimmig. Ein Teil kommt für eine Weile dazu, dann fällt eine andere Gruppe mit einem anderen Lobgesang oder einer Affirmation ein, dann wieder eine andere. Bald singen alle zugleich und dem Brauch folgend macht man am besten einfach mit. Die Stunden vergingen und Mullahs Stimmung wurde immer besser. Ob es das Essen und Trinken war, die Musik oder die Gesänge, hätte er nicht sagen können, aber er machte mit, so gut er konnte. Bald hörte er einen ganz hohen Gesang über all den anderen Stimmen, die »Allah! Allah!« sangen. Als er die Worte erlauscht hatte, hörte er: »Der Esel ist weg, der Esel ist weg, Esel ist weg, ist weg, der Esel. der Esel, ist weg, ist weg, ist weg, Esel weg, Esel, Esel, weg, weg ...«

»Hmm«, dachte Mullah, »das muss irgendein Lied sein, das sie hier singen und das ich noch nie gehört habe.« Und er sang mit. Nach einer Weile ging das Lied in etwas anderes über und endlich fiel Mullah einfach um. Als er wieder zu sich kam, schien ihm die Sonne ins Gesicht und die Vögel sangen in den Bäumen der Oase. Er setzte sich auf und schaute sich um – das Bankett, die Zelte und die Derwische waren verschwunden. Nur sein Diener saß noch da und schaute ihn an.

»Was für ein Abend!«, sagte Mullah. »Hol den Esel und lass uns heimziehen.« »Aber Mullah«, sagte sein Diener. »Sie haben deinen Esel verkauft, damit sie das Bankett bezahlen konnten. Ich dachte, du wüsstest es und hättest deshalb gesungen: »Der Esel ist weg!«

Auf den ersten Blick erzählt uns diese Geschichte, dass bloßes Nachahmen auf dem spirituellen Weg gefährlich sein kann. Wenn wir ein wenig tiefer hinschauen, sehen wir auch, dass der tierhafte Teil unseres inneren Selbst oder *nafs*, den der Esel repräsentiert, buchstäblich weggetragen wird, wenn wir süchtig nach einer bestimmten Art der Ekstase werden. Das kann geschehen, wenn wir eine echte spirituelle Erfahrung machen und in einen veränderten Bewusstseinszustand geraten, den wir dann immer und immer wieder erleben wollen. Wir müssen unseren »Esel« dann später wieder einfangen, indem wir unsere vermeintliche (aber noch ungeerdete) Spiritualität ins tägliche Leben umsetzen. Das war offensichtlich schon zu Rumis Zeiten schwierig. Heute ist es jedoch ein noch größeres Problem, weil die westliche Kultur uns ständig drängt, unsere Bedürfnisse jetzt zu erfüllen, ohne Rücksicht auf Vergangenheit oder Zukunft. Zweifellos geschehen echte spirituelle Erfahrungen in einem sehr gegenwärtigen, zeitlosen Augenblick (den die Sufis *waqt* nennen). Und doch müssen wir uns, wie die Geschichte von Nasruddin illustriert, fragen: Wann wird die Kraft des Jetzt zu einer Eitelkeit des Jetzt?

Meditation

Sammle deine Aufmerksamkeit wieder im Herzen. Atme den Klang Al- *ein und den Klang* -lah *aus, so leicht und so viel Spannung loslassend, wie es dir im Augenblick möglich ist. Lasse dich in dem Atem nieder, fühle dich zu Hause. Gibt es irgendeinen Bereich in deinem Leben, wo du einfach mitläufst und andere imitierst, während eine wesentliche Eigenschaft deines inneren Selbst verloren geht? Wie kannst du dein Bewusstsein des Heiligen so in diesen Augenblick bringen, dass es sich auf dein ganzes Leben auswirkt – auf Vergangenheit, Gegenwart und Zukunft?*

34. *Die Vergebung des Lichts*

الغَفُورُ

Al - Ghafur

Wenn du zu diesem Weg geführt wirst,
berühre den Ort in dir, der eine Situation tief von innen
heraus verstehen kann, und lasse so einen Eindruck los,
der sich dir eingeprägt hat, oder heile eine Wunde.

Auf einem früheren Weg, *Ghaffar* (14), haben wir gesehen, dass ein Eindruck, den wir loswerden wollen, manchmal richtig ausgebrannt werden muss. Wir kreisen mit unserer Aufmerksamkeit um etwas, das sich in unserem Herzen festgesetzt hat, und die Hitze, die dadurch erzeugt wird, dass wir immer tiefer hineingehen, heilt dann oft die Verletzung. In diesem Fall zieht uns das Kreisen in uns selbst hinein, als ob es uns kocht oder gart. Dieser Weg hier zeigt uns hingegen, dass manche Eindrücke auch vergehen können, wenn größere Weisheit an ihre Stelle tritt. Das Umkreisen der Situation zieht uns hier also nach außen, zu einem größeren und somit heilenden Blickwinkel auf die Situation. Der göttliche Geliebte scheint, was auch immer unser Schmerz ist, ihn in ein anderes Universum mitzunehmen und ihn dort einfach zum Verschwinden zu bringen. Was bleibt, ist ein umfassenderes und tieferes Verständnis der Situation oder der beteiligten Menschen.

> *Eines Tages, als der Prophet Mohammed bei seinen Begleitern saß, sahen sie ihn lächeln und fragten, warum er lächelte. Der Prophet erwiderte:*
> *»Eines Tages werden zwei Gläubige vor Allah knien, und der eine wird um Wiedergutmachung des Unrechts bitten, das der andere ihm angetan hat.*
> *Allah wird den Angeklagten bitten, das Unrecht gutzumachen, aber dieser wird antworten:*
> *›O Erhalter, ich habe keine einzige gute Tat mehr übrig, die ich ihm geben könnte.‹ ›Kann er dann nicht ein paar von meinen*

Lasten tragen?‹, wird der Ankläger fragen.«
Mohammed merkte an: »Es wird ein wirklich schrecklicher Tag in der menschlichen Geschichte sein, wenn die Menschen nicht in der Lage sind, ihre Lasten selbst zu tragen.«
»Dann wird Allah den Ankläger bitten, in die Gärten des Paradieses zu schauen und zu beschreiben, was er dort sieht.
›Ich sehe Städte von Silber und Paläste aus Gold, von Perlen gekrönt. Welcher große Prophet wird das besitzen? ‹
›Nur der, der den vollen Preis dafür bezahlen kann‹, sagte das Eine Sein.
›Aber wer, o Erhalter, könnte das jemals tun? ‹
›Du kannst es, indem du deinem Bruder vergibst. ‹
›O Erhalter, ich vergebe ihm sogleich!‹
›Dann nimm die Hand deines Bruders und geht zusammen ins Paradies.‹« Mohammed sagte seinen Begleitern: »Staunt über die Liebe des Einen Seins. Schließt jetzt Frieden miteinander und Allah wird euch am Tage der Auferstehung seinen Frieden schenken.« [19]

Vielleicht fordert das Leben dich gerade auf, dein Herz für die wundersame Heilkraft des Einen zu öffnen und für eine umfassendere und tiefere Sicht auf eine Situation, die dich belastet. Wie diese Vergebung geschieht, ist ebenso geheimnisvoll wie der Übergang von einer Welt in eine nächste. Irgendwann müssen wir einfach dem Einen Sein die Vergebung überlassen. Ein großer Teil dieses Weges ist: »Dein Wille geschehe!«

Wurzeln und Zweige

Traditionelle Übersetzungen dieser Eigenschaft sind unter anderem »der Vergebende« und »all-verzeihend«. Die Wurzeln von *Ghafur* ähneln denen des früheren Weges *Ghaffar* (14), dem Wegbrennen von Spannung. Das *GhF* zeigt eine Einschränkung des Atems, etwas, das wir starr und unbewusst halten. In diesem Fall kommt die Befreiung von Licht *(UR)*, anstelle von Feuer und Hitze *(AR)*. Streng genommen bedeutet *Licht* in semitischen Sprachen Intelligenz oder was bekannt ist. *Dunkelheit* heißt einfach, was unbekannt ist. Beide gehören zum Universum des Einen. In diesem Fall, wie in dem Weg *Nur* (93), dem Licht der Intelligenz, ist nicht von der oberflächlichen Intelligenz des Verstandes die Rede, sondern von einem tieferen Wissen, das Herz und Verstand mit einschließt.

Einer anderen Auslegung folgend können die Wurzeln von *Ghafur* und *Ghaffar* auch auf einen Schleier hinweisen, der den Menschen von der letzten Wirklichkeit trennt. In diesem Sinne kann Vergebung ein schützender Schleier sein, der uns daran erinnert, dass wir uns nicht immer im Zustand der Einheit mit der Einheit befinden. Wir sind noch auf dem Weg.

Meditation

Sammle deine Aufmerksamkeit wieder im Herzen. Halte deine Hände wie eine Schale vor dich, als ob du Allah dein Herz hinhältst, damit er es heilt. Atme mit der Schwingung dieses Weges.

Oder lege eine Hand leicht über deine Brust und atme mit dem Klang Ya Gha-Fur. *Berufe einen Kreis deines inneren Selbst ein und lade die verschiedenen Gefühle, Emp findungen und Stimmen zu dir an den Tisch der Weisheit ein. Frage, wer vielleicht an etwas festhält, das er gern loslassen würde. Lasse das Licht des Einen Seins durch dich herabkommen wie einen Segen der Vergebung.*

35. *Dankbarkeit, Zurückgeben*

الشَّكُورُ

Ash - Shakur

Wenn du zu diesem Weg geführt wirst,
sei einfach dankbar und folge all dem göttlichen Licht,
das du empfangen hast, bis zu seinem Ursprung.

Der Koran sagt, die heiligen Bücher aller Traditionen haben ihren Ursprung in der »Mutter des Buches«, welches im Uranfang liegt, bei Allah. Dies ist kein Buch aus Worten, sondern eher ein Archetyp all der heiligen Lehren der Menschheit. Außerdem lehrt der Koran, dass die arabischen Worte, die sich dem Propheten Mohammed offenbarten, nur den größeren »Koran der Schöpfung« widerspiegeln – das Universum, erschaffen durch das Eine Sein. In diesem Sinne ist jedes Wesen wirklich ein Vers in der »heiligen Schrift der Natur«, die alle heiligen Bücher transzendiert (wie Inayat Khan, Sufi des 20. Jahrhunderts, diesen Gedanken wiedergab).

Nachdem wir die Beschränkung losgelassen haben, die entsteht, wenn wir an persönlichen Kränkungen festhalten (*Ghafur*, 34), sind wir frei, die göttliche Intelligenz zu sehen, die alle Gegebenheiten unseres Lebens durchzieht. Dies ist die Essenz der Dankbarkeit. Wie Shabistari es ausdrückt:

Im Geheimen Rosengarten
blühen Rosen, die enthüllen
die Geheimnisse des menschlichen Herzens.
Lilien singen und die Narzisse
sieht die Vollkommenheit aller Dinge.
Um diesen Garten zu betreten,
sieh mit den Augen des Herzens und
schaue sanft auf diese Blüten.
All deine Zweifel werden schwinden.
Suche nicht nach Fehlern:

Die Rosen könnten zu Dornen werden.
Undankbarkeit zeigt Nichtwissen
und die Freunde der Wahrheit sind wirklich dankbar.

Vielleicht gibt das Leben dir gerade einen Impuls, die Dankbarkeit zu erforschen: Halte überall Ausschau nach ihren Zeichen. Wenn dir das schwerfällt, beginne mit den kleinen Dingen, die dir am nächsten sind. Danke, noch bevor du empfängst. Es geht auf diesem Weg nicht um Handeln, nicht um Geben und Nehmen. Dankbarkeit ist bezeichnend für ein Herz, das sich an die Einheit erinnert.

Wurzeln und Zweige

Eine traditionelle Übersetzung dieser Eigenschaft ist »dankbar«. Im Arabischen hat das Wort *Shakur* eher mit einer inneren Haltung von Anerkennung und Wertschätzung zu tun als mit den spezifischen »Tatsachen« einer Situation. Letzteres wird durch einen anderen Weg, *Hamid* (56), ausgedrückt. Die Wurzel *SH* zeigt einen Kreis, der sich öffnet, um mehr zu umschließen – wie die Strahlen der Sonne, die nach Jesu Worten für die Gerechten und die Ungerechten scheinen. Folge diesen Strahlen, nicht dem Schatten. Der Klang *-KUR* bringt uns von den kleinen, einzelnen, geformten Gaben des Universums zurück zur Quelle ewigen Lichts (verwandt mit der alten semitischen Wurzel *AOR* für »Licht« und »Intelligenz«). Dieses Licht kann uns verwandeln: Dankbarkeit verändert die Dinge.

Meditation

Sammle deine Aufmerksamkeit wieder im Herzen. Jedes Tor zu diesem Weg ist ein guter Ausgangspunkt, doch sie alle beginnen und enden im Herzen. Schaue, wenn du die Straße entlanggehst, über deinen Kokon von Sorgen und Pflichten hinaus. Halte nach Dingen Ausschau, für die du dankbar sein kannst, nach Menschen, die ihre eigene unverkennbare Melodie und ihren ganz eigenen Duft im Leben zum Ausdruck bringen. Auf diese Weise gelangst du allmählich in den »geheimen Rosengarten«.

Stelle dir in einer Mittagspause dein Herz als einen wunderschönen Garten vor und bitte die verschiedenen Stimmen deines inneren Selbst herein. Heiße jede willkommen und danke ihr. Dann, wenn du deine innere Gemeinschaft im heiligen »Ich bin« vereint fühlst, blicke nach außen und danke deinen Freunden, deiner Familie, deiner Gemeinschaft und allen Wesen.

36. *Das Leben auf seinem Höhepunkt erleben*

العَلِيُّ

Al - `Ali

Wenn du zu diesem Weg geführt wirst,
fühle dich auf dem Gipfel von allem – was auch
bedeutet, dass du jeden Gedanken an dein Ich loslässt.

Wahre Ekstase ist eines der seltenen Geschenke des Lebens. Manchmal – besonders, wenn wir es gar nicht erwarten oder anstreben – kann ein solches »Gipfelerlebnis« unsere gesamte Weltsicht von Grund auf verändern. Rumi beschreibt in poetischer Form eine solche Erfahrung:

Im Morgengrauen ging der Mond auf
und stürzte sich vom Himmel um mich anzusehen.
Wie ein Falke, der seine Mahlzeit jagt,
fing der Mond mich ein und weg waren wir!
Ich suchte nach mir, aber mein Ich war nicht mehr da:
Im Mond, durch Gnade, wurde mein Körper zur Seele.
Leuchtend reiste ich als Seele weiter,
bis das Rätsel vom großen Ich und kleinen Ich gelöst war.
Neun schimmernde Himmel verschmolzen in diesem Mond,
und die Grenzen meines Wesens verschwanden im Meer.

Eine solche Erfahrung rüttelt uns auf und lässt uns mit neuen Augen auf unser Leben blicken. Meist ist es am besten, überhaupt nicht darüber zu sprechen – nicht einmal mit den Menschen, die uns am nächsten sind –, bis wir herausgefunden haben, wie wir dieses Erleben in unseren Alltag integrieren können. Kommen einmal Worte ins Spiel, ist der oberflächliche Verstand nicht weit, und dann entfernen uns unsere eigenen Vorstellungen (oder die der anderen) von dem Erlebnis selbst. Ein Teil unseres

Bewusstseins möchte zurück in ein behaglicheres und bequemeres Leben, eines, das uns nicht so tief aufrüttelt. Die folgende Sufi-Geschichte illustriert, wie dieser Teil des Bewusstseins sich nach und nach dieses Erlebnis einverleibt, bis schließlich nichts mehr davon übrig ist:

> *Es war einmal ein Beduine, der mit seinem Kamel die Wüste durchquerte, und er legte sich über Nacht zum Schlafen nieder. Die Nacht wurde sehr kalt und der Beduine war froh, sein Zelt zu haben. Das Kamel jedoch fror in der Nacht ebenfalls und es weckte seinen Herrn und sagte: »O Herr, könnte ich wohl meine Nase ein bisschen ins Zelt stecken? Mir ist so kalt!«*
> *»Na, gut«, sagte der Beduine und drehte sich auf die andere Seite. Kurze Zeit darauf erwachte er erneut und hörte das Kamel sagen: »Jetzt ist es noch viel kälter. Könnte ich nicht auch noch meinen Kopf hereinstrecken? «*
> *»Na schön!«*
> *So ging es weiter. Als Nächstes kam der Hals. Dann ließ sich das Kamel, ohne noch weiter zu fragen, ganz in dem Zelt nieder. Da erwachte der Beduine und fand das Kamel neben sich liegend. Das Zelt allerdings sah er nicht mehr. Es hing irgendwo über ihm, über den Höcker des Kamels drapiert.*

Vielleicht hast du durch die Gnade des Einen ein Gipfelerlebnis gehabt oder erlebst es gerade. Begrüße und achte es als Teil von Allahs Universum. Mach dir jetzt keine Gedanken darüber, was es bedeutet oder zu sagen hat. Vermeide das »Danach«-Gefühl, das häufig einem Gipfelerlebnis folgt, indem du es als eine Spiegelung des Einen in dir siehst. Es ist nicht »dein« Erlebnis, nur eine Leihgabe des Einen, die dich daran erinnert, dass noch mehr zu tun ist. Vielleicht fordert das Leben dich auch gerade auf, in einer öffentlichen, nach außen gerichteten Funktion zu wirken, wo du anderen helfen kannst, die Heiligkeit des Universums zu sehen. Wisse, dass du in dieser Rolle nur die letztliche Einheit des Lebens spiegelst – nicht mehr und nicht weniger.

Wurzeln und Zweige

Diese Eigenschaft wird traditionell unter anderem mit »großartig« und »erhaben« übersetzt. Der Klang *`AL* in *Ali* geht rückwärts in den Körper hinein, nicht nach außen, und ähnelt dem Anfang von *Alim* (19), dem

Verstehen von Formen. Dieser Klang deutet auf die Spiegelung des göttlichen Seins in der Materie, die sich auf ein Ziel zubewegt. Die äußere Projektion dieses Klanges *AL* erscheint in dem Wort *Allah*, dem großen »Ja« des Universums. Viele Sufi-Kreise gedenken durch diesen Namen auch des vierten Kalifen Ali, des Schwiegersohnes Mohammeds, der einigen Traditionen zufolge derjenige ist, der zusammen mit seiner Frau Fatima Mohammeds geheimnisvolle Überlieferung empfing.

Meditation

Sammle deine Aufmerksamkeit wieder im Herzen. Das Eine Sein kann sich auf myriadenfache Weise spiegeln, viel mehr als 99 oder sogar 99 Millionen Mal. Berufe mit dem Gefühl dieses Weges einen Kreis deines inneren Selbst ein. Atme den Klang Ya \`A- *ein (indem du ihn rückwärts in deinen Körper hereinholst) und atme den Klang* -Lie *aus, indem du das Ich in der Erinnerung an sein göttliches Potenzial badest.*

37. Äußere schöpferische Kraft

Al - Kabir

*Wenn du zu diesem Weg geführt wirst,
besinne dich auf die Macht, die die Schöpfung aus dem
Chaos herausbildete und die überall im Universum die
Schöpferkraft aufrechterhält.*

Das Leben fordert uns gelegentlich auf, unsere Schöpferkraft nach außen hin sichtbar werden zu lassen oder etwas zu zeigen, das uns sichtbarer macht, als wir es normalerweise sind. Wir sollen also manchmal »einen Anstoß geben«. Manche von uns sind das gewohnt und haben eher die Tendenz, es häufiger zu tun als notwendig und andere nicht zu Wort kommen zu lassen. Andere schrecken normalerweise eher zurück, wenn es danach aussieht, als müssten sie in den Vordergrund treten. Erfolg macht uns ebensoviel Angst wie Misserfolg. Wenn wir etwas ins Rollen bringen, wie werden wir dann damit fertig, wie andere uns beurteilen? Manche werden uns vielleicht bewundern, während andere zweifellos versuchen werden, uns auseinanderzunehmen. Unser Leben könnte so zu einer langen Reihe von Reaktionen auf die Vorstellungen von anderen werden. Wozu sich also überhaupt die Mühe machen?

Das Geheimnis, das dieser Weg uns schenkt, ist, dass er uns daran erinnert, dass jeder kleine schöpferische Akt uns mit einem viel größeren verbindet: mit der Erschaffung des Kosmos. Jede unserer Handlungen, egal wie groß, ist ein kleiner Teil eines viel größeren Bildes. Der Geliebte setzte etwas Großes in Bewegung, indem er das Universum erschuf – und in dem Maße, wie seine Evolution voranschreitet, geschehen immerzu schöpferische Akte. Wir bemerken sie bloß nicht. Wenn uns nach und nach klar wird, wie sehr die Dinge miteinander verwoben und verbunden sind, erkennen wir auch, dass wir nicht ihr Mittelpunkt sind, sondern nur ein Teil des Prozesses. Wie Rumi zu seinen Schülern sagte, lenkt uns die äußere Erscheinung der Dinge manchmal davon ab, die dahinterliegende Schöpferkraft und Absicht zu sehen, die dieser Weg ausdrückt:

Wenn ein starker Wind weht,
bläst er durch die Fenster,
hebt Teppiche hoch oder lässt Stroh umherfliegen.
Ein Teich sieht aus wie ein Schuppenpanzer.
Äste, Blätter und Bäume tanzen.
All diese Dinge sehen anders aus,
in Wirklichkeit und Wurzel aber sind sie Eines:
Wind.

Hört diese Geschichte: Ein Dichter besuchte einst einen König, der in arabischen Landen herrschte, aber weder Arabisch noch Persisch konnte, nur Türkisch.
Der Dichter brachte dem König eine wunderschöne Lobeshymne dar, die jedoch natürlich auf Arabisch geschrieben war. Als er sie rezitierte, nickte der König jedoch immer an der richtigen Stelle, lachte, wo es angebracht war, schaute traurig oder verblüfft oder nachdenklich drein, wie es gerade passte. Als der Dichter gegangen war, sorgten sich die Höflinge. Hatte der König schon die ganze Zeit Arabisch gekonnt? Wenn dem so war, konnten sie Schwierigkeiten bekommen, denn in all den Jahren hatten sie häufig einmal komische Bemerkungen auf Arabisch ausgetauscht. Sie bestachen also den Lieblingssklaven des Königs, damit er es herausfinden sollte.
Eines Tages, als der König guter Stimmung war, fragte ihn sein Diener einfach: Ob er wohl Arabisch könne? Wenn nicht, wie hatte er dann auf das Gedicht so reagieren können?
»Natürlich kann ich nicht Arabisch«, sagte der König. »Aber ich wusste, was der Dichter damit wollte. Es ging nicht um das Gedicht, sondern er wollte mir damit imponieren, mich unterhalten und zum Lachen bringen. Ich verstand ihn, daher brauchte ich das Gedicht nicht zu verstehen.«

Vielleicht fordert das Leben gerade von dir, dass du öffentlich und kreativ im Dienste am Einen Sein tätig wirst. Oder du bist aufgerufen, innerlich mit den Teilen von dir zu arbeiten, die entweder Angst davor haben, diese Kraft zu zeigen, oder verletzt sind, weil sie sich in der Vergangenheit zu sehr aufgeblasen und produziert haben. Indem wir die innere Energie der Schöpferkraft zu ihrer Quelle zurückverfolgen, haben wir Gelegenheit, uns auf unsere Verbindung zur Heiligen Einheit zu besinnen. Ruhen wir in der Quelle dieser Kraft, so finden wir Schutz und Frieden.

Nichts kann uns schaden und nichts kann uns stören, auch nicht unsere eigenen Vorstellungen.

Wurzeln und Zweige

Eine traditionelle Übersetzung dieser Eigenschaft ist »der Allergrößte«. Verglichen mit dem früheren, ähnlichen Weg *Khabir* (31), dem »Samen«-Bewusstsein, zeigen die Wurzeln von *Kabir* (das im Arabischen mit einem anderen K-Laut anfängt) die definiertere, äußere Manifestation und Ausformung *(K)* der Schöpferkraft *(AB)*, Lebenskraft *(I)* und Strahlkraft *(-R)* des Einen. Während *Khabir* die ungebrochene Bewusstheit des Einen enthält, die im Inneren gehalten wird, zeigt uns *Kabir* das Konzentrieren dieser Bewusstheit nach außen, in die Form. Wie die Sufis die Schöpfung des Universums sehen, wird Allah sich zunächst Allahs Selbst bewusst und erschafft dann Wesen, um diesen Prozess vielfältiger, eindeutiger und kraftvoller zu gestalten. *Kabir* kann »groß« bedeuten (und wird oft so übersetzt), aber groß nicht im Sinne von »besser« oder »am besten«. Das Eine Sein bringt durch die Myriaden von Formen und Gesichtern eine Größe zum Ausdruck, die einzig und unvergleichlich ist. Die Einheit selbst ist also die Essenz dessen, was der Sufi gut, besser und am besten nennt. Wenn wir uns auf die vielen Formen konzentrieren, gelangen wir zu dem verwandten Weg *Karim* (42). Als spirituelle Übung wird *Kabir* oft in Form des Ausdrucks *allahu akbar* durchgeführt, was als »die Einheit ist alle Macht, die es gibt« bedeutet. Die Erkenntnis dessen führt zu der Erfahrung, dass »Frieden Macht ist«, wie der Sufi Samuel Lewis diesen Satz im 20. Jahrhundert übersetzte.

Meditation

Sammle deine Aufmerksamkeit wieder im Herzen. Atme, mit gleicher Betonung auf beiden Silben, den Klang Ka- *ein und den Klang* -Bier *aus, indem du das Gefühl aus dem Herzen nach außen strahlen lässt. Werde dir bewusst, dass jeder Atemzug Teil des Göttlichen ist, das das Universum von Neuem erschafft. Nichts ist außerhalb dieser Kraft oder steht im Gegensatz dazu. Atme die Kraft dieses Friedens mit deinem ganzen inneren Selbst.*

38. Erinnern und Bewahren

Al - Hafiz

*Wenn du zu diesem Weg geführt wirst,
spüre den Teil in dir, der ruhig und voller Vertrauen die
Erinnerung an die Heilige Einheit in deinem inneren
Wesen bewahren kann.*

Professionelle Sportler sprechen manchmal davon, »in sich zu bleiben«, wenn sie besonders gut abgeschnitten haben. Das bezieht sich nicht einfach auf geistige Konzentration, sondern auf ein innerliches In-der-Mitte-Bleiben und sich nicht von einem Augenblick auf den anderen durch scheinbaren Erfolg oder Misserfolg aus dem Gleichgewicht bringen zu lassen. Die nächsten Wege zeigen verschiedene Schattierungen dieses Bewusstseins, die der Sufi alle als Eigenschaften des Einen Geliebten ansieht. Sie bilden auch ein Gleichgewicht zu den eher äußeren Wegen *Ali* und *Kabir*, denen wir gerade begegnet sind.

Das erste »Innen-Bleiben« betrifft die Erinnerung. Worum geht es uns? Was ist der Sinn dessen, was wir tun? Das kann in der Aufregung des Augenblicks sehr leicht in Vergessenheit geraten. Zum Beispiel:

> *Es war einmal ein König, der den Jahrestag seiner Krönung mit einem großen öffentlichen Schauspiel zelebrieren wollte. Er beauftragte also eine Kommission, einen schönen und prächtigen Triumphbogen zu errichten, unter dem er am Tage der Feier hindurchreiten wollte. Als der Augenblick des Festzuges herankam, war alles bereit. Herolde, Fußvolk und die Ritter des Königs – alle schritten durch den Triumphbogen. Als jedoch der König selbst an der Reihe war, kam er nicht durch: Er war zu groß. Die Feier musste abgesagt werden.*
>
> *Wie konnte das geschehen? Der König ließ eine öffentliche Untersuchung durchführen. Die Erbauer gaben den Lieferanten die Schuld (»Die Ziegel waren zu klein!«). Die Lieferanten zeigten*

auf den Architekten (»Wir haben nur gemacht, was in den Plänen stand!«). Und der Architekt erinnerte den König daran, dass er in letzter Minute ein paar Veränderungen vorgenommen hatte.
Der König rief seinen Weisen herbei, der meinte, das Vernünftigste sei, den wirklichen Schuldigen zu strafen, nämlich den Triumphbogen selbst. Es wurde ein Gestell errichtet, um den Triumphbogen zu hängen. Es wurde jedoch darauf hingewiesen, dass die obere Seite des Bogens, da sie den Kopf des Königs berührt hatte, nicht bestraft werden konnte, daher würden sie nur die Unterseite hängen müssen. Dann entdeckten sie, dass das Seil dafür zu kurz war. Der Seilmacher beschuldigte die Zimmerleute.
»Die Menge fängt an sich aufzuregen«, sagte der König. »Wir müssen irgendjemanden hängen und später über Schuld oder Unschuld entscheiden.« Nachdem sie jedoch die ganze Menge durchsucht hatten, fanden sie niemanden, der groß genug gewesen wäre, um auf das Schafott zu passen – außer dem König. Also erhängten sie den.
Als das Volk erkannte, was sie da gemacht hatten, konsultierten sie ihr Buch der Traditionen. Dort stand, dass der nächste Mensch, der durch die Stadttore schritt, den neuen König zu wählen hatte. Dieser nächste Mensch war, wie der Zufall es wollte, der Narr der Stadt, der jede Frage mit dem Wort »Melone« beantwortete. So kam es, dass viele Jahre später ein Besucher des Königreiches eine Melone auf dem Thron vorfand. »Wir wissen nicht, warum seine Majestät in seiner unendlichen Weisheit es vorzieht, eine Melone zu sein«, sagten die Höflinge, »aber wir gehen davon aus, dass er es uns schon sagen wird, wenn er es anders haben möchte.«

Vielleicht möchte das Leben dich gerade auffordern, dich zu erinnern, worum es dir eigentlich geht. Oder du sollst vielleicht jemanden beschützen oder verteidigen oder es geht darum, eine Überlieferung oder eine spirituelle Tradition aufrecht zuerhalten. Wir können *Hafiz* als ein Schild um uns errichten, um gewisse Teile unseres inneren Selbst daran zu erinnern, dass wir immer in göttlicher Sicherheit sind. Dieser Weg bittet uns, unsere Aufgabe zu erfüllen, selbst wenn wir es nicht gewohnt sind. Allah wirkt durch jene, die wie die alten hebräischen Propheten sagen: »Hier bin ich, benutze mich nach deinem Willen.« Manchmal muss das, was wir bewahren sollen, auch erst eine Zeit lang im Stillen reifen, bis die Zeit kommt, wo es benutzt und wirklich geschätzt werden kann.

Wurzeln und Zweige

Traditionell wird diese Eigenschaft unter anderem als »Erhalter« und »Hüter« übersetzt. Das Wort *Hafiz* vereint eine Wurzel, die Schutz, Bedeckung oder Gewähr zeigt *(HF)*, mit einer, die uns sagt, dass dieser Schutz dem Weitergeben von etwas Wertvollem an andere dient *(-FIZ)*. Wie sein Vetter *Aziz* (8), die Kraft der Erde, ist diese schützende, bewahrende Qualität voll ins Handeln und in die Form gebracht. In der Tradition des Islam wird ein Mensch, der den ganzen Koran auswendig gelernt hat, ein *Hafiz* genannt. Diese wunderbare Gedächtnisleistung reflektiert eine noch größere: die Erinnerung an die Einheit des Seins.

Meditation

Sammle deine Aufmerksamkeit wieder im Herzen. Berufe einen Kreis deines inneren Selbst ein und biete jeder Empfindung, jedem Gefühl und jeder Stimme, die auftaucht, einen Atemzug von dieser Eigenschaft an. Atme den Klang und fühle das H *leicht gehaucht und den Klang* -FieS *(mit einem langen* i*) wie ein Strahlen durch deinen ganzen Körper, das alle Grenzen erreicht. Fühle einen Schutzkreis um dich und in dir wirken. Dieser Weg des Erinnerns ist besonders nützlich, wenn du vielleicht ein Loch in deinen feinstofflichen oder emotionalen Grenzen hast, durch das du Energie verlierst.*

39. *Einen beständigen Zustand verkörpern*

Al - Muqit

Wenn du zu diesem Weg geführt wirst,
fühle einen sehr beständigen und doch kraftvollen
Zustand der Bewusstheit in deinem Dasein, der dich
und andere erhält und nährt.

Manche von uns sind gut darin, etwas zu beginnen; andere sind gut im Beenden. Und wieder andere sind gut darin, etwas in einem lebendigen »Dauerzustand« zu halten. Unsere Kultur legt zwar viel Wert darauf, uns mit immer »Neuem« zu verführen (selbst, wenn es nur so aussieht), aber sie übersieht oder leugnet oft, wie wichtig es ist, Dinge zu nähren und zu erhalten. Nichts bleibt für immer, aber das bedeutet nicht, dass wir bei allem, was wir tun, das Veralten schon mit einplanen müssen.

Wie beim vorigen Herzensweg geht es auch hier darum, »in der Mitte zu bleiben«, während wir das Spiel des Lebens spielen. Es steht vielleicht mehr auf dem Spiel, als uns bewusst ist. Wie Rumi sagt:

Äußere Form bedeutet mehr, als wir wissen,
denn sie ist mit innerer Substanz verbunden.
Ein Samen kann ohne seinen Kern nicht wachsen,
aber auch nicht ohne Hülle.
Also ist auch der Körper wichtig.
Ohne ihn kann das Ziel nicht erreicht werden.
Schau auf die Wirklichkeit, wie die Eine Wirklichkeit es tut.
Der Körper ist wie Maria.
Wir alle haben Jesus in uns,
der wartet, geboren zu werden, aber:
Kein Jesus, bevor nicht die Wehen kommen.

Wenn die Wehen niemals kommen,
kehrt er einfach zur Quelle zurück,
entlang der geheimen Wege, auf denen er kam.

Vielleicht erlebst du gerade einen starken Seinszustand, der aufrechterhalten werden möchte, bis er zu deinem normalen Bewusstseinszustand wird. Oder vielleicht sollst du irgendeine Art von Nahrung oder Fürsorge weitergeben, die du von jemand anderem oder von deiner eigenen inneren Führung erhältst. In solchen Situationen hilft uns Muqit, uns zu erinnern, dass wir uns nicht zu überanstrengen brauchen und sollen. Die Macht des Einen, die wir in uns tragen, strahlt eine eigene Autorität aus und hat ihren eigenen Einfluss, indem sie durch uns wirkt.

Wurzeln und Zweige

Traditionell wird diese Eigenschaft unter anderem mit »Ernährer« und »Erhalter« übersetzt. *Muqit* kombiniert Laute, die die Verkörperung *(Mu-)* manifestierter Macht *(QI)* anzeigen, die sich der Zerstreuung oder Ausdehnung widersetzt *(T)*. Anders ausgelegt bedeuten die Wurzeln, dass der Klang des Lebens *(I)* sich niederlässt zwischen der Wurzel *Q*, die Raum aus der Substanz des Lebens herausschnitzt, und der Wurzel *T*, die diesen Raum eine Zeit lang erhält. Im Arabischen bedeutet das Verb aus dieser Wurzel »nähren« oder »füttern«. Ein verwandter Weg ist *Muqsit* (86), das Errichten einer neuen Grundlage oder Grundlinie im Leben.

Meditation

Sammle deine Aufmerksamkeit wieder im Herzen. Betrachte die Bereiche deines Lebens, in denen du etwas oder jemanden über einen Zeitraum hinweg nähren oder er halten sollst. Fühle, wie der Atem dieses Weges jeden Menschen oder jede Situation mit Schutz und Energie umgibt. Diese Unterstützung will nicht, dass die Dinge immer gleich bleiben, sondern dass sie wachsen und sich in ihrem eigenen Tempo weiterentwickeln.

Dann oder später berufe den Kreis deines inneren Selbst ein. Wer antwortet auf diesen Weg und die Energie, die er zu geben hat? Nimm wahr, wie diese Nahrung deiner ganzen inneren Familie angeboten wird, sodass sie alle weiterwachsen können, auf den Sinn ihres Lebens zu.

40. In jedem Detail das Göttliche spüren

الحَسِيبُ

Al - Hasib

Wenn du zu diesem Weg geführt wirst,
entdecke, dass »Allah im Detail steckt«, in jeder
Einzelheit des lebendigen Prozesses deines Lebens.

Manchmal müssen wir im Leben viele verschiedene Details im Auge behalten, wie zum Beispiel verschiedene Beziehungen oder die Einzelheiten irgendeiner Sache, an der wir gerade arbeiten. Bei einfachen Tätigkeiten, wie zum Beispiel beim Autofahren, tun wir das ständig, weil dafür viele Fähigkeiten gleichzeitig erforderlich sind und das Bewusstsein vieles auf einmal im Blick haben muss. Bei anderen Tätigkeiten – zum Beispiel wenn wir lernen, ein Musikinstrument zu spielen – müssen wir uns der Details vieler neuer Verhaltensweisen gleichzeitig bewusst sein, bis sie uns zur »zweiten Natur« werden.

Sind wir mit diesem Herzensweg in Einklang, kann uns das eine Menge Zeit und Mühe ersparen: dann, wenn uns die vielen kleinen Details des Lebens verwirren und aus der Mitte bringen. Haben wir diese praktische Intuition nicht zur Verfügung, kann uns unser bewusster Verstand mit allen möglichen Ängsten – die wahrscheinlich jeder realen Grundlage entbehren – richtiggehend verrückt machen. Die folgende Geschichte von Mullah Nasruddin zeigt, dass Logik plus Beobachtung der Details nicht unbedingt gleich Wahrheit ist.

Eines Abends rannte Mullah Nasruddin auf die Straße und schrie:
»Man beraubt mich! Man beraubt mich!«
Seine Nachbarn kamen aus ihren Häusern und fragten:
»Wo ist denn der Räuber? «
»In meinem Haus«, antwortete er.
»Hast du ihn gesehen? «, fragten sie.

»Nein.«
»Fehlt etwas? «
»Nein.«
»Na, woher weißt du dann, dass da ein Räuber ist? «
»Man hat mir gesagt, Räuber arbeiten in absoluter Stille mitten in der Nacht.
Als ich also mitten in der Nacht aufwachte und keinen Laut hörte, wusste ich, dass ein Räuber da sein muss!«

Vielleicht bittet das Leben dich gerade, einen Aspekt der Einheit in jedem einzelnen scheinbar unbedeutenden Detail einer Sache oder eines Vorgangs zu finden – und dabei dennoch das Ganze im Auge zu haben. Manchmal können wir unserem inneren Selbst oder einem seiner Teile den Auftrag geben, uns bei dieser Bewusstseinsarbeit zu helfen. So nützen wir das Unterbewusstsein, um die Oberfläche zu entlasten und zu ordnen.

Wurzeln und Zweige

Traditionelle Übersetzungen dieser Eigenschaft sind unter anderem »der Abrechnende« und »der genau Berechnende«. Die Wurzeln von *Hasib* zeigen eine stille oder geheime Tätigkeit, die im Inneren vor sich geht *(HS)* und die allmähliches schöpferisches Wachstum bewirkt *(IB)*. Hasib kann ein weiterer Weg sein, um in den fließenden Raum des »Innenbleibens« einzutreten. Dieser Weg ist auch mit *Mushi* (57) verwandt, der sich mehr auf den Inhalt konzentriert und nicht, wie *Hasib*, auf den Prozess. Wie die beiden vorangehenden Wege, *Hafiz* (38) und *Muqit* (39), eröffnet uns auch dieser die besondere Energie des Heiligen Einen, die weder Macht noch Schönheit, weder Anfangen noch Beenden ist, sondern eher das Aufrechterhalten der Dinge in einem sehr lebendigen, dauerhaften Zustand.

Meditation

Sammle deine Aufmerksamkeit wieder im Herzen. Atme den Klang Hasib, *während du in seinem Rhythmus gehst und dabei stets im Herzen gesammelt bleibst. Fühle, wie der Klang dich leitet, und nimm das Gehen selbst als unzählige kleine Bewegungen wahr, die von einer Intelligenz gesteuert werden, die das Eine widerspiegelt.*

41. Kräfte vereinen

Al - Jalil

Wenn du zu diesem Weg geführt wirst,
werde dir des tiefen Ozeans von Möglichkeiten und
Kräften in dir bewusst, aus dem innere Macht entsteht.

Wir nähern uns allmählich den Herzenswegen, die dazu führen, dass wir »innen bleiben«. Hier finden wir einen Weg, auf dem es darum geht, Kraft zu sammeln, bis der rechte Augenblick zum Handeln gekommen ist. Wie wir in Regenzeiten einen Wasservorrat anlegen, um uns auf Dürreperioden vorzubereiten, zeigt uns dieser Weg eine weitere Art, wie wir innerlich arbeiten können, während äußerlich davon sehr wenig zu sehen ist. Manchmal bedeutet das einfach nur, dem Teil von uns eine Absage zu erteilen, der immer etwas zu tun oder zu denken haben will. In der folgenden Geschichte repräsentiert Mullah Nasruddin den Teil von uns, dem es widerstrebt, innen zu bleiben und sich nicht im Außen auszudrücken.

> *Mullah Nasruddin bekam immer wieder Schwierigkeiten mit seiner Frau. Oft brachte er Freunde zum Essen mit, ohne ihr vorher etwas zu sagen. Wie es im Nahen Osten der Brauch ist, fühlte sie sich verpflichtet, sie zu bewirten, aber wenn sie nichts von dem Besuch wusste, hatte sie normalerweise nicht genug Essen im Haus – und das war ein echtes Problem. »Genug Mann!«, sagte sie eines Tages, »jetzt reicht es mir!« Also versprach Mullah ihr, von jetzt an immer Bescheid zu sagen, wenn er Freunde mitbringen wollte.*
> *Am nächsten Abend hatte er es jedoch wieder vergessen und war schon im Begriff, mit seinen Freunden im Schlepptau zur Tür hereinzugehen, als es ihm wieder einfiel »Ups! Bitte, wartet mal hier«, sagte er und ging hinein.*
> *Seine Frau, die die Schritte gehört hatte, war schon im Bilde: »Nein, Mann! Ich habe es dir gesagt! Entweder du schickst sie*

nach Hause oder ich verlasse dich!« »Aber ich kann sie doch nicht wegschicken«, sagte Mullah. »Ich verliere ja das Gesicht, und das wäre für uns beide schrecklich!«
»Na schön«, sagte seine Frau. »Du gehst nach oben und versteckst dich. Ich werde ihnen sagen, dass du weg musstest, weil in der Familie etwas Schlimmes passiert ist, und dass es heute Abend deshalb kein Essen gibt.«
Mullah ging nach oben und versteckte sich unter dem Bett. Durch das offene Fenster konnte er hören, wie seine Frau sich entschuldigte – aber seine Freunde ließen sich nicht so ohne Weiteres abschütteln.
»Oh Gnädigste«, entgegneten sie, »du sagst, er ist ausgegangen, aber wir haben ihn gar nicht gehen sehen. Wie kann er denn gegangen sein, ohne an uns vorbeizukommen? «
Mullahs Frau war zunächst um eine Antwort verlegen und eine unbehagliche Stille folgte. Mullah unter dem Bett hörte, wie die Pause immer länger wurde. Schließlich konnte er es nicht mehr aushalten und rief aus dem Fenster: »Sag ihnen, ich bin zur Hintertür hinausgegangen!«

Oberflächlich gesehen geht es in dieser Geschichte nicht um verweigerte Gastfreundschaft – etwas, das im Nahen Osten undenkbar wäre. Es geht eher um den geschwätzigen Teil von uns, der sich der Energie von *Jalil* nicht fügt: dem Sammeln von Kraft (oder »Nahrung«), die wirklich eine gute Wirkung hat, wenn wir sie dann zum Ausdruck bringen.
Vielleicht ruft das Leben dich dazu auf, deine inneren Kräfte und Möglichkeiten wieder zu sammeln oder dein Leben zu entrümpeln. Vielleicht befindest du dich auch in einer Situation, wo äußerlich nichts getan werden kann, wo du aber dennoch innere Qualitäten wie Gewissheit, Vertrauen, Kraft oder Hingabe entwickeln kannst. Dieser Weg möchte dich lehren, diese Qualitäten in dir wachsen zu lassen, wie eine Welle, die zu ihrer vollen Größe anschwillt.

Wurzeln und Zweige

Traditionell wird diese Eigenschaft unter anderem durch »majestätisch« und »erhaben« übersetzt. Die Wurzeln von *Jalil* zeigen die manifestierte göttliche Macht, die aufsteigt und sich auszubreiten beginnt *(JaL)*, sich dann auftürmt, nach innen wendet und auf sich selbst zurückfällt *(IL)*.

Sie ist wie der tiefe Ozean, weit von jeder Küste entfernt. Wenn diese Kraft nach außen dringt, wird sie als *Jalal* (85) ausgedrückt. Diese Energie braucht nicht nach außen zu handeln, weil sie nach außen strahlt, ohne Sprechen und ohne Tun. Im Gegensatz zu *Kabir* (37), der äußeren schöpferischen Kraft in Aktion, drückt *Jalil* den Inhalt eines Machtreservoirs im Ruhezustand aus. *Azim* (33), flexible Stärke, ist Ausdruck einer Kraft, die entweder innerlich oder äußerlich wirken kann, je nachdem, was der Augenblick gerade erfordert.

Meditation

Sammle deine Aufmerksamkeit wieder im Herzen. Berufe einen Kreis deines inneren Selbst ein und lade alle die Gefühle, Empfindungen und Stimmen in dir an die Tafel der Weisheit. Atme den Klang Ya Ja- *ein und den Klang* -LieL *aus. Lade alle, die gekommen sind ein, eine Welle göttlicher Kraft zu fühlen, die sich langsam im Inneren aufbaut. Du kannst von diesem Ozean nach oben getragen werden, ohne irgendetwas anderes tun zu müssen, als dich hinzugeben.*

42. *Die Fülle des Ausdrucks*

Al - Karim

Wenn du zu diesem Weg geführt wirst, nimm die Gelegenheit wahr, dich als Teil von Allahs ständigem schöpferischen Ausdruck zu fühlen, der in jedem Augenblick und durch eine Fülle von Formen neue Realitäten erschafft.

Wir leben in einer Kultur, in der persönlicher Reichtum dem Einzelnen einen hohen Status verleiht und in der eines der beliebtesten Selbstverwirklichungs-Themen ist, dass wir alle ein Gefühl von innerem Reichtum entwickeln sollen. Die Sufis betrachten Reichtum von jeher mit Misstrauen – nicht, weil damit an sich etwas verkehrt wäre, sondern weil das Ich sich leicht in der persönlichen Freiheit und Macht verliert, die der Reichtum zu erkaufen scheint. Aus diesem Grunde folgen seit jeher viele Sufis dem Prinzip: Verschenke, was immer du nicht brauchst. Imam Ali, der Schwiegersohn des Propheten Mohammed, sagt kurz und bündig, wieso:

> *O Kind Adams! Was immer du mehr angesammelt hast, als du tatsächlich brauchst, wirst du nicht benutzen. Am Ende wirst du nur ein Vermögensverwalter für einen anderen Menschen sein. Wenn du den Erhalter um eine bessere Art bitten willst, deinen Lebensunterhalt zu verdienen, schenke zunächst jemandem etwas, der es brauchen kann.*

Rumi betrachtet persönlichen Reichtum als eine Prüfung des Geliebten, aber eine, die ein Mensch – wenn auch mit Schwierigkeiten – bestehen kann:

> *Gott erlegt vielen die Prüfung von Reichtum und Macht auf,*
> *doch ihre Seelen laufen davor weg.*

Ein Derwisch sah einst einen Prinzen auf einem Pferd reiten, sein Gesicht leuchtend wie das eines Propheten oder Heiligen. »Gepriesen sei der Eine«, sagte er, »der seine Diener sogar durch Wohlstand prüfen kann!«

Vielleicht hast du gerade das Gefühl, dass nicht genug da ist, oder auch im Gegenteil, dass alles zu viel ist. Ein Aspekt deines inneren Selbst hat vielleicht das Gefühl, dass etwas fehlt, oder kann die Fülle, die du bereits empfangen hast, nicht halten. Dieser Weg eröffnet der Seele eine Möglichkeit, sich zu erinnern, dass Allahs Schöpferklang ständig durch den Kosmos schallt und mit jedem Atemzug, den wir tun, neue Universen erschafft. Wir, als Spiegelung dieser Wirklichkeit, haben diese Eigenschaft bereits in uns; wir brauchen die Fülle nicht aus einem anderen Land zu importieren.

Wurzeln und Zweige

Traditionell wird diese Eigenschaft unter anderem mit »großzügig« und »großmütig« übersetzt. Die Wurzel *KR* zeigt, wie alte semitische Sprachkulturen sich das Heilige Eine als ständig das Universum ins Sein sprechend und gestaltend vorstellten (wie das althebräische Wort *ikera* in Genesis 1, das gewöhnlich mit »sagte« übersetzt wird). Diese Schöpfung ist nichts, was ein für allemal geschah; sie geschieht vielmehr die ganze Zeit über. Das göttliche Bewusstsein drückt sich in jedem Augenblick in den zahllosen Formen aus, die wir manifestiert sehen – symbolisiert durch die Endung *-IM*. Jedes Lebewesen hat an dieser göttlichen Erschaffung von Fülle teil. *Karim* ist nicht unbedingt eine Fülle von Reichtum, Ehre oder irgendetwas von dem, wovon sich der habgierige Verstand auf seiner Suche nach der Glücksformel angezogen fühlt. *Karim* ist einfach die Fülle von Ausdrucksformen. Wenn wir uns auf die Aktivität der äußeren Schöpfung selbst konzentrieren, gelangen wir auf den Weg von *Kabir* (37). Wir finden eine andere, intensiviertere Form der vorherigen beiden Wege in einem späteren, nämlich *Dhul Jalal Wal Ikram* (85). Wir werden ermuntert, diese benachbarten Wege als einen Teil von Allah zu sehen, der sich durch uns zum Ausdruck bringt. Der spätere Weg fordert uns auf, voll Ehrfurcht und Staunen inmitten eines lebendigen, heiligen Universums zu stehen, durch das die eine Wirklichkeit ständig Macht und Fülle zum Ausdruck bringt.

Meditation

Sammle deine Aufmerksamkeit wieder im Herzen. Atme zuerst den Klang KAR- *aus und fühle, wie er Raum in dir frei macht. Atme dann den Klang* -ieM *aus und fühle, wie die göttliche Lebenskraft durch das innere Pulsieren des Körpers schwingt. Wenn du in einen Rhythmus kommst, fühle das äußere Erschaffen der Wirklichkeit auf* KAR- *und die innere Erneuerung aus der göttlichen Quelle des Lebens auf* -ieM. *Atme in dein Herz und fühle dabei, dass es tatsächlich Auffüllen bedeutet, wenn du etwas hergibst.*

43. Achtsamkeit

Ar - Raqib

Wenn du zu diesem Weg geführt wirst, betrachte einen Menschen oder eine Beziehung in deinem Leben mit dem klaren, mitfühlenden Blick der Einheit.

Es ist manchmal schwierig, einen Prozess, in den wir sehr verstrickt sind, mit einem leidenschaftslosen Blick zu betrachten, selbst dann, wenn wir wissen, dass es das Weiseste wäre. Das Geheimnis dieses Weges – so hochtrabend das vielleicht klingen mag – ist, unseren Blick mit etwas Größerem zu identifizieren. So, wie der Weg von *Basir* (27) uns dahin führte, mit den Augen des Geliebten zu sehen, so bringt uns dieser noch weiter, vom Sehen zum achtsamen Wahrnehmen.

Auf dem Sufi-Weg geht der Schüler Schritt für Schritt voran: Zuerst entdeckt er die Beziehung zwischen Sehen und Fühlen, zwischen Kopf und Herz sozusagen. Dann lernt er, vom Standpunkt seines Lehrers oder seiner Lehrerin aus zu sehen – indem er lernt, durch deren Herz zu schauen. Als Nächstes kann man seinen Blick auf alle anderen Wesen erweitern, wie Inayat Khan, Sufi des 20. Jahrhunderts, es beschreibt:

> *Der Sufi neigt dazu, alles aus zwei Blickwinkeln zu betrachten: seinem eigenen und dem eines anderen.*[20]

Nichts von alledem kann jedoch ohne Liebe und Hingabe geschehen. Paradoxerweise müssen wir ein Ideal des Göttlichen aufbauen, eines, das wir dazu benutzen, etwas zu erleben, das viel größer ist als wir selbst und das auch das Ideal selbst transzendiert. Die Entwicklung solch einer glühenden Hingabe widerspricht dem »Alles und jeder ist gleich«-Standpunkt, auf dem unsere Konsumgesellschaft beruht. Wenn wir nämlich tiefer hinschauen, entdecken wir, dass jedes Wesen sein ganz eigenes Potenzial und seine ganz eigene Entwicklung hat und dass nichts wirklich gleich ist. Ist es uns möglieh, uns »von Gott sehen« zu lassen und auf die tiefe, innige Weise zu beten wie Rabia Al-Adawiyya im 8. Jahrhundert?

Augen schwer von Schlaf, unbewusst, vergessend.
Dennoch bleibt Rabia in deiner Gegenwart,
hoffend, du wirst mit einem Blick auf sie schauen,
der sie wach hält für den Dienst an dir.
Durch deine Macht, Geliebter, halte mich
in deinem Dienst Tag und Nacht, bis ich dir
von Angesicht zu Angesicht begegne.

Eine solche Hingabe mag uns vielleicht altmodisch erscheinen oder, schlimmer noch, widersinnig in ihrer Trennung von »Ich« und »Du«. Eine Mystikerin wie Rabia weiß bereits, dass »Allah« die einzige Wirklichkeit ist, die existiert – warum drückt sie sich also auf diese Weise aus? Weil sie so den Teil ihrer selbst einschließen kann, der noch am Wachsen ist, der noch »zuschaut«, noch außerhalb des Kreises der Einheit steht. Selbst die Teile unseres Wesens, die »widersinnig« oder abgetrennt sind, können also dazu dienen, unser Lebensziel zum Ausdruck zu bringen.

Vielleicht gibt das Leben dir gerade Gelegenheit, aus dem Blickwinkel einer anderen Person zu sehen. Das kann eine Person in deinem Bekanntenkreis sein oder einer deiner inneren Aspekte. Dieser Weg ermöglicht uns, alles, worauf unser Blick fällt, einfühlsam und mit innerer Anwesenheit zu betrachten, weil wir aus einer größeren Perspektive schauen. Das deutsche Wort beobachten hat einen leichten Beigeschmack von »aufpassen, dass nichts geschieht, was wir nicht wollen«. *Raqib* heißt jedoch eher aufmerksam hinschauen, nicht, damit etwas nicht geschieht, sondern *damit* etwas geschieht: natürliches Wachstum – in Einklang mit unserem eigenen Lebensziel oder dem eines anderen.

Wurzeln und Zweige

Traditionell wird diese Eigenschaft unter anderem mit »wachsam« und »der Beobachtende« übersetzt. Die Wurzeln von *Raqib* zeigen Lichtstrahlen *(Ra)*, die etwas Konzentriertes erleuchten, das innerhalb einer bestimmten Sphäre wächst *(QIB)*. Mit einem musikalischen Bild ausgedrückt hieße es etwas wie »den Ton halten« oder immer wieder zum Grundthema eines Musikstücks zurückkehren. In *Raqib* finden wir auch einen Teil der Wortwurzel von *qibla*, die Richtung, in welcher im Islam die Gebete verrichtet werden, nämlich auf die Kaaba in Mekka ausgerichtet. Außerdem finden wir eine Verbindung zum hebräischen Wort *qabbala*, das »was offenbart ist« bedeutet und sich auf eine Art der jüdischen Mystik bezieht. Dieser Weg – ein mitfühlender, konzentrierter Blick, mit dem wir alles als innerhalb des Herzens des Einen Seins wahrnehmen – kann uns dahin führen, dass das ganze Universum sich uns tiefer offenbart: als ein lebendiges Symbol.

Meditation

Sammle deine Aufmerksamkeit wieder im Herzen. Atme mit offenen Augen den Klang Ya Ra'Kieb *ein und aus und spüre eine Verbindung zwischen deinen Augen und deinem Herzen. Fühle dein Herz als einen Spiegel, der alles reflektieren kann, worauf er sich richtet. Stelle dir sehr starke Grenzen und eine ganz klare Oberfläche vor. Übe, die Oberfläche dieses Spiegels mit dem Gefühl eines mitfühlenden Atems klarzuwischen. Richte diesen Spiegel nach außen auf eine Situation oder einen Menschen, die dich verwirrt haben. Was siehst du?*

44. Reflektierendes Zuhören

لمُجِيبُ

Al - Mujib

Wenn du zu diesem Weg geführt wirst,
übe bei dieser Gelegenheit, aufmerksam zuzuhören.
Fühle dich wie ein Vollmond, der das Licht der Sonne
spiegelt.

In vielen Kursen wird heute »gutes Zuhören« gelehrt. Die westliche Kultur drängt uns ständig und erbarmungslos in das äußere Leben und zur Verwirklichung unserer persönlichen Ziele – inzwischen müssen wir uns eingestehen, dass wir verlernt haben, wirklich in uns aufzunehmen, was einen anderen Menschen bewegt. Vielleicht war es zum Teil dieser Mangel, der in den letzten hundert Jahren zum Aufschwung der Psychotherapie geführt hat. Da wir einander nicht mehr wirklich zuhören können, bilden wir Profis dafür aus. Untersuchungen haben ergeben, dass der Erfolg einer Therapie hauptsächlich davon abhängt, ob Therapeut und Klient eine gute Beziehung zueinander haben. Vertrauen, ein Gefühl von Geben und Nehmen und Konzentration scheinen dafür wesentlich zu sein.

Die Sufis würden dies als den Weg von *Mujib* bezeichnen, von heiligem Zuhören. Diese Qualität kann sich daraus entwickeln, dass wir unser Herz stärken und bewusst üben, das, was hereinkommt, im Herzen zu halten. Durch ein solches Herzenstraining kann man das Gefäß sozusagen auch immer wieder leeren, sodass es immer mehr aufnehmen kann und das, was es empfangen hat, nicht festzuhalten braucht. Das bringt einen in das »stille Leben«, wie Inayat Khan, Sufi des 20. Jahrhunderts, es nannte – was nichts anderes ist als die ursprüngliche schöpferische Stille, mit der das Universum begann. Wenn wir diese Art der Stille berühren, gibt sie uns Hoffnung. Denn wenn wir mit dem Mysterium der ursprünglichen Schöpfung in Berührung kommen, fühlen wir, dass alles möglich ist. Inayat Khan spricht darüber, wie wenig Menschen tatsächlich diese Sprache der Stille verstehen:

Die Menschen stellen mir oft Fragen, die ich mit Worten nicht gut beantworten kann, und es macht mich traurig zu denken, dass sie die Stimme meiner Stille nicht hören können. [21]

Vielleicht fordert das Leben dich gerade auf, in deinem äußeren Leben oder mit einem Teil deines inneren Wesens flexibler oder reflektierender zu sein. Wie der vorherige Weg *Raqib* (gegenwärtig sein, aufmerksam wahrnehmen) kann reflektierendes Zuhören eine starke Wirkung haben und erfordert Konzentration. Es geht hier nicht um eine Passivität, die auf spirituellen und feinstofflichen Ebenen Energie für mich selbst abzieht, anstatt sie zu reflektieren oder weiterzugeben. Auf diesem Weg hier klärt der Zuhörende, vergrößert das Gehörte und dient der Quelle dessen, was er hört. Letztlich wird diese Quelle als anderer Teil seiner selbst wahrgenommen.

Wurzeln und Zweige

Traditionell wird diese Eigenschaft unter anderem als »Hörer der Gebete« und »der Erhörende« übersetzt. Die Wurzeln von *Mujib* zeigen die Verkörperung *(MU-)* von etwas Konvexem, das eine Quelle widerspiegelt, die etwas von ihm Verschiedenes zu sein scheint *(-JIB)*. Das arabische Wort *jaba* bedeutet, ein Loch in etwas zu bohren. Um andere wirklich zu hören und zu spiegeln, müssen wir also in unserem inneren Sein einen Raum für sie schaffen. Der Koran benutzt diese Eigenschaft des Einen, um anzudeuten, dass Allah immer und zu jeder Zeit bereit ist, jedem, der ihn anruft, zu antworten.

Meditation

Sammle deine Aufmerksamkeit wieder im Herzen. Atme den Klang Ya Mu-Dschieb *ein und aus. Berufe einen Kreis deines inneren Selbst ein und höre reflektierend, mit dem Herzen, jeder Stimme in dir zu.*

Oder halte eine Situation deines äußeren Lebens in deinem Herzen und übe, den verschiedenen Standpunkten, die dich umgeben, zuzuhören. Kannst du für jeden Standpunkt Raum in dir finden? Kannst du den Versammlungsort der Weisheit hinter ihnen allen hören?

IN DER EINHEIT BADEN

Rumi erzählt eine weitere Geschichte, die uns einlädt, im Ozean der Einheit zu baden, ohne jedes Bedürfnis, uns mit anderen zu vergleichen.

> *Es war einmal ein Sultan, der einen Wettbewerb veranstaltete: Wer das vollkommenste bildliche Kunstwerk brächte, sollte einen sehr hohen Preis gewinnen. Er lud Gruppen von überall auf der Welt dazu ein, und sowohl China als auch Griechenland entsandten Delegationen von Künstlern. Sie konnten an Materialien verwenden, was immer sie brauchten, und jede Künstlergruppe bekam die Wand eines Raumes zur Verfügung gestellt. Ein Vorhang trennte die beiden Räume.*
>
> *Das chinesische Team bat um eine Fülle von Materialien aus vielen verschiedenen Pflanzen und Mineralien, die eine unvorstellbare Vielfalt von Farben lieferten.*
>
> *Das griechische Team bat nur um Werkzeuge zum Schmirgeln und Polieren.*
>
> *Als die beiden Teams endlich fertig waren, enthüllten zuerst die Chinesen ihre Wand. Sie hatten jedwede Farbe des Regenbogens verwendet, um ein höchst harmonisches Bildwerk darzustellen. Der Sultan war überwältigt. Dann enthüllten die Griechen ihr Werk, indem sie den Vorhang zwischen den beiden Räumen aufzogen. Sie hatten keine Farbe verwendet, sondern ihre Wand in solchem Maße poliert, dass sie das Werk auf der chinesischen Seite reflektierte. Durch das Spiel von Licht und Luft schien sich das chinesische Bild zu bewegen und war noch viel schöner und fantastischer.*

Rumi meint dazu:

> *Seid wie die Griechen, o Sufis,*
> *ohne Pädagogik, Bücher oder Gelehrsamkeit,*

schleift Gier und Hass aus euren Herzen,
sodass sie all die Millionen
Zeichen und Farben des Einen spiegeln können.

Meditation

Atme mit einem Gefühl des Friedens und lasse den Spiegel deines Herzens klar werden. Wir brauchen unser Herz nicht mit Eigenschaften und Namen zu bemalen, es reicht, es zu polieren, sodass es zeigt, was bereits da ist.

45. Das Herz hat keine Grenzen

الوَاسِعُ

Al - Wasi

Wenn du zu diesem Herzensweg geführt wirst, berühre den Teil deines innersten Wesens, dessen Fähigkeit zu halten und zu umarmen, was immer in seine Reichweite kommt, grenzenlos ist.

Die letzten beiden Wege des Sehens und Hörens mit innerer Gegenwärtigkeit führen uns tiefer auf den Weg, der dahinterliegt – das Fassungsvermögen des Herzens zu erweitern. Das mag für die meisten von uns am schwersten zu verstehen sein. Wir können Dinge vollbringen. Wenn wir uns mit der Vorstellung befassen, einfach *zu sein,* meinen wir vielleicht, es ginge darum, passiv zu sein. Wir wissen nicht, wie wir etwas tun können, ohne zu tun, oder wie sprechen, ohne zu sprechen. Vieles auf dem Sufi-Weg zielt darauf hin, unseren »Herzenssinn« zu erweitern, eine Fähigkeit, die wir oft benutzen, ohne darüber nachzudenken. Wie wissen wir zum Beispiel, ob ein Mensch die Wahrheit sagt oder nicht? (Und warum scheinen Kinder und Tiere dafür ein besseres Gespür zu haben als Erwachsene?)

Es ist vielleicht einfach die Notwendigkeit, die uns dazu bringt, diesen Weg zu beschreiten. Wenn das Leben uns abverlangt, tiefer zu empfinden, haben wir nur die Möglichkeit, entweder weiter zu werden oder zu zerbrechen. Die Herzensbildung im Sufismus geht von diesem Zusammenspiel von Notwendigkeit und Fähigkeit aus. Der Lernende bringt die Notwendigkeit mit, der Lehrer die Fähigkeit. Auf einer anderen Ebene ist es so, wie Rumi einst sagte:

> *Bring selbst dein trockenes, heuchlerisches, ungläubiges Gebet zu Gott, denn das Eine Sein in seinem unendlichen Mitgefühl nimmt gute Währung ebenso an wie schlechte. Lass deine Not größer werden, sodass Allah dir mehr geben kann.*

In diesem Sinne bringen wir selbst dann etwas in den spirituellen Weg ein, wenn wir Zweifel bringen. Der Geliebte kann ihn halten. Die moderne englische Sufi Irina Tweedie beschrieb, wie Zweifel ihr auf ihrem eigenen Weg des Erwachens halfen:

> *Zweifel haben folgenden Wert: Wer oder was zweifelt? Es ist immer das Ego. Das kleine Ich ist eine Hülle um dein höheres Selbst. Durch die Gnade des Lehrers werden diese Zweifel in dir aktiviert, damit du das Licht sehen kannst.*
> *Wie werden sie aktiviert? Wie kann man das Licht durch Zweifel besser sehen? Zweifel sind Hindernisse. Um die Hindernisse zu überwinden, gibst du dir Mühe und kommst voran. Sufis sagen, der Teufel ist sehr nützlich für dich, wenn du ihn überwindest, aber wehe dir, wenn du es nicht tust. Zweifel ist also äußerst hilfreich. Zweifel ist Kraft. Er ist Energie, die du überwinden musst. Er ist wie eine Grenze, wie eine Barriere. Du musst darüberspringen. Deshalb sagte (mein Lehrer), man muss alle Zweifel aufschreiben – es hilft.* [22]

Vielleicht fordert das Leben dich gerade auf, weiter zu werden, sodass du Aspekte deines inneren Seins einschließen kannst, denen du noch nicht begegnet bist – selbst deine eigenen Zweifel –, oder auch dazu, einen anderen Menschen einfach im Licht des Einen zu halten. Wir brauchen nichts für sie zu tun, sondern nur als Gegenwart für sie da zu sein, um sie an die Umarmung des Göttlichen zu erinnern. Etwas oder jemanden mit der Kapazität von *Wasi* zu halten heißt nicht, es oder ihn zu tragen: Es ist Sein, nicht Tun.

Wurzeln und Zweige

Diese Eigenschaft wird traditionell unter anderem mit »allumfassend« und »allumfangend« übersetzt. Die Wurzeln von *wasi*, die Buchstaben *WAS*, zeigen einen Strom, der mühelos fließt und alles in sich einschließt, oder ein Gefäß von grenzenloser Aufnahmefähigkeit, das alles enthalten kann, ohne voll zu sein. Das Geheimnis dieser Fähigkeit liegt in der Leere des Einen Seins, die seine Fülle in dir vervollkommnet. Die Wurzel *WA-* kann »und« heißen, was mystisch einen Zustand anzeigt, der »dazwischen« liegt und ein Wesen transformiert, zum Beispiel vom Sein zum Nichtsein. Mit diesem Namen hast du Gelegenheit, die Art geräumiger Weite zu kultivieren, die alles halten kann, weil sie weiß, dass sie letztlich nichts hält.

Meditation

Zentriere dich im Herzen und atme, indem du das Herz als ein Behältnis fühlst, das durch deinen Herzschlag und den Rhythmus deines Atems begrenzt ist. Atme den Klang Ya Waa- *aus und den Laut* -Sie *ein (das* ie *geht dabei rückwärts in den Körper hinein). Fühle, wie die Schwingung der verschiedenen Laute alle inneren Einschränkungen schmilzt. Dann erlaube deinem Sein, sich zu öffnen und seine natürliche Kapazität von der Quelle zu empfangen. Dieser Herzensatem ist bereits Teil deiner göttlichen Natur.*

46. Unterscheidende Weisheit

Al - Hakim

*Wenn du zu diesem Weg geführt wirst,
ergreife die Gelegenheit, dich mit dem Teil deiner selbst
zu verbinden, der die unterscheidende Weisheit des
Einen ausdrückt.*

Wenn wir einmal lernen, etwas klar im Herzen zu halten (wie der vorangehende Weg lehrt), können wir heilige Unterscheidungsfähigkeit üben. Dies ist ein weiterer Aspekt inneren Vermögens, das wir mit *Raqib* (43), dem Schauen mit innerer Gegenwärtigkeit, zu entwickeln begannen. Alle diese Fähigkeiten – sehen, zuhören und jemanden mit dem Herzen halten – könnten wir die Werkzeuge der Heiligen Weisheit nennen. Wie in der Einleitung beschrieben (»Einen Kreis deines inneren Selbst einberufen«), sagt uns das biblische Buch der Sprüche, dass die Heilige Weisheit alle unsere inneren Stirnmen um einen Tisch versammelt, um zusammen mit ihnen zu essen und zu trinken. Durch diese Versammlung entsteht ein neues »Ich«-Gefühl, eine Neufassung unseres »Ich bin«. Letzten Endes ist unser eigenes »Ich bin« natürlich nur virtuell – es ist Teil des Göttlichen Geliebten.

Dieser Weg führt uns zu unserer angeborenen Fähigkeit, darüber zu entscheiden, was in diesem Augenblick in unserem Leben wichtig ist, und alle überflüssigen Details wegzulassen. Das kann bedeuten, indirekt ein paar unserer weniger gut integrierten inneren Stimmen mit einzuschließen, indem wir ihre üblichen Ablenkungsmanöver zu einem Teil unserer inneren Arbeit machen. Es ist unmöglich, etwas zu beschreiben, was man nicht erlebt hat – darum erzählen die Sufis Geschichten, um zu verdeutlichen, wie die verschiedenen Anteile in uns funktionieren:

Mullah Nasruddin war einmal auf seinem Dach, um ein paar lose Ziegel zu befestigen. Zufällig kam einer seiner Freunde vorbei und rief: »Mullah! Kannst du mal einen Augenblick hier runterkom-

men? « Mullah stöhnte, weil er nicht gestört werden wollte. Hinunter- und wieder heraufzusteigen dauerte eine Weile.
»Ja? «, sagte er zu seinem Freund, als er endlich auf dem Boden stand.
»Mullah«, flüsterte ihm der Freund ins Ohr, »kannst du mir bis morgen zehn Dinar leihen? «
»Mein Freund, warum musste ich dazu herunterkommen? Hättest du mir das nicht hinaufschreien können? «
»Naja, ich wollte nicht, dass die Nachbarn es hören!«
»Na gut... kannst du einen Moment warten und mir wieder aufs Dach helfen? « Mullah und sein Freund stiegen aufs Dach und Mullah gab ihm einen Hammer und wies ihn an, ihm mit den Ziegeln zu helfen. Als sie fertig waren, sagte Mullah: »Nun, mein Freund, ich bin leider völlig pleite. Ich hab noch nicht mal fünf Dinar für dich.«
»Hättest du mir das nicht früher sagen können? «
»Nein, mein Freund. Ich wollte nicht, dass du gleich weggehst, weil die Leute dann gewusst hätten, dass ich kein Geld habe.«

Man kann diese Geschichte unter anderem so sehen, dass das »Geld« Lebensenergie repräsentiert. In dieser Geschichte (aber nicht in allen) steht Mullah für das Handeln unserer »höheren« Führung, die mit etwas beschäftigt ist, das sie in diesem Augenblick als das Wichtigste empfindet. Eine unserer »niederen« inneren Stimmen versucht ihn abzulenken, etwas Energie zu bekommen. Das Spielchen mit der Sorge, die anderen könnten etwas mitbekommen, zeigt, dass das höhere Selbst die Vorwände des *nafs* benutzen kann, um das niedere Selbst in die Arbeit einzuspannen.

Vielleicht verlangt das Leben gerade von dir, dass du dir eine Situation sorgfältig anschaust, in der der Kontext – Rahmenbedingungen, richtiger Zeitpunkt und Gegenwärtigkeit – eine wichtige Rolle spielt. Die vorrangige Frage ist: »Was ist *jetzt* wirklich wichtig?« Oft brauchen wir uns gar nicht zwischen »gut« oder »schlecht« zu entscheiden, sondern nur zwischen zwei »guten« Dingen, die miteinander im Konflikt zu sein scheinen. In diesen Fällen brauchen wir all die Weisheit dieses Weges, die unser Herz liefern kann. Oder die höhere Führung muss vielleicht durch diese Qualität der unterscheidenden Weisheit mit der inneren Gemeinschaft von Gefühlen, Gedanken und Stimmen arbeiten – so kann sie die Aspekte des niederen Selbst lehren, die noch im Begriff sind, in die Reife des Einen hineinzuwachsen.

Wurzeln und Zweige

Diese Qualität wird unter anderem mit »weise« und »der Richter der Richter« übersetzt. Wie der vorangegangene Weg *Hakam* (28) ist auch dieser ein weiteres Gesicht der arabischen Form des alten heiligen Ausdrucks, der seinen Ursprung wahrscheinlich im hebräischen *Hochmah* oder dem ägyptischen *Hek-Mat* hat, das Heilige Weisheit oder Heiliger Sinn heißt. Dieser Weg zeigt, dass der Sinn hinter allen Sinnen nicht nur unbewusst wirkt *(Hakam)*, um die verschiedenen Eindrücke, die zu uns kommen, sinnvoll einzuordnen, sondern auch aktiv *(Hakim)* als Aspekt unseres bewussten Verstandes. *Hakim* ist das gesprochene Wort, das einen gemeinsamen Nenner findet und Gegensätze vereint. Es ist der Teil unseres Seins, der in der Lage ist, mit den Paradoxen des Lebens zu leben. Der Koran bringt dieses Wort oft entweder mit *Aziz* (8), verkörperter Stärke, zusammen oder mit *Alim* (9), dem Verstehen von Unterschieden in Namen und Formen.

Meditation

Sammle deine Aufmerksamkeit wieder im Herzen. Fühle deinen Atem im Herzen beginnen und dann bis zur Mitte deiner Stirn und zum Solarplexus ausstrahlen. Fühle dann alle diese Zentren mit dem Herzen des göttlichen Geliebten vereint. Benutze den Klang des Wortes, um dich zu zentrieren, indem du mit dem sanft gesprochenen Klang YA HaaK-iem *beginnst. Wie bei* Hakam *ist auch hier das* H *gehaucht. Nachdem sich ein Rhythmus eingefunden hat, kann sich die Klangübung je nach deiner inneren Führung auf eher innere oder eher äußere Weise entwickeln.*

47. Liebe ist ein Geben und Nehmen

لوَدُودُ

Al - Wadud

Wenn du zu diesem Weg geführt wirst,
rufe den Teil von dir, der den ständigen Austausch
zwischen Liebendem und Geliebtem in jedem Teilchen
des Universums widerspiegelt.

Wir wissen, dass Liebe Hitze mit sich bringt, wie es schon die persische Sufi Ruqaya im 8. Jahrhundert in ihrer Dichtung zum Ausdruck brachte:

Ich liebe meinen Erhalter mit glühender Liebe.
Geböte er mir, ans Feuer zu treten,
würde ich nichts von dessen Hitze spüren,
weil meine Liebe heißer ist.

Aber bringt dieses Brennen auch Rauch mit sich, der blind macht, wie viele Sufis behaupten? Dieser Herzensweg möchte uns darauf aufmerksam machen, wie sich das Universum durch das ständige Geben und Nehmen von Liebe dreht. Hakim Sanai sieht das Leben so und er spricht hier zu dem Geliebten hinter allen Beziehungen:

Wie kann ich irgendjemandem Freund sein, außer dir?
Alle anderen sind tot.
Alle Freundschaft wächst in deinem Garten.
Hat Getrenntheit irgendeinen Sinn –
diese Illusion: Du bist du und ich bin ich?
Warum all dieser Rauch von deinem Feuer?
Da du bist, warum nicht
alles andere ins Nichtsein zurückkehren lassen?

Alles atmet den Atem deines Liebens,
deines Geliebtseins, deines Vergnügens.
Selbst den Schmerz deiner Liebe
ziehe ich allem Reichtum dieser Welt vor.

Sufis werden mitunter beschuldigt, es zu weit zu treiben mit der göttlichen Liebe, das grenze schon an Masochismus. Die Sufis selbst sehen das anders. Liebe kann man nur verstehen, indem man liebt. Freundschaft kann man nur erleben, indem man ein Freund ist. Wenn das Schmerz mit sich bringt, ist es immer noch besser, als das Herz eintrocknen zu lassen. Selbst die Unterscheidungsfähigkeit des letzten Weges, *Hakim*, die mit der Schneidekraft eines Diamanten vergleichbar ist, kann diese Liebe nicht berühren. Wie Abil Khayr sagt:

Über Liebe kann man nicht sprechen,
diesen Edelstein kann kein Diamant schneiden.
Alles, was wir sagen und tun, ist nichts als Spekulation.
Liebe kommt unentdeckt und geht unerklärt. [23]

Vielleicht fordert das Leben dich gerade auf, das Risiko einzugehen, jemanden zu lieben oder jemandes Freund zu werden. Vielleicht befindest du dich auch bereits in einer Liebesbeziehung, in der es mühsam ist, und es ist besser, dich tiefer einzulassen, als wegzulaufen. Dieser Weg zeigt, dass die Essenz tiefer Beziehung eher in dem allmählich geschürten Feuer der Freundschaft liegt, als in der oberflächlicheren und unmittelbareren Flamme der Anziehung. In allem, was Beziehungen angeht, kann *Wadud* helfen, die Liebe zu klären und zu verfeinern, die immer weiterliebt.

Meine Liebe gehört jenen, die in mir einander lieben, die in mir Vertrautheit erleben, die einander in meinem Namen mit Güte überhäufen und die einander um meinetwillen freudig besuchen. [24]

– Eine heilige Hadith, Worte Allahs, gesprochen
durch den Propheten Mohammed

Wurzeln und Zweige

Eine traditionelle Übersetzung dieser Eigenschaft ist »der Liebende«. Die Wurzeln von *Wadud* zeigen einen grenzenlosen Vorrat an Liebe *(WA-)* im Herzen des Einzigen Seins, welche sich als eine Verbundenheit unter all den einzelnen Gefäßen göttlichen Lebens äußert *(DD)*. Eine andere Form dieser Wurzel erscheint in den Sufi-Ausdrücken *mahbud Allah* und *mahbud lillah*: In ihnen werden das Geben und Nehmen zwischen Liebendem und Geliebtem und auch die Liebe selbst als das Einzige Sein erkannt, das sich selbst zum Ausdruck bringt. Liebe verändert den Stoff der Wirklichkeit. Der Koran benutzt dieses Wort oft in Zusammenhang mit *Ghafur* (34), erleuchtender Vergebung.

Meditation

Sammle deine Aufmerksamkeit wieder im Herzen. Atme mit über dem Herzen gefalteten Händen mit dem Klang Ya Wa-Du-uD. *Bringe deine Hände dann zum Bauch herunter und später zur Stirn. Fühle, wie das Eine Sein jedes kleinste Teilchen deines Wesens liebt. Weite diesen Atem aus, sodass dein Herz jetzt ein Teil des Herzens des Heiligen Einen ist, das alle Wesen liebt.*

Berufe einen Kreis deines inneren Selbst ein. Lasse Allah durch den Kanal deiner höchsten Führung all die verschiedenen Stimmen in dir mit seiner bedingungslosen Liebe überschütten. Erlaube dem Einen, der ideale Therapeut für dich zu sein, denn es vermag auch mit dem schwierigsten Bereich in dir zu kommunizieren.

48. Strahlende Energie

الْمَجِيدُ

Al - Ma`jid

*Wenn du zu diesem Weg geführt wirst,
feiere die Lebensenergie, die du so eindrucksvoll und
verblüffend durch dich und alle Wesen wirken siehst.*

Manchmal macht uns die Energie des Lebens, die wir in der Natur oder in einem anderen Menschen beobachten können, ganz stumm vor Staunen. Die Sufis würden sagen *»alhamdulillah«* – »Alles Löbliche geht auf das Eine zurück«. Oder sie würden sagen *»ya Ma`jid«* – »Noch ein weiteres herrliches Gesicht der göttlichen Lebensenergie«.

Viele Sufi-Dichter besingen dieses Thema und man kann sich vielleicht fragen, wie sie sich in einen solchen Zustand bringen. Erscheint nach all den eben gehörten Wegen, in denen es um innere Anwesenheit, achtsames Schauen, Zuhören und Innenbleiben ging, dieses ungezügelte Staunen nicht ein bisschen abgehoben? So ist es, und genau um diese großen emotionalen Paradoxe innerhalb eines Herzens unterzubringen, folgt der Sufi dem Weg der Liebe. Damit das Herz flexibel und weit wird, muss es stark werden. An den Hochs oder den Tiefs des Lebens festzuhalten wird lediglich zu einem weiteren Gewohnheitsmuster oder erschafft ein weiteres Dogma.

Dieser Weg fordert uns heraus, einen unglaublich schönen Augenblick zu genießen, solange er andauert, und die Lebenskraft, die ihn erschafft, in uns aufzunehmen, ohne daran festzuhalten. Wenn wir selbst die Person sind, in der jemand anderer diese strahlende, wundervolle Lebensenergie sieht, wird es etwas schwieriger. Natürlich können wir diesen Eindruck in uns aufnehmen, aber was tun wir dann damit? Dient er dem Wachstum unseres inneren Selbst, und wenn ja, wann wird eine solche Unterstützung zu einer Verführung, die uns die wirkliche Quelle von Energie und Schönheit vergessen lässt? Wir könnten ja meinen, wir selbst seien die Quelle und könnten deshalb machen, was wir wollen, ohne uns um die Gefühle der anderen zu kümmern – ein sehr modernes Dilemma und ein sehr schwieriger Tanz. Die Herausforderungen von Glamour und Charisma sind in einem weiteren Wort Allahs in einer »heiligen Überlieferung« Mohammeds ausgedrückt:

> *Meine geheimnisvollen Gewänder sind Transzendenz und Herrlichkeit. Wer immer mit mir um eines von diesen wetteifert, wird dem Feuer begegnen.* [25]

Manchmal müssen wir einfach durch das Feuer des Vergessens. Wenn wir unsere Lektion auf die harte Weise lernen, können wir danach unser kleines Ich wieder mit dem Einen verbunden sehen.

Vielleicht erlebst du gerade eine Situation, wo dich die göttliche Energie und Herrlichkeit in jemand anderem oder in allen lebenden Wesen vor Ehrfurcht oder Bewunderung erstarren lässt. Oder du bist selbst das Objekt dieser Art von Verherrlichung. Wie der vorangehende Weg *Wadud* (47) kann auch dieser deinen inneren Stimmen helfen, in eine reifere und umfassendere Beziehung zur heiligen Einheit hineinzuwachsen. *Ma`jid* hilft uns, die göttliche Lebenskraft zu ihrer Quelle zurückzuverfolgen. Und wenn wir sie als *Ma`jid* finden, ist der Weg dahin nicht sehr weit.

Wurzeln und Zweige

Traditionell wird diese Eigenschaft unter anderem mit »der Ruhmreiche« übersetzt. Die Wurzeln von *Ma`jid* zeigen eine sehr subtile Vorstellung davon, wie der alten semitischen Kosmologie zufolge Manifestation geschehen könnte: *MA-* bedeutet die potenzielle Substanz von irgendetwas, bevor sie individuelle Form annimmt: dies ist die »plastische« Natur – sie kann jede Form annehmen. Mit dem Endlaut *-ID* haben wir das göttliche Leben und die göttliche Macht in der Manifestation – nicht potenziell, sondern tatsächlich in Bewegung und formend. In der Mitte steht das J, welches in dieser Position die organische Form oder Hülle für diese Kraft liefert. *Ma`jid* hat einen Zwilling, nämlich *Ma´jid* (65), bei dem die Betonung auf der ersten Silbe liegt. Diese Eigenschaft hat dieselben Wurzeln, die Betonung liegt aber auf dem Instrument der göttlichen Lebenskraft und nicht auf dem, was es tut. Sie ist auch mit *Wajid* (64) verwandt, wo die Betonung auf der Fähigkeit liegt, wann immer es nötig ist, aktiv die göttliche Lebensenergie aufzuspüren, die sich in einer bestimmten Form manifestiert – so, wie ein Rutengänger Wasser aufspürt.

Meditation

Sammle deine Aufmerksamkeit wieder im Herzen. Atme mit dem Klang YA Ma-Dschied. *Fühle dein Herz als einen Spiegel und atme ein Weilchen hinein, sodass dieser Spiegel klar wird. Wende dann den Spiegel nach unten und innen, um mitfühlend die verschiedenen Aspekte deines inneren Selbst zu betrachten, die um den Tisch der Weisheit versammelt sind. Atme mit Lebensenergie in jeden Aspekt deines Wesens und sieh jeden als ein einzigartiges Gesicht des göttlichen Lebens, das dir gegeben ist, damit du in diesem Leben damit arbeiten kannst.*

49. *Die Rückkehr des Vergänglichen*

الْبَاعِثُ

Al - Ba`ith

Wenn du zu diesem Weg geführt wirst,
feiere die göttliche Eigenschaft, die alles Vergängliche
in dir und um dich herum wieder in den Kreislauf
des Lebens zurückbringt.

Die Sufis sind der Meinung, dass ein Teil unseres Seins, die Seele (oder *ruh*), nach dem Tod des Körpers weitergeht; andere Teile bleiben zurück. Aber selbst die Teile, die zurückbleiben, bleiben in gewisser Weise erhalten. Das Fleisch unseres Körpers zum Beispiel kehrt in die Erde zurück und nährt die, die nach uns kommen. Verschiedene Gedanken und Gefühle, die wir zurücklassen, können auch anderen Energie geben. Viele Sufis glauben, dass ein Heiliger eine Art »feinstoffliches Fleisch« zurücklässt, das die Menschen segnet und leitet, die sich daran erinnern, wie er oder sie sich bewegte, ging oder atmete. Dieses feinstoffliche Fleisch ist dann für die, die nachfolgen, wie ein Tor in eine andere Welt. Es ist eine »recycelte« Form unseres physischen Lebens.

Es mag nicht angenehm sein, über sein eigenes »Recycling« nachzudenken, aber die Sufis tun das seit Jahrhunderten, indem sie den Blick des Herzens erweitern. Rumi meint dazu:

Bienen bringen Wachs und Honig zusammen,
dann fliegen sie fort zu einem anderen,
ferneren Winkel des Gartens.
Unsere Eltern sind wie die Bienen -
Suchender vereint mit Gesuchtem,
Liebender mit Geliebtem –
dann verlassen sie uns.
Wachs, Honig und Garten bleiben.

Unser Körper ist wie ein Bienenstock aus
dem Wachs und dem Honig der Liebe Gottes.
Der Geliebte gibt Bienen andere Formen,
wenn sie die alten nicht mehr brauchen.
Mit unserer Seele ist es dasselbe.
Wenn du mit einem Leichnam im Grab sitzt,
auch wenn es nur ein Augenblick ist,
meinst du vielleicht, du wirst verrückt.
Weshalb solltest du also, einmal befreit,
im Leichnam bleiben?
Die Angst vor dem Tod ist nur eine feine Mahnung,
so, wie die Leute Steine an einem Platz aufschichten,
wo eine Karawane überfallen wurde:
»Achtung! Hier droht Gefahr!«

Vielleicht fordert das Leben dich gerade auf, eine Situation in ihrem größeren Zusammenhang zu sehen. Etwas geht vielleicht zu Ende oder stirbt. Wie kann es wieder in den Kreislauf des Lebens eingebracht werden? Konfrontiert mit einer Welt der Vergänglichkeit, gibt dieser Weg unserem Bewusstsein den Anstoß, tiefer über den Sinn unseres Lebens nachzudenken. Er kann den Stimmen unseres inneren Selbst helfen, sich zu erinnern, dass sich das innere Sein ständig verändert und sich so unser Leben immer mehr erweitert.

Wurzeln und Zweige

Traditionell wird diese Eigenschaft unter anderem mit »der Erwecker der Toten« übersetzt. Die letzte Wurzel *(`ITH)* weist auf etwas hin, das nur eine begrenzte Lebensdauer hat, eine relative Existenz. Dieser Aspekt unseres Seins kehrt in anderer Form oder auf sonst eine Weise in den Kreislauf des Lebens zurück *(BA-)*. Er geht seinen eigenen Weg, wenn der ewige Teil unseres Seins seine Reise fortsetzt. Die Erinnerung von *Ba`ith* bereitet auch auf zwei weitere Herzenswege vor: *Mu`id* (59), wieder herstellen, was noch Leben enthält, und *Mumit* (61), vollständig den Zustand wechseln – das, was wir normalerweise »Sterben« nennen.

Meditation

Sammle deine Aufmerksamkeit wieder im Herzen. Atme den Laut Baa- *aus, der aus dem Selbst in alle Teile deines Seins ausstrahlt. Atme mit dem Laut* `ieTH *ein (es ist kein normales* ie, *sondern es ist gutturaler und geht rückwärts in die Tiefen des Körpers hinein. Es hilft, ein wenig von dem* a *mit hineinzubringen). Betrachte die verschiedenen Unternehmungen und Beziehungen in deinem Leben durch die Augen dieser Eigenschaft. Jede hat eine begrenzte Dauer und wird, wenn sie vergeht, wieder in Allahs Herz aufgenommen.*

50. *Ein Universum der Einheit erleben*

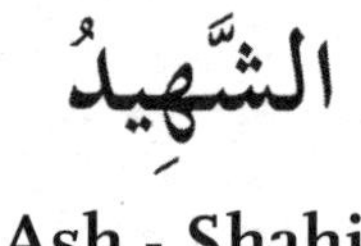

Ash - Shahid

Wenn du zu diesem Weg geführt wirst, nutze die Gelegenheit, um aus deiner Erfahrung der Wirklichkeit, die alle Wesen gemeinsam haben, zu sprechen und zu handeln.

Die Sufis sprechen vom Liebenden und Geliebten, vom Suchenden und Gesuchten, vom Göttlichen und Menschlichen. Wir erleben jedoch auch manchmal Augenblicke, wo jedes »und« wegfällt. In diesen Momenten können wir nicht von »wir«, »ich« oder »du« sprechen. Alles ist eins. In kleinen Dingen haben viele von uns dies erlebt. Attar erzählt folgende Geschichte über die berühmten Liebenden Leyla und Majnun:

Majnun klopfte an Leylas Tür.
»Wer ist da? «
»Ich bin es!«
»Geh weg. Hier ist kein Platz für ich und du!«
Majnun zog sich in den Wald zurück, meditierte lange Zeit und kam dann zurück.
»Wer ist da? «
»Du bist es.«
Die Tür ging auf.

Andere Wege sagen uns, dass die Vielfalt des Lebens, das »Du« und das »Ich«, auch ihren Sinn haben, aber dieser hier bietet uns die tiefere Sichtweise an, das größere Bild. Ein Augenblick, wo wir die Einheit so direkt erfahren, macht uns wach, sodass wir uns mit nichts Geringerem mehr zufriedengeben. Samuel Lewis, Sufi des 20. Jahrhunderts, schreibt:

Es ist nicht unbedingt Lesen und Studieren, ja, nicht einmal Hingabe und spirituelle Praxis, die zu dem ersehnten Ziel führen. Jedes Wort eines jeden Gebetes kann ernst genommen werden, kann als Subjekt für Meditation und Konzentration dienen und durch Bewusstwerdung zur Erfüllung kommen.
Wie Al-Ghazali gesagt hat: »Sufismus beruht auf Erfahrung, nicht auf Vorbedingungen.« Viele alten Sufi-Schriftsteller betonten das Lüften von Schleiern. Hebt sich ein solcher Schleier, scheint ein ganz neues Universum zu Bewusstsein zu kommen. Es ist schon immer da gewesen; jede neue Aussicht macht uns nur etwas bewusst, was schon immer da gewesen ist.

Vielleicht ruft das Leben dich gerade auf, das Leben im Zentrum eines dynamischen, in sich verbundenen und sich verändernden Kosmos zu erfahren oder vielleicht anderen von einem solchen Erlebnis des Eins-Seins zu erzählen. Wie der vorangehende Weg *Raqib* (43) kann auch dieser dazu beitragen, dein inneres Selbst zu zähmen, besonders, wenn du aufgeregt oder verwirrt bist. Lasse *Shahid* deiner höchsten inneren Führung (*ruh* in der Terminologie der Sufis) dabei helfen, seine untrennbare Verbundenheit mit dem Einen Sein zu klären und wieder herzustellen – um dann diese Erfahrung mit dem Rest der Gemeinschaft deiner niederen Ichs, dem *nafs*, zu teilen.

Wurzeln und Zweige

Eine traditionelle Übersetzung dieser Eigenschaft ist »der Zeuge«. Die Wurzeln von *Shahid* zeigen ein Wesen, das still und leer ist, innerhalb eines Wirbels von Empfindungen und Eindrücken *(Sha)*. Dieses Wesen sieht und erfährt das göttliche Leben in Aktion *(HID)*. Einen solchen Zustand findet man im Zentrum eines Wirbelsturms. Diese Wurzeln dienen auch als Grundlage für das Wort *shahada*, welches sich in der islamischen Tradition meistens auf das Bezeugen der Einheit und Mohammeds Prophetentum bezieht. Wie viele Mystiker dargelegt haben, ist dies nicht nur ein verbales Bezeugen; es ist eine tatsächliche Erfahrung oder kann es sein. Das Eine Leben zeigte sich herrlich in *Ma`jid* (48). Hier machen wir uns leer, um dem Einen zu gestatten, uns diese direkte Erfahrung durch alles zu geben, was wir erleben, egal, ob es herrlich erscheint oder nicht.

Meditation

Sammle deine Aufmerksamkeit wieder im Herzen. Atme mit offenen Augen durch dein Herz und fühle, dass du durch seine »Augen« siehst. Schaffe Raum für die Möglichkeit, ein Leben hinter all den verschiedenen Formen zu sehen, zu fühlen und zu erleben. Wie alle Wege kann auch diese Erfahrung nicht erzwungen oder auf Wunsch erzeugt werden, und doch können wir üben und uns dafür bereit machen, dass sie sich uns im rechten Augenblick eröffnet.

51. *Die Wahrheit in jedem Augenblick*

الحَقُّ

Al - Haqq

Wenn du zu diesem Weg geführt wirst, ergreife die Gelegenheit und schaffe Raum für die Menge an göttlicher Lebensenergie, die du in diesem Augenblick verkörpern kannst, und erlebe dies als deine »Wahrheit« in diesem Augenblick.

Der Weg von *Halim* (32) hat uns zuvor den Wert zeitweilig veränderter Bewusstseinszustände gezeigt. Hier geht es um das Ausmaß der göttlichen Eigenschaften, die wir in diesem Augenblick voll verkörpern können, sodass es in unser tägliches Leben passt. Das hängt von der Flexibilität unseres *nafs* ab, unserer inneren Gemeinschaft von Stimmen, und inwieweit sie in der Lage sind, in diesem Augenblick den heiligen Sinn unseres Lebens zu reflektieren und auszudrücken.

Die Sufis benutzen diese Eigenschaft des Einen Seins auch, um auf die »wirkliche Wirklichkeit« hinzuweisen, das heißt, die Wirklichkeit jenseits von Worten und Vorstellungen. Wie Rumi seinen Schülern sagte:

> *Diese Wirklichkeit, die Wirklichkeit selbst, hat kein Gegenteil. Sie hat nur dann ein Gegenteil, wenn sie durch die Form gesehen wird, wie lblis verglichen mit Adam, Moses verglichen mit dem Pharao und Ahraham verglichen mit Nimrod. Das »Gegenteil« der Heiligen hatte auch seinen Sinn. Durch ihr Gegenstück gediehen die Heiligen und wurden bekannt:*
> *Der Mond scheint in der Dunkelheit*
> *und bringt allen Freude.*
> *Ein Hund heult die Antwort,*

wie es seine Art ist.
Wir können den Mond nicht anklagen,
nur weil der Hund uns stört.

Vielleicht hattest du ein Gipfelerlebnis oder auch ein Tief. Wohin hat dich das geführt? Die Sufis würden es dein *maqam* nennen, deine Stufe spirituellen Bewusstseins in diesem Augenblick. Vielleicht stehst du in deinem Leben vor Entscheidungen. Wenn dem so ist, dann trage alle Möglichkeiten und immateriellen Güter zusammen und verdichte und festige sie. Welchen Teil deiner Verwirklichung kannst du jetzt in Angriff nehmen?

Wurzeln und Zweige

Diese Eigenschaft wird traditionell unter anderem mit »die Wahrheit« und »die einzige Wirklichkeit« übersetzt. Die Wurzeln von *haqq*, die Buchstaben *HQ*, weisen darauf hin, dass ein eindeutiger Eindruck hinterlassen wird – wie ein Buchstabe, der in weichen Ton gedrückt wird. Diese Inschrift in dein Wesen hinein ist dein Charakter. Diese Eigenschaft ist indirekt auch mit *Hakam* (28) und *Hakim* (46) verwandt. Das Sammeln von Sinn und Unterscheidungsfähigkeit, das diese beiden Wege anbieten, manifestiert sich hier voll als die »Wahrheit« des eigenen Seins in diesem Augenblick. Der Koran benutzt diesen Namen oft für das Eine Sein, um daran zu erinnern, dass der »Allah«, von dem er spricht, nicht irgendeine theologische Gedankenform oder ein Ideal ist, sondern die Grundlage der Wirklichkeit selbst, egal, wie diese genannt wird.

Meditation

Sammle deine Aufmerksamkeit wieder im Herzen. Atme den Klang Ya *ins Herz ein, und atme aus dem Herzen heraus den Klang* Haqq *aus, nach unten, bis zu deinen Füßen. Lass eine Tür zu deinem inneren Selbst aufgehen. Lasse dann alle Spannung, die du fühlst, los. Entspanne dich und nimm die volle Verkörperung der Wahrheit des Einen für diesen Augenblick in dich auf, so wie fruchtbare Erde den Regen aufsaugt. Atme rhythmisch ein und aus. Je mehr Kraft du in dem Klang fühlst, desto mehr kannst du loslassen. Lass los. Es ist die Kraft Allahs, die die Arbeit tut, nicht das, was du über dich denkst.*

52. *Herausforderungen begegnen*

Al - Wakil

Wenn du auf diesen Weg geführt wirst,
ergreife die Gelegenheit, dich der heiligen Macht
in deinem Inneren zu versichern, mit der du
Herausforderungen meistern, Hindernisse überwinden
und alle Kreise schließen kannst.

Dieser Weg bringt uns in den Bereich des Lebens, in dem es darum geht, Probleme zu lösen. Er macht uns bewusst, dass wir in unserem Herzen und Geist eine ganz besondere Fähigkeit haben, den Herausforderungen des Lebens in der rechten Weise und im rechten Augenblick zu begegnen – eine Fähigkeit, die uns hilft, Knoten und Probleme zu lösen. Oftmals begegnen wir diesem Aspekt unseres Seins, wenn uns, nachdem wir eine Weile über ein Problem nachgedacht und es dann aufgegeben haben, prompt die Lösung einfällt.

Wenn dies geschieht, spiegelt es uns den Fortschritt auf unserem spirituellen Weg. Wir benutzen erst unseren Verstand, um uns mit dem Leben herumzuschlagen, dann geben wir auf (ein Stadium, das der Sufi als *tawbah* bezeichnet). Nachdem wir aufgegeben haben, wird die Lösung sichtbar – in Form spiritueller Führung durch unser höheres Selbst oder auch durch einen anderen Menschen. Aus diesem Grunde zieht sich der Sufi, außer für Zeiten der inneren Einkehr, nicht aus der normalen Gesellschaft zurück. Das Leben selbst liefert die Substanz, die die spirituelle Praxis zu einer Realität macht.

Die klassischen Sufis schätzten das Vertrauen und die Zuversicht (nach dem Namen dieses Weges *tawwakul* genannt) hoch, denn diese schenkten ihnen den Glauben, dass die göttliche Führung für alles eine Lösung hat, was das Leben uns in den Weg wirft. Manchmal müssen wir einfach zulassen, dass sich uns die Situation wirklich enthüllt, anstatt uns auf äußere Einzelheiten zu konzentrieren. Wieder einmal lehrt uns Mullah Nasruddin, indem er uns das Gegenteil zeigt: die Gewohnheit des Verstandes, die uns so sehr in die Einzelheiten oder in uns selbst verstrickt, dass wir einfach nicht verstehen, was wirklich los ist.

> *Eines Nachts erwache Mullah Nasruddin, weil er einen Einbrecher hörte.*
> *Mullah ging nach unten und fing an, dem Dieb zu helfen, die Sachen in einen Sack zu packen.*
> *»Was machst du da?«, fragte der Dieb.*
> *»Es sieht aus, als ob ich umziehe, also helfe ich mit!«, sagte Mullah.*
> *Ein anderes Mal erwachte Mullah wieder, weil er den Dieb einbrechen hörte. Dieses Mal versteckte Mullah sich in einem Wandschrank und hörte zu, wie der Dieb herumrumorte und etwas zum Stehlen suchte. Schließlich öffnete der Dieb den Wandschrank und fand Mullah da.*
> *»Was? Bist du schon die ganze Zeit her drin? «, fragte der Dieb. Er hatte Angst, dass Mullah die Polizei rufen würde.*
> *»Ja«, sagte Mullah, »ich schämte mich so, dass ich nichts zum Stehlen habe, dass ich dachte, ich verstecke mich besser.«*

Vielleicht verlangt das Leben gerade von dir, die bestmögliche Lösung für eine schwierige Situation zu finden. Du brauchst die hilfreiche Hand des Einen Seins in deinem Leben, die durch deine eigenen Hände wirkt. Bilde dir nicht ein, die Lösung zu kennen; bitte das Eine, sie dir zu zeigen. Bei deiner Arbeit mit dem inneren Selbst kann dieser Weg die vielen Stimmen in dir daran erinnern, dass alle, auch wenn jede ihre eigenen Ziele und Bedürfnisse hat, am besten mit einem integrierten »Ich bin« zufriedengestellt werden können – das heißt letztlich, mit dem einen und einzigen »Ich bin«.

Wurzeln und Zweige

Traditionell wird diese Eigenschaft unter anderem mit »Treuhänder«, »Beschützer« und »Stellvertreter« übersetzt. Die Wurzeln von *Wakil* zeigen den ganzen Kreis des Seins, von Allah genährt und gepflegt. Die göttliche Lebenskraft komprimiert sich in die Form *(WaK-)*, dehnt sich dann in Richtung auf ihr eigenes Ziel im individuellen Leben aus und kehrt zum Einen zurück *(IL)*. Dieser Prozess geht unaufhörlich vonstatten. Wie die anderen mit *WA* beginnenden Namen, wie zum Beispiel

Wahhab (16) und *Warith* (97), erinnert uns auch *Wakil* daran, dass es von dieser göttlichen Qualität immer noch mehr gibt; sie geht nie zur Neige. Das Herz des Heiligen Einen trägt alle Kreisläufe des Seins in sich, die Vollendung jedes Schicksals, die Lösung aller scheinbaren Hindernisse. Die Sufis benutzen diesen Namen auch in seiner persischen Form Vakil, die vielleicht von dem Namen eines alten, prä-islamischen Schutzengels herrührt.

Meditation

Sammle deine Aufmerksamkeit wieder im Herzen. Atme Ya WaKieL *mit deinem inneren Selbst und lasse deine höchste Führung den verschiedenen Stimmen, die um den Tisch der Weisheit versammelt sind, das Gefühl geben, dass sie genährt werden. Ruhe in dem Vertrauen, dass das Eine Sein dir die intuitiven Antworten geben wird, die du brauchst, um den äußeren und inneren Herausforderungen des Lebens angemessen zu begegnen.*

53. Winde der Veränderung

القَوِيُّ

Al - Qawi

*Wenn du zu diesem Weg geführt wirst,
spüre, wie die Winde der Veränderung die
Oberflächlichkeiten deines Lebens hinwegblasen.*

»Ich habe mich hinreißen lassen!« Nahezu jeder Mensch hat das einmal erlebt, und wenn nicht, hat er etwas versäumt. Ereignisse überrollen uns und das Leben wird zu einem Wirbel von Verwirrungen. Wir haben das Gefühl, mitten in der Wildnis ausgesetzt zu sein, und keine unserer gewohnten Verhaltensweisen kann uns da helfen. Die meisten von uns erleben diese Energie in Träumen, wo wir von einem seltsamen Ereignis zum nächsten getragen werden. Selbst Rumi hatte solche Träume, und einen davon erzählte er seinen Schülern:

> *Ich sah jemanden, der wie ein wilder Fuchs aussah. Er saß auf einem kleinen Balkon und schaute auf die Treppe hinunter. Ich versuchte ihn zu ergreifen, aber er sprang davon. Dann sah ich bei ihm Jelal (einen früheren Schüler) in Form eines Wiesels. Er versuchte zu entkommen und dann, mich zu beißen, aber ich bekam ihn zu fassen. Ich stellte meinen Fuß auf seinen Kopf und drückte fest zu, bis der Inhalt seines Gehirns herausfloss. Dann schaute ich seine leere Haut an und sagte: »Sie verdient mit Gold und Edelsteinen gefüllt zu werden. Ich habe, was ich will, also kannst du jetzt wegspringen, wo immer du hinwillst.« Er sprang herum, weil er sich nicht bezähmen lassen wollte, aber zweifellos fand er darin doch sein wahres Glück.*
>
> *Er bestand aus Sternenstaub. Das Göttliche durchtränkte sein Herz und er wollte jede Erfahrung machen, aber er hatte sich auf einen Weg gemacht, den er nicht bis zum Ende gehen konnte.*
>
> *Netze können die nicht fangen, die wissen. Sie entscheiden vollkommen frei, wer sie fangen wird, und niemand tut es ohne ihren freien Willen. Du sitzt hinter deiner Deckung und wartest auf*

Beute, aber die Beute sieht dich, deine Deckung und die List hinter allem. Sie kommt nicht einmal an deinem Versteck vorbei. Sie geht nur auf den Wegen, die sie selbst erschaffen hat.

Wie Rumi veranschaulicht, werden wir spirituell oft auf eine Weise geführt, die wir uns überhaupt nicht vorstellen können. Wir meinen, wir wüssten, wie es im Leben zugeht, und dann geschieht etwas, das uns das Gehirn aus dem Kopf presst. Manchmal meinen wir, der Jäger zu sein, merken aber dann, dass wir die Beute sind, dass der Geliebte uns jagt und nicht wir ihn.

Vielleicht erlebst du gerade in deinem inneren oder äußeren Leben einen Sturm. Wenn du dir bewusst wirst, dass das Eine Sein grenzenlose Macht zur Veränderung hat – verändert das deine Sichtweise (oder die deiner inneren Ichs)? Der bewusste Verstand, das begrenzte Ego, kann mit dieser Macht nicht sprechen – es würde zerschmettert werden. Das wäre so, als würde man versuchen, auf dem Rücken eines Hurrikans zu reiten. Vielleicht ist der Hurrikan auch bereits durch dein Leben gefegt. Wenn das so ist, kannst du die Gelegenheit nutzen und nur das wieder einsammeln, was du wirklich brauchst, und alles andere hinter dir lassen. Wie die moderne amerikanische Mystikerin Ruth St. Denis einst schrieb: »Ich stehe willentlich inmitten des Sturms, damit all meine verwelkten Blätter davonwirbeln und verloren gehen.«

Wurzeln und Zweige

Traditionell wird diese Eigenschaft unter anderem mit »voller Kraft« und »machtvoll« übersetzt. Die Wurzeln von *Qawi* zeigen die natürliche Macht des Einen, die universelle Veränderung *(W)* und fortwährendes Leben *(I)* ausdrückt. Wo *Qahhar* (15) Macht im Potenzial und im Feuer offenbart, bringt *Qawi* dieselbe Macht zum Ausdruck, die wie ein mächtiger Wüstenwind alle Hindernisse überrollt und durchdringt und uns in die Wildnis weht. *Qawi* ist als ein Name für die »natürliche« Macht des Einen auch mit *Qadir* (69) verbunden, der Kraft, die durch individuelle Formen wirkt, und mit *Qayyum* (63), der Macht, die sich wieder erhebt, nachdem sie gewichen war (der Wechsel von Bewegung und Ruhe in der kosmischen Schöpfung). Es hängt außerdem mit *Muqaddim* (71) zusammen, der natürlichen Kraft, die sich am Anfang der Zeit ausdrückte.

Meditation

*Sammle deine Aufmerksamkeit wieder im Herzen: Atme den Klang QA- ein und fühle dabei, wie er rückwärts in den Körper hineinfällt. Atme dann den Laut -*Wie *aus. Spüre dabei, wie er durch dein ganzes Ich fegt. Fühle den göttlichen Wind durch dein Leben blasen, Hindernisse überrollen und alle verwelkten Blätter davon wehen.*

54. Beharrlichkeit – Schritt für Schritt

Al - Matin

*Wenn du zu diesem Weg geführt wirst,
verbinde dich mit diesen heiligen Eigenschaften: mit
praktischem Verstand und Bedächtigkeit, mit der
Fähigkeit, kleine Schritte über einen langen Zeitraum
hinweg zu tun.*

Wir alle wissen, dass es in manchen Situationen am besten ist, »Schritt für Schritt« vorzugehen. Allerdings ist es manchmal schwer, die Geduld aufzubringen. Wo doch bei den Sufis Liebe, Wunder und Gnade eine so große Rolle spielen, fragst du dich vielleicht, was da Beharrlichkeit zu suchen hat. Dieser Weg lässt uns weitergehen, selbst wenn wir keine positive Rückmeldung von unserer Umgebung bekommen, weil wir tief in unserem Herzen wissen, dass wir auf dem richtigen Weg sind. Man könnte sagen, dass nichts wirklich Lohnendes auf dieser Erde jemals ohne diesen Weg erreicht wurde. In der folgenden Geschichte zeigt Mullah Nasruddin, dass diese Art von Beharrlichkeit vielleicht verrückt aussieht, man damit aber oft erreicht, was man braucht:

> *Zu einer Zeit seines Lebens verdiente Mullah sein Geld als unabhängiger Kadi oder Schiedsrichter in örtlichen und persönlichen Streitigkeiten. Ein Weiser (oder in Mullahs Fall nur Halb-Weiser) konnte damit seinen Lebensunterhalt verdienen. Eines Tages lief Mullah Nasruddin in eines der Dörfer auf seiner Route und schrie: »Wo ist die Satteltasche von meinem Esel? Ich habe meine Satteltasche verloren! Wenn sie nicht sofort jemand findet, mache ich mit euch, was ich mit dem Dorf gemacht habe, das ich gerade besucht habe!«*
> *Nach langer Suche fand jemand Mullahs Satteltasche.*

»Was hättest du mit uns gemacht, wenn wir sie nicht gefunden hätten?«, fragte jemand.
»Ich wäre von hier weggegangen und zum nächsten Dorf gezogen«, sagte Mullah.

Auch Liebe erfordert diese Art von Beharrlichkeit, besonders dann, wenn die Beziehung über die reine Anziehung hinaus zu etwas Tieferem gereift ist. Wie Hafiz. Sufi des 14. Jahrhunderts, es ausdrückt:

Wenn du auch wartest bis zum Ende der Zeit,
du wirst nie den Duft der Liebe riechen,
bis du vor der Taverne deines Herzens kniest
und Nacht für Nacht den Staub von
ihrer Türschwelle fegst mit deiner Stirne.

Und möchtest du den reinen Wein kosten,
aus diesem juwelenbesetzten Kelch der Liebe,
mache dich darauf gefasst, wieder und wieder
deinen Kopf an seinem Rande zu stoßen,
bevor du einen Schluck daraus trinken darfst.

Vielleicht siehst du dich einem langen beschwerlichen Weg oder Vorhaben gegenüber, das viele Jahre dauern wird und bei dem es viele Ablenkungen geben kann. Nimm dir diesen Weg zu Herzen: Schau dir das Universum und die Entwicklung des Lebens auf der Erde an. Sie sind erstaunliche Beispiele dafür, was Beharrlichkeit vollbringen kann.

Wurzeln und Zweige

Traditionell wird diese Eigenschaft unter anderem mit »beständige Kraft« und »der Feste« übersetzt. Die Wurzeln von *Matin* zeigen einen vollkommen zu einem Ganzen *(MT)* geflochtenen Korb, der lange Zeit hält *(N)*. Wenn diese Qualität aktiver Beharrlichkeit in dir erwacht, wirst du nicht müde, die Dinge Schritt für Schritt anzugehen – oder manchmal auch nur den Teil eines Schrittes. Die Qualität von *Matin* passt sich allen Umständen an, denen sie begegnet, und macht weiter, bis die Aufgabe beendet ist. In diesem Sinne ähnelt sie *Sabur* (99), aber Letztere drückt sich durch Licht oder Intelligenz aus, *Matin* hingegen durch Form.

Meditation

Sammle deine Aufmerksamkeit wieder im Herzen. Atme und gehe in einem Vierer-Rhythmus mit dem Namen Ya Ma-Tien *(die letzte Silbe dauert zwei Schläge). Oder lasse, wenn du sitzt, den Klang einen regelmäßigen Rhythmus finden, der mit deinem Atemrhythmus und deinem Herzschlag in Harmonie ist. Lass den Atem stark sein und bleibe bei diesem Gefühl, wenn du auf den Tag schaust, der vor dir liegt, um zu sehen, was jetzt gerade wichtig ist.*

Lade einen Kreis deines inneren Selbst an den Tisch der Weisheit ein. Lass alle die Gefühle, Empfindungen und Stimmen in dir daran teilhaben, Matin *zu atmen, was sie daran erinnern kann, dass die lange Reise der Evolution mit einzelnen Schritten beginnt.*

55. Freundschaft

Al - Wa`li

Wenn du zu diesem Weg geführt wirst,
denke über Freundschaft in deinem Leben nach
oder darüber, dich mit einer Stimme in der inneren
Gemeinschaft deines Selbst anzufreunden.

Das Gefühl von Freundschaft und Gesellschaft, das wir im Außen suchen, muss zuerst innerlich gefunden werden. In bestimmten Kreisen ist dies zu einer Binsenweisheit geworden, aber wie können wir dies tatsächlich praktisch umsetzen?

Dieser Weg möchte uns wahre Freundschaft lehren – etwas, das über Bekanntschaft und Co-Abhängigkeit hinausgeht. Inayat Khan sagte einmal, dass die Essenz des Sufi-Weges ist, zu lernen ein Freund zu sein:

> *Es gibt viele Dinge im Leben eines Sufi, aber das größte ist die Neigung zur Freundschaft. Das drückt sich in Form von Toleranz und Vergebung aus, in Form von Dienen und Vertrauen. Wie auch immer er es zum Ausdruck bringt, das zentrale Thema ist folgendes: der ständige Wunsch, seine Liebe zu den Menschen zu beweisen, der Wunsch, allen ein Freund zu sein.*[26]

Es ist wahr, dass Freunde einen oft enttäuschen können, und so finden manche Menschen, dass sie leichter mit Wesen in Beziehung sein können, die nicht körperlich anwesend sind. Samuel Lewis warnt vor den Gefahren einer solchen Einstellung:

> *Man sieht so viele Fehler in der Menschheit. Aber die, die laut ihre Liebe zu Gott oder ihre Freundschaft mit den Engeln bekennen, machen sich oft etwas vor. Die Schriften fordern Liebe zu den Menschen und dies ist eine der Grundlagen des Sufismus. Überirdisches Wissen ohne solch ein weit gewordenes Herz ist nutzlos, ist schon*

immer von den Weisen als nutzlos erklärt und doch zu allen Zeiten von den Narren angestrebt worden. [27]

Vielleicht fordert das Leben dich gerade dazu auf, zuerst Freundschaft mit dir selbst zu schließen und dich dann zu trauen, jemand anderem ein Freund zu sein. Beginne mit Toleranz und Achtung dir selbst gegenüber. Wende sie dann auf deine äußeren Beziehungen an und entwickle dadurch Interesse an anderen. Während das Leben dich immer mehr aus dir selbst herauslockt, fängt dein Herz ganz von selbst an, sich für andere zu öffnen. Bevor du darüber nachdenken kannst, hast du dich in Freundschaft selbst vergessen.

Wurzeln und Zweige

Traditionelle Übersetzungen dieser Eigenschaft sind unter anderem »Freund und Beschützer« und »der, der nahe ist«. Die Wurzeln von *Wali* betonen die zweite Wurzel und Silbe *(-LI)*, die die göttliche Einheit zeigt, welche sich zum Leben des Einzelnen hinneigt oder hinbewegt, und zwar stets und ständig *(W)*. Das Eine Sein breitet sich unter allen Umständen, in jedem Augenblick, zu allen Wesen hin aus und umarmt uns als die besten Freunde. Dies umschreibt ein Wort Allahs in einer der heiligen Überlieferungen: »Wenn du einen Schritt auf das Eine zugehst, geht es zehn Schritte auf dich zu.« Der »Zwillingsname« *Wa'li* (77) betont die erste Silbe und Wurzel und fügt den Buchstaben *alef (A)* hinzu, der für die Macht der Einheit steht, das Leben zu leiten oder darüber zu befehlen, wenn sie sich manifestiert. Die Sufis benutzen den Begriff *wali* auch zur Bezeichnung eines Heiligen oder »Freundes Gottes« – jemandem, der der göttlichen Einheit nahegekommen ist.

Meditation

Sammle deine Aufmerksamkeit wieder im Herzen. Atme den Klang Ya Wa-Lie *(mit der Betonung auf der zweiten Silbe) und lasse diesen Klang hinaus und in den Bauch hinunterstrahlen. Kreuze deine Arme (rechts über links) über deinem Herzen, während die Hände die Schultern berühren. Fühle deine eigenen Arme als die Arme des Göttlichen, die dich in Freundschaft umarmen.*

IN DER EINHEIT BADEN

Manchmal wird uns etwas Wichtiges klar, wenn wir merken, dass wir Dinge tun, die nicht zu dem passen, was wir zu tun behaupten (oder glauben zu tun). Zum Beispiel verwenden wir vielleicht mehr Energie darauf, eine Arbeitssituation auszuhalten, als darauf, wirklich etwas zustande zu bringen. Oder vielleicht wird uns bewusst, dass wir eine ganze Geschichte um unser Leben herum erfunden haben, die eigentlich nicht zu dem passt, was wirklich los ist. In der folgenden Geschichte entlarvt Mullah Nasruddin eine solche Situation, indem er sie überspitzt:

> *Mullah Nasruddin verkaufte wieder einmal Esel. Diesmal schien er wirklich die Erfolgsformel gefunden zu haben. Jede Woche brachte er einen sehr gut gezüchteten, wohlgenährten und erstklassigen Esel auf den Markt und verkaufte ihn zu einem Preis, den kein anderer Eselhändler unterbieten konnte.*
> *Woche um Woche ging das so, und die anderen Eselhändler fingen an, untereinander zu murren.*
> *Schließlich nahm einer von ihnen Mullah beiseite.*
> *»Mullah, ich schätze ein gutes Geschäft genau wie jeder andere, aber du drängst mich vom Markt. Ich bin sehr reich und ich habe schon versucht, die Konkurrenz auszustechen, indem ich unter dem Preis verkaufte. Ich besitze viel Land und verpachte es an Bauern. Sie zahlen die Pacht mit Getreide, also habe ich das Futter für die Esel kostenlos. Ich habe auch Diener, die sie pflegen und für sie sorgen und die Ställe ausmisten. Ich zahle ihnen praktisch nichts. Aber immer noch kann ich meine Esel nicht so billig verkaufen wie du. Bitte verrate mir dein Geheimnis, ich werde dich hoch belohnen.«*
> *»Mein Freund, ich sehe ohne Weiteres, was dein Problem ist«, sagte Mullah. »Du stiehlst nur das Land, das Getreide und die Arbeit. Ich stehle die Esel.«*

Meditation

Atme mit dem Klang oder dem Gefühl von Allah im Herzen und frage dich, welche Botschaft dieser Augenblick für dich hat. Egal, was dein Verstand sagt: Was sagt dir dein Herz, ist jetzt in deinem Leben wirklich wichtig? Wie könntest du jeden Tag mehr Zeit auf diese Herzensarbeit verwenden?

56. *Das Geschenk der Lebensaufgabe*

الحَمِيدُ

Al - Hamid

Wenn du zu diesem Weg geführt wirst,
versichere dich des Ortes in deinem Wesen, der deine
ganz eigene Lebensaufgabe ausdrückt, die Qualität
oder Gabe, die nur du zu geben hast.

Ich hatte einmal das Privileg, bei einem »verborgenen Heiligen« zu lernen, einem pakistanischen Buchverkäufer mit Namen Shemseddin Ahmed, der ein tiefes Wissen über den Koran besaß. Er unterrichtete einen jungen Sufi-Schüler in klassischem Arabisch, indem er den Koran praktisch Wort für Wort mit ihm durchging. Erstaunlicherweise fing er dabei mit der fortgeschrittensten Übung an, nämlich indem er die Wurzeln des arabischen Textes benutzte, um Einblick in die »Mutter des Buches« zu gewinnen, in Allahs Schöpfung selbst. Wann immer er in dem Text zu einer Form der Wurzel *hamd* kam, von der dieser Weg herrührt, sagte er: »Denke nicht, dass das nur etwas Hohes ist. Allah hat jedes Wesen mit einem solchen *hamd* geschaffen, einer Essenz, die zum Ausdruck gebracht werden will. Milch hat ein *hamd*, Wasser hat ein *hamd*, du selbst hast ein *hamd*. Dieses *hamd* ist die Gabe, die du für Gott nach außen bringst. Deshalb sagen wir *alhamd-ulillah* – »alles *hamd* preist Gott«.

Wie verschiedene andere Mystiker, darunter Walt Whitman und William Blake, hatte auch Shabistari eine Vision vom Reichtum im Innern eines jeden Wesens:

Tauche tief ein in einen Tropfen Wasser und
hundert Ozeane überfluten dich.
Schau in ein Körnchen Staub und
hundert namenlose Wesen springen heraus.
Hundert Ernten ruhen in einem Gerstenkeim und

im rechten Licht spiegelt ein Insektenflügel das Meer.
Warum sich wundern?
Die Tiefe meines Auges empfängt das Licht des Weltenraums,
und das Zentrum meines Herzens schlägt mit dem Puls des Kosmos.

Vielleicht gibt das Leben dir gerade den Impuls, die Essenz deiner eigenen Lebensaufgabe zu finden oder diese göttliche Absicht in einem anderen zu sehen oder zu ehren. Manchmal reicht es, sie einfach zu sehen: Anerkennung kann aus deinen Augen leuchten und dein ganzes Wesen erhellen. Bei der Arbeit mit deinem inneren Selbst kann dieser Weg dir helfen, den Sinn jeder einzelnen Stimme zu bestätigen, die sich letztlich wieder mit der Einheit vereint und das kleine »Ich« in dem großen »Ich bin« verliert.

Wurzeln und Zweige

Traditionell wird diese Eigenschaft unter anderem mit »lobenswert« und »der Gelobte« übersetzt. Die Wurzeln von *Hamid* zeigen etwas warm Eingepacktes, wie etwa einen Samen vor dem Sprießen *(HaM-)*, der sich bereit macht sich zu entfalten und sein volles Potenzial zur Erfüllung zu bringen *(-ID)*. Das Eine hat jedem Wesen, jedem Element, jedem Partikel des Universums eine einzigartige Essenz oder *hamd* verliehen, mit der es sich ausdrücken und zum Reichtum des Ganzen beitragen soll. Während *Khabir* die Form dieser Samen-Gabe als Licht oder Intelligenz darstellt (die »Wellen«-Form sozusagen), ist *Hamid* Ausdruck der »Partikel«-Form.

Meditation

Sammle deine Aufmerksamkeit im Herzen. Intoniere Ya Haamied *und spüre dabei, wie der Klang bei* Ham- *Herz und Bauch vereint, wobei das erste* H *leicht gehaucht wird. Bei* -ied *steigt der Klang in die obere Körperhälfte und rieselt von oben auf dich herunter. Dann atme den Klang mit demselben Gefühl.*

Du kannst auch das Wort al-ham-du-lillah *benutzen. Lege dafür die Fingerspitzen auf dein Herz und lasse sie mit dem Klang* hamd *nach oben wandern. Preise das Eine in all den wachsenden Samen, in denen es sich eben jetzt in deinem Leben zum Ausdruck bringt.*

57. Sehen, was ist

المُحْصِي

Al - Muhsi

Wenn du dich von diesem Weg angezogen fühlst, halte inne und schaue durch die Augen göttlicher Klarheit auf dein Leben, wie es jetzt gerade ist.

Bei manchen Gelegenheiten müssen wir einen Prozess im Auge behalten, der sich mit der Zeit entfaltet. Bei anderen müssen wir eher einen »Schnappschuss« von diesem Augenblick machen, um die Situation so zu sehen, wie sie jetzt ist – nicht, wie sie sein könnte. Passenderweise ist eine traditionelle Definition eines Sufis »Kind des Augenblicks«.

Auf der Suche nach diesem Augenblick der Klarheit versuchen Sufis unwichtige Diskussionen über Ritual oder Transzendenz zu durchbrechen. Zum Beispiel sagte Ruqaya von Mosul, wohlgebildet in der Jurisprudenz des Korans (genannt *fiqh*), ihren Zuhörern einst:

> *Warum studiert ihr nicht* fiqh *an der Universität eures reinen Herzens, anstatt darüber zu diskutieren, welches das richtige Ritual ist, um ein weibliches Kamel zu besteigen?*

Wie wir auf einem vorangegangenen Weg *Hasib* (40) gesehen haben, muss man manchmal die Einzelheiten eines Prozesses über einen längeren Zeitraum hinweg im Auge haben. Dieser Weg empfiehlt uns jedoch für diesen jetzigen Augenblick, uns nicht von Einzelheiten ablenken zu lassen, die für diesen Moment keine Bedeutung haben. Eine weitere Geschichte von Mullah Nasruddin illustriert dies:

> *Eine Gruppe von Religionswissenschaftlern hielt ein Seminar über die Frage ab, auf welcher Seite man beim Tragen eines Sarges zu stehen hätte. Manche sagten rechts, andere links. Schließlich gingen*

sie zu Mullah Nasruddin, um die Sache zu klären.
»Wen kümmert das schon«, sagte Mullah, »Hauptsache, ihr liegt nicht im Sarg!«

Vielleicht möchte das Leben gerade von dir, dass du klar erkennst, wie die Dinge gerade sind. Dieser Weg empfiehlt dir, durch die Augen des Herzens zu schauen, damit Allah durch dich sieht und dir helfen kann, dein Ziel im Leben zu erreichen. Dieser Weg kann äußere Beziehungen ebenso klären wie Zustände des inneren Selbst. Beide verändern sich und wachsen, wenn sie auf diese Ebene der Klarheit gebracht werden.

Wurzeln und Zweige

Traditionell wird diese Eigenschaft unter anderem mit »der Aufzeichnende« und »der Wertberechner« übersetzt. *Muhsi* kommt aus denselben Wurzeln wie der frühere Weg *Hasib* (40), fügt jedoch die Vorsilbe *Mu-* hinzu, was eine stärker manifestierte oder verkörperte Form dieser Qualität anzeigt. Das *-B* von *Hasib* fällt weg, das als Endung einen Prozess bedeuten würde, der sich über eine bestimmte Zeit erstreckt. So betrachtet hat *Hasib* mehr damit zu tun, genau das sich entfaltende Wachstum eines Prozesses zu spüren. *Muhsi* hingegen deutet auf eine Situation in ihrer ganz bestimmten Form, genau so, wie sie in diesem Augenblick ist. Wie bereits gesagt könnte man den Unterschied so definieren, dass *Muhsi* den Inhalt ausdrückt und *Hasib* den Prozess.

Meditation

Sammle deine Aufmerksamkeit wieder im Herzen. Atme durch dein Herz, als ob du durch eine klare Linse sehen würdest. Betrachte dann die verschiedenen Situationen in deinem äußeren Leben oder in der Gemeinschaft deines inneren Selbst genau so, wie sie in diesem Augenblick sind, ohne etwas zu erwarten und ohne zu urteilen. Was sagt dir diese Momentaufnahme? Erfüllst du deine Herzensabsicht, wenn du auf diesem Weg weitergehst?

58. *Schöpfung und Individuation*

الْمُبْدِئُ

Al - Mubdi

Wenn du zu diesem Weg geführt wirst,
finde den Ort in dir, der dir hilft, mehr und mehr du
selbst zu werden – ein einzigartiges und vollständig
menschliches Wesen.

Die Schöpfungsgeschichte in der hebräischen Bibelerzählung von Genesis 1 berichtet, dass das Eine das Licht von der Dunkelheit »schied«. Dieses »scheiden« (das hebräische *yabdel*, das aus denselben Wurzeln stammt wie dieser Weg) bedeutet nicht einfach das Trennen zweier Dinge, die bereits sie selbst sind. Es deutet vielmehr auf einen Prozess, in dem zwei Wesen sich aus einer gemeinsamen Existenz individuieren. Sie zu »scheiden« heißt, durch Klang und indem man seinen Namen »nennt«, das einzigartige Potenzial eines jeden zu erwecken.

Der Koran enthält etwas Ähnliches, nämlich einen Bericht darüber, wie Allah all unsere menschlichen Namen rief, als wir noch ein Potenzial im Bauch des ersten Menschen waren. Wir wurden, einzeln und kollektiv, gefragt: »Bin ich nicht euer Erhalter und der Erhalter aller Wesen? Spiegle ich mich nicht in eurem Herzen und dem Herzen aller Wesen?« Dem Koran zufolge antworten wir: »Warum nicht? Wir sind einverstanden, diese Erfahrung zu leben und anderen weiterzugeben.«

Wenn wir das »göttliche Experiment« unternehmen, die sich bewegende, wachsende, sich entwickelnde, schöpferische Natur der Einen Wirklichkeit widerzuspiegeln, entdecken wir unser volles Menschsein. Das Leben wird nicht die Wiederholung der Bewegungen eines anderen, sondern eine Karawane von Entdeckung und Abenteuer, in der Nachfolge einer langen Reihe von Vorfahren, einschließlich all der Wesen, die uns auf diesem Planeten vorangegangen sind.

Sufis sprechen auch von einem Heiligen, der als ein *Abdal* wirkt, was aus derselben Wurzel stammt wie *Mubdi*. Ein solcher Mensch wirkt, oft insgeheim, wie eine Art Stein der Weisen, der ein Ding in ein anderes verwandelt. Unter der Führung des Einen kann ein oder eine *Abdal* Formen oder Rollen wechseln, je nachdem, wie es der Augenblick erfordert.

Vielleicht ruft das Leben dich gerade zur wahren Alchemie des Herzens auf, in der Allah die innere Gemeinschaft deiner Stimmen, Bedürfnisse und Wünsche nimmt und sie so verwandelt, dass sie in ihrer Einzigartigkeit noch mehr sie selbst sein können. Wir merken vielleicht, dass etwas, was wir für eine Last hielten, zu einem Geschenk für uns wird. Schüchternheit verwandelt sich vielleicht in Feinheit oder ein übergroßes Temperament wird zu kreativem Feuer. Auf diese Weise kann *Mubdi* dynamisch auf einer praktischen Ebene wirken.

Wurzeln und Zweige

Traditionell wird diese Eigenschaft unter anderem mit »Ursprung« und »Schöpfer« übersetzt. Die Wurzeln von *Mubdi* zeigen die Verkörperung *(Mu-)* von etwas, das sich individuiert *(BD)* und so die Lebensenergie *(I)* zum Ausdruck bringt. *Mubdi* ist mit einem anderen Weg, *Badi* (95), verwandt, den man mit »schöpferische Überraschung« oder »unerwartetes Wunder« übersetzen könnte. *Badi* ist die Qualität, die den Schöpfungsprozess im Herzen des Einen in der Vor-Ewigkeit beginnt. *Mubdi* zeigt, dass diese Qualität und Aktivität in jedem Partikel des Kosmos voll verkörpert ist – in einem Kosmos, der immer weiter wächst und sich schöpferisch entwickelt. Die Schöpfungsberichte des Korans machen (ebenso wie die in der Genesis, wenn man sie auf Hebräisch liest,) klar, dass die Schöpfung ein fortwährender Evolutionsprozess ist. Sie ist nicht vorüber und abgeschlossen, keine »historische Tatsache«, die in sieben 24-Stunden-Tagen vor sich ging. Wir – alle Wesen – sind in jedem Moment aufgefordert, den kreativen Funken zu manifestieren, den das Eine uns im Anfang ins Herz gepflanzt hat.

Meditation

Sammle deine Aufmerksamkeit wieder im Herzen. Atme Ya MuB-Die *mit einem tiefen, feinen Atem und fühle, wie die verschiedenen Wurzeln in dir nachklingen. Berufe einen Kreis deines inneren Selbst ein. Atme in die innere Gemeinschaft der*

Stimmen und lade sie ein, am Tisch der Weisheit zusammenzukommen. Wer ist in Einklang mit der verwandelnden Kraft von Mubdi? *Wer ist bereit sich zu ändern, um der schöpferischen Notwendigkeit des Augenblicks Folge zu leisten?*

59. Lebloses neu beleben

المُعِيدُ

Al - Mu`id

Wenn du zu diesem Weg geführt wirst,
ergreife die Gelegenheit, um etwas in deinem Leben,
das müde oder erschöpft scheint, wieder neu zu
beleben.

In der hebräischen Bibel hat der Prophet Ezekiel eine Vision, in der er in ein Tal voller trockener Knochen geführt wird. Die Stimme des Heiligen Einen fragt ihn: »Können diese Knochen leben?« Dann wird ihm befohlen, den Knochen und dem Atem zu weissagen, dass sie sich wieder neu zusammensetzen und lebendige Körper werden können. »Weissagen« auf Alt-Hebräisch hatte nicht die Bedeutung, die Zukunft vorauszusagen; es bedeutete, die lebendige, heilige Essenz in sich selbst oder jemand anderem zu aktivieren, sodass die Lebensenergie etwas in der Welt erschaffen konnte. Ein Prophet *(nabiya)* aktivierte oder bewegte eine Gemeinschaft auf diese Weise.

In der sogenannten »Wegwerfgesellschaft«, in der wir leben, ist manchen von uns zunehmend bewusst geworden, dass wir nicht mehr in der Lage sind, etwas zu erhalten – seien es nun Konsumgüter oder Beziehungen. Man braucht kritisches Urteilsvermögen, um zu erkennen, wie man etwas, das am Ende scheint, wiederverwenden oder verwerten kann, anstatt es einfach durch etwas Neues zu ersetzen. Dieser Weg fordert uns auf, die Fähigkeit zu pflegen, andere, eine Situation in unserem Leben oder einen Teil von uns selbst wieder zu beleben. Wir sollten allerdings nicht einfach an der alten Form festhalten, ohne ihr neues Leben einzuhauchen. Dies könnte nämlich schreckliche Folgen haben, wie die folgende Geschichte schildert:

Es war einmal ein Wald voller Bäume, die ein schönes und prachtvolles Leben führten. Wie es ihrer natürlichen Entwicklung ent-

sprach, erreichten diese Bäume einen »Höhepunkt« und starben dann allmählich, sodass kleinere Arten, die unter ihnen lebten, zum Zuge kamen. Verschiedene Bienenvölker bauten ihre Nester in den hohlen Stämmen und stellten dort glücklich ihren Honig her. Nach und nach verrottete ein Baum nach dem anderen und zerfiel.

Die verschiedenen Bienenvölker debattierten darüber, wieso das so wäre, und kamen zu dem Schluss, dass es etwas mit den Verdiensten des jeweiligen Bienenvolkes zu tun haben müsse. Manche hatten das Gefühl, wenn ein Baum zusammenstürzte, sei das eine Art Strafe für die Bienen, die einen falschen Glauben hatten. Andere waren eher mitleidig und wollten die heimatlosen Bienen in ihren eigenen Stock holen. Sie sagten sich: »Es hätten schließlich auch wir sein können!« Wieder andere meinten, die heimatlosen Bienen müssten wohl von Anfang an irgendeinen Charakterfehler gehabt haben, sodass ihr Fall vorherbestimmt war.

Die Bäume stürzten nach und nach, einer nach dem anderen weiter in sich zusammen, und jedes Mal stellten die Bienen in den Bäumen, die noch standen, weitere Überlegungen an. Schließlich waren alle Bienen heimatlos geworden und mussten weiterziehen. Jedes Volk war überrascht worden, weil es glaubte, das einzige wahre zu sein, dem es bestimmt war, zu überleben und ein neues Zeitalter hervorzubringen. Keines hatte begriffen, dass alle Bäume mit der Zeit verfallen und dass es daher seine Arbeit vollenden und einen anderen Wald finden musste, bevor es seinen Baum verlor. Keines hatte weiter geschaut als auf sein eigenes Volk, keiner hatte die Bedeutung und die Auswirkungen des Baumes, der Erde darunter und der übrigen natürlichen Umwelt für ihr eigenes Überleben in Betracht gezogen. [28]

Auf einer Ebene liefert diese Geschichte einen Sufi-Kommentar zu dem, was wir gemeinhin als »Religion« oder »Tradition« bezeichnen. Indem sie fälschlicherweise die Form ihres jeweiligen Baumes für dessen wahre Funktion halten, werden die verschiedenen Bienenvölker vom Verfall ihres Baumes überrascht. Sie leugnen die Notwendigkeit einer Veränderung, indem sie sich alle möglichen Geschichten ausdenken, wieso ihr eigener Baum besser sei als die der anderen. Es war immer die Kritik der Sufis an religiösen und kulturellen Institutionen: Diese Institutionen sind von Menschen geschaffen und sind dazu gedacht, der Entwicklung und dem Glück der Menschen zu dienen. Die echte Religion hinter allen

Religionen ist dem Koran zufolge, dass es nur eine Wirklichkeit gibt, die alle Völker und Kulturen teilen, ganz gleich, welche heiligen Namen sie benutzen oder was für Geschichten sie erzählen.

Vielleicht bist du gerade mit einer Situation konfrontiert, in der die Form eines Projekts, einer Organisation, einer Beziehung oder Gemeinschaft eine Veränderung braucht. Was da neu belebt werden könnte, muss nicht unbedingt wieder dieselbe Form annehmen, aber es wird durch dieselbe Lebensenergie mit der Vergangenheit verbunden sein. Vielleicht braucht ein Teil deiner inneren Gemeinschaft eine Erneuerung. Eine Stimme oder Fähigkeit in dir (zum Beispiel der innere Freund oder Liebende) wächst und verändert sich vielleicht – und die Beziehungen, die du findest, wenn du den inneren Kreis am Tisch der Weisheit zusammenrufst, müssen daher neu geordnet werden. Oder vielleicht merkt ein Teil deines Wesens, dass er stirbt und in einer neuen Form wieder erstehen will, die jetzt besser zu deinem Sinnziel im Leben passt.

Wurzeln und Zweige

Traditionell wird diese Eigenschaft unter anderem als »der Lebenspendende« und »der die Dinge erneut hervorbringt« übersetzt. Dies ist praktische Verkörperung *(Mu-)*, die sich auf das auswirkt, was heruntergekommen ist *(')*, indem ihm neues Leben eingehaucht wird *(I)* – und das führt zu einem neuen Ausdruck *(D)*. Zusammen mit *Mu`id* befassen sich die nächsten vier Wege alle mit der Art und Weise, wie die göttliche Lebensenergie in die Form kommt, sie durchdringt, Teil davon wird, sie verlässt und weitergeht.

Meditation

Zentriere dich im Herzen und im Bauch. Atme aus und spüre dabei, wie der Klang Ya Mu- *aus dem Herzen strömt, dann entspanne dich und atme den Klang* -`ieD *ein, fühle ihn rückwärts in den Körper hereinströmen. Spüre das* D *am Ende, das deine Knochen und die dichtesten Teile deines Wesens berührt und sie alle belebt. Schau in den Spiegel deines Herzens und betrachte die Beziehungen und Vorhaben in deinem Leben. Welche müssen renoviert werden? Welche kannst du neu beleben – und wie?*

60. Persönliche Lebensenergie

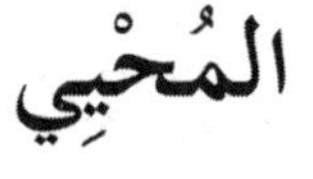

Al - Muhyi

Wenn du zu diesem Weg geführt wirst,
sieh bei dieser Gelegenheit, wie die Lebensenergie sich
bereits in deinem Leben verkörpert.

Wir sprechen oft über die »persönliche Energie« oder Anziehungskraft eines Menschen und wie sich diese auf seine oder ihre Umgebung auswirkt. Diese Ausstrahlung kommt von innen und ist unter allen Umständen spürbar. Wenn ein Mensch diese persönliche Anziehungskraft gezielt einsetzen kann, bezeichnen wir diese Kombination aus Ego und Energie als Charisma. Auch viele alternative Therapieformen bedienen sich dieser »Energie«, des »Prana« oder »Chi«, von der verschiedene medizinische Traditionen in aller Welt glauben, dass sie zur Heilung eingesetzt werden kann.

Unter den Wegen des Herzens finden wir mehrere Herangehensweisen an dieses Phänomen der Lebensenergie. Diese hier zeigt uns, dass jedes Teilchen im Universum bereits eine Art Lebensenergie enthält und daher nichts letztlich empfangen oder gegeben zu werden braucht. Wenn der Sufi in die Tiefen des Lebens vordringt, stellt er fest: Das, wonach er suchte, ist bereits vorhanden. Aus einer solchen Erfahrung heraus spricht Shah Maghsoud, Sufi des 20. Jahrhunderts, von der göttlichen Geliebten:

Das Strahlen der Sonne in ihrem Gesicht
ist im Herzen eines jeden Teilchens,
und ich bin wie eine Welle,
die in jede Zelle schaut.
Durch ihr alchemistisches Elixier
wird mein Gesicht golden,
und so könnte ich das Herz
des Universums in rotes Feuer tauchen.[29]

Tiefe Liebe, die oft mit Schmerz einhergeht, bringt eine besondere Lebensenergie in uns hervor. Sie wird nicht von irgendwoher eingeführt; sie ist bereits da. Wir fühlen unser eigenes Herz als Teil des Herzens des Universums, und beide sind vom Feuer der Liebe durchglüht. Im Kleinen geschieht dies, wenn wir merken, dass wir plötzlich mehr Energie haben, einfach weil etwas geschieht, das uns interessiert, oder weil über etwas Interessantes gesprochen wird. Aus diesem Grunde ermuntern die Sufis ihre Schüler dazu, ihre Interessen zu entwickeln, sodass sie bewusst den Zusammenhang zwischen Liebe und Lebensenergie entdecken können. Wenn die Schüler dies tun, entdecken sie, dass alles, was wir brauchen – Liebe, Energie, Heilung –, hier und jetzt schon da ist und dass niemand es uns wegnehmen kann. Das verleiht uns Kraft und Freiheit, wie Rabia es in dem folgenden Gebet ausdrückt:

Allah, du kennst das Geheimnis aller Dinge –
hilf all meinen Feinden, in dieser Welt erfolgreich zu sein,
und verhilf meinen Freunden zu Erfolg in der nächsten.
Was mich angeht, ich bin frei von beiden.
Selbst wenn ich diese Welt und die nächste gewänne,
wären sie es nicht wert, gegen deine Gegenwart eingetauscht zu werden. Sehnsucht nach irgendetwas anderem als dir
wäre ein Irrglaube.

Vielleicht fordert das Leben dich gerade auf, die Energie, die du außen finden wolltest, in deinem Inneren zu suchen. Was würde dir helfen, sie zu erwecken? Dies ist nicht die oberflächliche Energie, die durch passive Unterhaltung entsteht; es ist mehr die Energie, die entsteht, wenn man ein Musikinstrument spielt, eine Geschichte erzählt, wandert oder sich der Liebe hingibt.

Wurzeln und Zweige

Traditionell wird diese Eigenschaft unter anderem mit »der Lebensspendende« und »der Beschleuniger« übersetzt. Im Vergleich zu seinem Verwandten *Hayy* (62), der universellen Lebensenergie, zeigt *Muhyi* die Lebensenergie, die jedes Teilchen des Universums *(Mu)* auf seine einzigartige Weise durchdringt. Es ist keine Lebensenergie, die festgehalten wird wie Wasser in einem Schwamm. Der Schwamm ist sozusagen bereits ein Ausdruck göttlicher Energie und könnte ohne sie nicht existieren.

Diese Erkenntnis kann uns, wie der vorherige Weg *Mu`id*, unterscheiden helfen, was in unserem Leben bereits von Lebensenergie erfüllt ist. Der Koran benutzt dieses Wort üblicherweise zusammen mit dem nächsten Weg, *Mumit*, um anzudeuten, dass dasselbe Sein uns zwischen dem verkörperten und unverkörperten Leben hin- und herbewegt.

Meditation

Sammle deine Aufmerksamkeit wieder im Herzen. Berufe einen Kreis deines inneren Selbst ein und atme Ya Mu-hie *als eine Affirmation dafür, wie jeder Teil von dir in diesem Augenblick deines Lebens göttliche Lebensenergie verkörpert. Wodurch könnte dein inneres Selbst mehr Lebensenergie zum Ausdruck bringen und in der Erfüllung seines Lebenszweckes an Kraft gewinnen? Bitte um die Hilfe deiner höchsten Führung und erlaube einer solchen Lösung, sich zu zeigen.*

61. Übergang

المُمِيتُ

Al - Mumit

Wenn du zu diesem Weg geführt wirst,
besinne dich darauf, dass alles, was in einer Form
oder einem Körper existiert – auch Gedanken,
Gefühle und Identität –, zu einem Ende kommt und
ein Tor zu einer anderen Welt öffnet.

Wie das alte hebräische Wort, das normalerweise mit »Tod« *(mawet)* übersetzt wird, zeigt auch das arabische *maut* (von dem dieser Weg abstammt) kein Ende, sondern einen Übergang von einem Zustand in einen anderen: einen, der ein Wesen in das Universelle Selbst zurückbringt. Solche Übergänge erleben wir im Kleinen vielleicht viele Male in unserem Leben, oft durchleben wir sie aber nicht bewusst. Sie geschehen vielleicht in Krisenzeiten: wenn ein geliebter Mensch stirbt, eine Beziehung zerbricht oder wir unsere Arbeit verlieren.

In der Sufi-Terminologie heißen solche Sterbeerlebnisse im täglichen Leben *fana*, das Übergehen von einem Bild oder Konzept oder einer Zusammensetzung unseres Selbst in etwas anderes. Wenn wir diese Übergänge bewusst erleben, bringt das auferstehende Selbst danach mehr vom Ganzen, von seinem Sinnziel im Leben, mehr vom Geliebten zum Ausdruck, als das vergangene. Von daher kommt der (oft Imam Ali zugeschriebene) Sufi-Ausspruch »Stirb, bevor du stirbst«.

Die Sufis erzählen viele Geschichten über diese Erfahrung, aber keine ist berühmter oder ergreifender als die folgende, wie Attar sie nacherzählt:

> *Einst verliebte sich eine Mottenschar in eine Flamme. Sie berieten sich untereinander und beschlossen, eine von ihnen auszuschicken, um die Geliebte näher zu erkunden, denn von ihrem Standpunkt aus konnten sie nur ein blendendes Licht sehen. Eine Motte zog aus und kehrte zurück und konnte eine ausführlichere Beschrei-*

bung geben: drei Teile habe die Flamme – den dunklen unten, den hellen in der Mitte und einen Schein drumherum. Die weise Motte, die den Vorsitz über die Versammlung führte, entschied, das reiche noch nicht, daher meldete sich eine weitere Motte, freiwillig auf Kundschaft zu gehen. Diese versengte sich ihre Flügel an der Flamme, kehrte zurück und beschrieb das Brennen, den Schmerz und die Hitze. Der Bericht erschien den anderen noch immer unbefriedigend. Schließlich flog eine dritte Motte mitten in die Flamme hinein, umarmte sie und verschmolz mit ihr. Flamme und Motte waren eins. »Diese weiß und versteht nun«, sagte die weise Motte, »aber sie kann nichts erzählen.«

Vielleicht präsentiert das Leben dir gerade eine Situation, wo etwas sterben muss, damit etwas anderes leben kann. Oder du siehst dich einer Veränderung deiner Lebenssituation gegenüber, die sich für dich oder einen Teil von dir wie der Tod anfühlt. Manchmal ist es in der Arbeit mit dem inneren Selbst so, dass ein Teil vergeht, um einem anderen Raum zu machen. Das kann auf verschiedene Weisen geschehen, aber die wesentliche Dynamik ist die, dass du diesen Ausdruck des »Ich«, der der Entwicklung deiner Seele diente, jetzt nicht mehr brauchst oder hilfreich findest. Dieser Weg wird einen solchen Prozess nicht anstoßen, aber er unterstützt ihn, wenn er schon im Gange ist.

Wurzeln und Zweige

Traditionell wird diese Eigenschaft unter anderem mit »der Leben Nehmende« und »der Todesbringer« übersetzt. Die Wurzeln von *Mumit* zeigen: *M* – geformte, fließende Energie; *U* – Allahs Macht des Übergangs, die Macht, etwas zu manifestieren oder wegzunehmen; *M* – weitere Form, *I* – göttliche Lebensenergie, *T* – das Ziel, sich in etwas anderes hinein zu öffnen. Den vorangegangenen Namen *Mu`id* und *Muhyi* folgend und gefolgt von den nächsten – *Hayy* und *Qayyum* – zeigt diese Reihe von Wegen verschiedene Arten des Zusammenspiels zwischen göttlicher Lebensenergie und verkörperten Formen: Wiederbelebung, volle Verkörperung, Tod, Befreiung und Auferstehung.

Meditation

Sammle deine Aufmerksamkeit wieder im Herzen. Berufe einen Kreis deiner inneren Gefühle, Gedanken und Stimmen ein. Atme mit dem Gefühl dieses Namens und erinnere alle die Stimmen, die in deinem Inneren um den Heiligen Tisch der Weisheit versammelt sind, daran, dass Formen in Allahs Universum eine begrenzte Lebenszeit haben. Welche Aspekte deines inneren und äußeren Lebens sind reif zu sterben und wiedergeboren zu werden? Welche Masken deines Selbst kannst du entbehren?

62. Universelle Lebensenergie

Al - Hayy

Wenn du zu diesem Weg geführt wirst,
trinke die universelle Lebensenergie des Einen, wo
immer du sie findest.

Zwei Wege zuvor haben wir gesehen, dass wir nach Ansicht der Sufis in einem Ozean göttlicher Lebensenergie leben und unser Sein haben – wenn wir es nur wüssten. Wie der indische Sufi Kabir sagte, »ist der Fisch im Meer nicht durstig«. Alles, was wir brauchen, können wir in unserem Inneren finden, wenn unser persönliches »Ich bin« mit dem universellen »Ich bin« verbunden ist.

Dennoch ist ein Teil unseres Seins noch am Wachsen und Sich-Entwickeln. Er fühlt sich oft getrennt von der größten Gemeinschaft des Lebens, und so finden wir auch die Energie nicht, die tief in uns, in den »ungezähmten« Bereichen unseres inneren Lebens verborgen ist. In solchen Zeiten erleben wir einen Mangel an persönlicher Energie und fangen an, danach Ausschau zu halten. Daran ist nichts verkehrt; um Hilfe zu bitten kann uns wieder mit unseren Beziehungen zu anderen verbinden.

Dieser Weg, *Hayy*, zeigt uns die Quelle der persönlichen Energie, die wir in uns verkörpert finden *(Muhyi)*. Wie die Sufis sagen, durchdringt diese feine Lebenskraft die Luft, die wir atmen, und belebt unsere Nahrung. Wie viel Energie wir aus unserer Nahrung beziehen, wird dadurch bestimmt, wie viel sie enthält und wie viel wir aufnehmen können, was wiederum mit der Qualität unseres Atmens zusammenhängt. Samuel Lewis, Sufi des 20. Jahrhunderts, meinte dazu:

> *Die Lebenskraft kommt mit dem Atem in uns herein und verlässt uns mit dem Atem. Diese Lebenskraft wird im Körper gespeichert. Sie ist nicht das Ergebnis von Kalorienzufuhr durch die Nahrung. Ein beleibter Mensch kann viele Kalorien aus der Nahrung aufneh-*

men, ohne in der Lage zu sein, diese aktiv zu verbrauchen. Wenn die Kalonentheorie stimmen würde, wäre ein dicker Mensch einem dünnen immer überlegen. Die Energie in einer Batterie entsteht aus den eingeführten Chemikalien, nicht aus dem Material der Batterie. Auf ähnliche Weise vitalisiert die Lebenskraft den Körper, und der Körper benutzt die Lebenskraft. Daher ist der Körper eine Behausung und keine Person. [30]

Für den Sufi ist es so, dass unser ständiges Beschäftigtsein mit unseren eigenen Sorgen, Hoffnungen und Ängsten uns blind macht für die Lebensenergie, die sich um uns herum und in uns bewegt. Wir glauben etwa, ein effektives Leben zu führen, wissen aber nichts von dem Energieaustausch, der unter der Oberfläche vonstattengeht. Oder aber, wir suchen im Außen nach der »Energie« oder »Heilung«, die uns retten wird – dabei bestätigen wir ständig die außergewöhnlichen Fähigkeiten und Energien der anderen und verleugnen unsere eigenen. Wenn wir erwachen, merken wir vielleicht, dass wir unser Leben nur spielen. In der folgenden Geschichte übertreibt Mullah Nasruddin diese natürliche Tendenz, jemanden zu finden, der uns sagt, was zu tun ist:

Eines Tages fand ein Nachbar Mullah Nasruddin auf einem Baum in seinem Garten sitzen und sah, wie er gerade an dem Ast sägte, auf dem er saß.
»Mullah, damit hörst du besser auf, sonst fällst du runter«, sagte der Nachbar und ging wieder ins Haus zurück. Mullah sägte natürlich weiter, der Ast brach ab und er fiel hinunter. Mullah rannte ins Nachbarhaus und hämmerte an die Tür.
»O Großer, bitte verzeih mir«, sagte Mullah, »ich wusste nicht, dass ich einen Hellseher zum Nachbarn habe! Könntest du mir bitte voraussagen, was morgen mit mir geschehen wird? «
Der Nachbar versuchte ihm auszureden, dass er die Zukunft voraussagen könne, und sagte, es sei nichts als gesunder Menschenverstand gewesen. Aber Mullah wollte davon nichts hören und lief ihm immer weiter nach. Schließlich packte den Nachbarn die Verzweiflung und er sagte: »Mullah, du lieber Himmel, meinetwegen kannst du morgen tot umfallen!«
Am nächsten Morgen wachte Mullah auf und sprach zu seiner Frau: »Unser Nachbar ist ein Hellseher und er hat mir vorausgesagt, dass ich heute tot umfallen werde, daher muss ich mich vorbereiten.« Er nahm seinen Esel zur Gesellschaft mit und ging zum

Friedhof, grub sich ein Grab und legte sich hinein. Als der Tag zu Ende ging, lag er noch immer da und dachte: »Jetzt muss ich wohl tot sein. Das ist eigentlich gar nicht so schlimm.«
Da kam ein Rudel Hunde vorbei und ärgerte seinen Esel. Der Esel fing an zu schreien und Lärm zu machen. Schließlich schrie Mullah aus dem Grab heraus:
»Ihr Hunde, haut ab! Wenn ich nicht tot wäre, würde ich aus dem Grab steigen und euch eine Tracht Prügel verpassen!«

Wenn wir all unsere Macht aufgeben, schneiden wir uns schließlich ganz und gar von der Energie in uns ab und werden wie lebende Tote.

Vielleicht spürst du gerade ein Bedürfnis nach mehr Lebensenergie. Stell dir vor, du bist ein Schwamm, der das göttliche Leben, das dich in jedem Augenblick umgibt, in sich aufsaugt. Vielleicht bittet das Leben dich, diese Energie dadurch zu finden, dass du mehr Rhythmus in dein spirituelles, geistiges, emotionales oder körperliches Leben bringst. Oder du sollst die Lebensenergie des Einen Seins auf bestimmte Weise mit anderen teilen, wie zum Beispiel in einem der Heilberufe. Dieser Weg ist jedoch kein Zaubermittel. An einem bestimmten Punkt ist der Schwamm vollgesogen und du musst herausfinden, auf welche Art und Weise du Energie in deinem tiefsten Selbst hältst und bewahrst, wie wir es auf dem vorangegangenen Weg *Muhyi* (60) gesehen haben. Dieser Weg hier wird jedoch die Oberfläche deines Seins öffnen, die vielleicht vergessen hat, dass die göttliche Lebensenergie das ganze Universum durchdringt.

Wurzeln und Zweige

Traditionelle Übersetzungen dieser Eigenschaft sind unter anderem »lebendig« und »ewig lebend«. Wie bei *Muhyi* (60) kommen auch hier die Wurzeln aus alten Namen des Göttlichen, die von vielen semitischen Völkern benutzt werden und die auf dem Klang des Atems, ausgedrückt durch den Buchstaben H, beruhen. Im Hebräischen war einer der heiligen Namen *YHWH*, das ewig lebende Leben, das war, ist und sein wird. Semitische Sprachen entwickelten verschiedene Variationen dieses H-Klanges, um auszudrücken, wenn zum Beispiel der Atem frei fließt (gehauchtes *H*), wenn er ins Fleisch kommt (leicht aspiriertes *cH*), voll verkörpert ist (ein hartes, gehauchtes *kH*) oder bereit ist, eine Fleisch gewordene Form wieder zu verlassen (keine Entsprechung in europäischen Sprachen;`*aH*). Der Koran benutzt oft *Hayy* in Verbindung mit dem nächsten Weg, *Qayyum*, und zusammen bedeuten die beiden in etwa »das Leben, das immer weiter lebt und sich wieder und wieder in allen Wesen aufrichtet«.

Meditation

Sammle deine Aufmerksamkeit wieder im Herzen. Berufe einen Kreis deines inneren Selbst ein und atme den Klang Ya Hayy *mit den inneren Stimmen, die sich um den Tisch der Weisheit versammeln. Wer braucht mehr Energie? Lass diese heilige Energie durch deine höchste Führung dein Wesen durchfluten und nimm in dich auf, was du in diesem Augenblick brauchst. Es gibt immer genug. Vielleicht hat auch ein Teil von dir eine Menge Energie und weiß nicht, was damit anfangen. Bitte die Quelle um Führung, damit du diese Energie für dein schöpferisches Ziel im Leben benutzen kannst.*

63. *Wieder aufstehen*

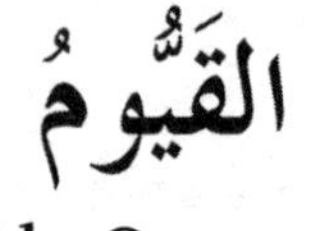

Al - Qayyum

*Wenn du zu diesem Weg geführt wirst,
spüre, wie dir die Wirklichkeit einen Anstoß gibt, sodass
du dich selbst zum Aufstehen bringst und wieder auf die
Füße kommst.*

Manchmal werden wir von etwas, das uns widerfährt – zum Beispiel einer zerbrochenen Beziehung –, ganz niedergeschmettert und spüren dann so etwas wie einen inneren Rückstoß, einen »zweiten Wind«, der uns in Gang hält. Jesus empfiehlt am Ende der Seligpreisungen (»Gesegnet sind die ...«) – wenn man von den eigentlichen aramäischen Worten ausgeht – seinen Schülern, diese Kraft des Rückschlags zu nutzen. Er empfiehlt ihnen, wenn andere sie beschimpfen oder verleumden, die dahinterstehende Energie zu benutzen, um auf ihrem Weg voranzukommen. Er sagt: »Geht weiter, geht bis zum Äußersten, lasst sogar das Ego völlig verschwinden. Aus den Schlägen auf euer Herz eröffnet sich das größere Universum des Lebens.« [31]

Überall in der Natur um uns herum sehen wir Wachstum und Verfall, Zunehmen und Abnehmen, Flut und Ebbe in allen erdenklichen Formen und Tonarten. Daran können wir uns erinnern, wenn das Leben uns einen Rückschlag beschert, und können dies als Thema für unsere Meditation benutzen. Auf diese Weise können wir bewusster wieder zu uns kommen. Moineddin Chishti gab seinen Schülern zum Beispiel folgenden Spruch zum Meditieren:

> *Hör auf die Stimme der Wellen, die an den Strand rollen, sie ist laut. Doch wenn die Ebbe kommt, verstummt die Stimme.*

Wenn wir erleben, wie unsere Stimme verstummt, wird sie wiederkommen. Vielleicht fordert das Leben gerade von dir, einen Rückstoß zuzulassen. Fühle die Umstände, die dich niedergedrückt haben, lasse alle

Einzelheiten los und nutze die verbleibende Energie, um wieder auf die Füße zu kommen. Eine Sprungfeder sammelt noch größere Kraft, wenn sie zusammengedrückt wird. Wenn das Leben dich zu Boden gedrückt hat, spüre, wie du noch größere Kraft für den Augenblick sammelst, wo es wieder aufwärtsgeht. Wie *Mumit* (61) uns zeigte, sind alle Formen vergänglich, aber die Energie in ihrem Inneren ersteht auf andere Weise wieder auf. Wie Einstein entdeckte, wird Materie zu Energie, wenn sie auf Lichtgeschwindigkeit im Quadrat beschleunigt wird. Dieser Weg hilft uns, dieselbe Reaktion in unserem Inneren zu entdecken.

Wurzeln und Zweige

Traditionell wird diese Eigenschaft mit »ewig« und »selbsterhaltend« übersetzt. Die Wurzeln von *Qayyum* zeigen einen Vorgang des Wieder-zum-Stehen-Kommens *(Qa)*, und zwar eines Lichtkörpers *(YM)*, der sich erhebt. Die zweite Wurzel des Wortes ist mit dem alten hebräischen Wort für »Tag« verwandt, *yom*, das verkörpertes Licht oder Intelligenz bedeutet. Frühchristliche Mönche in Syrien benutzten eine spirituelle Praktik, bei der sie sich vorstellten, sie seien der von den Toten auferstehende Jesus. Diese Übung, die im Syrischen *qayima* heißt, ist ebenfalls mit dem Wort für diesen Weg verwandt. Wir finden dieselbe arabische Wurzel in dem Wort *maqam*, das zuvor als der Sitz, oder besser: der »Stand«, des Bewusstseins erwähnt wurde, aus dem heraus wir unser Leben leben. Ein anderer Zweig von *Qayyum* schafft eine Verbindung zur *QA*- Familie der Qualitäten göttlicher Macht, wie *Qahhar* (15), das Ur-Feuer, und *Qadir* (69), die Macht der Teilchen.

Meditation

Sammle deine Aufmerksamkeit wieder im Herzen. Atme rhythmisch den Namen QaY-Yuum *und spüre, wie das* m *am Ende im Herzen und im Bauch schwingt. Dieser Name kann auch zusammen mit* Hayy *praktiziert werden, nämlich als* Ya Hayyo Ya Qayyum, *einer Affirmation des immerwährenden Lebens zusammen mit der »ewigen Materie«, die immer wieder aufersteht. Diese Übung hilft bei Übergangszeiten im Leben, um Wohnräume zu reinigen oder beim Tod eines Verwandten oder Freundes.*

64. *Außergewöhnliche Wahrnehmung*

الوَاجِدُ

Al - Wajid

Wenn du zu diesem Weg geführt wirst,
nimm Kontakt auf mit dem Ort in dir, wo das Eine Sein
deine inneren Sinne öffnet für die feinen Aktivitäten des
göttlichen Lebens um dich herum.

Sufis finden das, was wir außersinnliche Wahrnehmung nennen und ähnliche ungewohnliche Fähigkeiten nicht erstaunlich. Sie sind einfach Teil der vielen Qualitäten, die Allah durch die Erschaffung der Menschen zum Ausdruck bringen wollte. Dieser Weg betont eine ganz spezielle Art des Spürens, etwa wie die Fähigkeiten, die ein Rutengänger benutzt, wenn er unterirdische Wasserquellen aufspürt.

Sufis sehen zwar solche Fähigkeiten als völlig normal an, sie wissen aber auch, dass sie ein Hindernis auf dem Weg darstellen können. Wenn andere oder auch wir selbst uns für »hellsichtig« oder in irgendeiner Weise besonders halten, kann uns das ganz schön träge machen – dabei geht es auf unserem Weg doch darum, ständig weiter zuwachsen und uns zu entwickeln. Um dieses Problem zu vermeiden, benutzen Sufis diese Kräfte manchmal nur insgeheim.

Irina Tweedie beschrieb das Erwachen ihrer eigenen göttlichen Hellfühligkeit, während sie bei ihrem Lehrer war:

> *Wenn ich eine Rose zum ersten Mal sehe und nicht weiß, was das ist, kann in diesem Augenblick zwischen dem Benennen der Rose und dem Wissen, dass es die Rose ist, etwas geschehen.*
> *Wenn ein ausreichend langes Intervall dazwischenliegt, kann etwas geschehen. Die intuitive Qualität wird aufsteigen und zu mir durchdringen. Das war es, was mein Lehrer mit mir machte. Das Geheimnis und das Wunder ist, dass es da kein Dilemma gibt.* [32]

Selbst wenn man solche Eigenschaften entwickelt, ist das keine Garantie dafür, dass man auch den gesunden Menschenverstand hat, sie richtig zu benutzen, wie Rumi in der folgenden Geschichte, die er seinen Schülern erzählte, beschreibt:

> *Ein König hatte einst einen sehr unwissenden Sohn. Daher rief er die weisesten Lehrer seines Reiches zusammen und befahl ihnen, seinen Sohn in Astrologie, Geomantik, Wünschelrutengehen, Hellsehen und all den anderen okkulten Wissenschaften zu unterrichten. Nach einer gewissen Zeit wurde sein Sohn zu einem absoluten Meister in diesen Künsten. Eines Tages beschloss der König, ihn auf die Probe zu stellen.*
> *»Ich halte etwas in meiner Faust. Kannst du mir sagen, was es ist?«*
> *Der Prinz: ertastete es mit seinen hellseherischen Fähigkeiten und sagte: »Das, was du hältst, ist rund, gelb und hohl.«*
> *»Stimmt!«sagte sein Vater. »Kannst du mir also sagen, was es ist?«*
> *»Es muss ein goldenes Sieb sein«, sagte der Prinz.*
> *Der König raufte sich die Haare. »Nein, es ist ein Ring! Du hast alle Zeichen erspürt. Wie kann dir denn nicht klar sein, dass ein Sieb nicht in meine Hand passen würde!«*

Genauso betreiben Gelehrte Haarspaltereien über so ziemlich alles – auch darüber, was man darf und was nicht. Sie wissen alles, was außerhalb von ihnen liegt, aber sie kennen sich selbst nicht. Gelb, hohl und rund sind nur zufällige Eigenschaften. Wirf den Gegenstand ins Feuer und nichts davon bleibt. Er kehrt zu seinem essenziellen Sein zurück, genau wie wir in der Hitze göttlicher Einheit.

Vielleicht hast du solche Fähigkeiten an dir erlebt und fragst dich, wie du sie in dein Leben integrieren sollst. Oder es ist dir vielleicht gar nicht bewusst, dass solche übersinnlichen Fähigkeiten auch Teil des Universums der Einheit sind. Anstatt dich auf ihre Wirkung zu konzentrieren oder darauf, etwas Besonderes zu sein, kannst du diese Fähigkeiten auch einfach als einen weiteren Weg des Herzens sehen, der dich an deine Verbindung zu dem göttlichen Geliebten erinnert.

Wurzeln und Zweige

Traditionell wird diese Eigenschaft unter anderem mit »allsehend« und »völlig-vollkommen« übersetzt. Die Wurzeln von *Wajid* zeigen die göttliche Wahrnehmung *(WA-)*, die sich auf die Lebensenergie in jeder einzelnen ihrer Manifestationen konzentriert *(-JiD)*. Wenn die Betonung auf der ersten Silbe liegt, konzentriert sich dieser Name auf die Fähigkeit, Dinge zu sehen, zu spüren und zu finden. Der nächste Weg, *Majid*, betont die Fähigkeit, öffentlich mit einer solchen außergewöhnlichen Fähigkeit zu arbeiten und Dinge zu verändern.

Meditation

Sammle deine Aufmerksamkeit wieder im Herzen. Sieh das Herz als einen leeren Spiegel vor dir und atme den Klang Waa-DschiD *hinein. Gibt es eine Situation in deinem äußeren Leben, die diese Qualität inneren Hinspürens erfordert? Berufe einen Kreis deines inneren Selbst ein und lasse deine höchste Führung mithilfe dieser Fähigkeit in alle Empfindungen, Gefühle oder Stimmen, die auftauchen, hineinspüren und so ihren eigentlichen Sinn im Leben erkennen.*

65. Außergewöhnliche Kraft kanalisieren

المَاجِدُ

Al - Ma´jid

Wenn du zu diesem Weg geführt wirst, hast du Gelegenheit, dir der Magie des Lebens wie der bewusst zu werden. Besinne dich darauf, dass alles, was du tust, Zeugnis von der Macht und Lebensenergie des Einen ablegt.

In der chassidischen Kultur im Europa des 19. Jahrhunderts bezeichnete der hebräische Ausdruck *maggid* einen Wanderprediger oder auch jemanden, durch den die göttliche Kraft in Form eines bestimmten Engels oder anderen göttlichen Geistes sprach. Er ist vermutlich der Ursprung des persischen Wortes *magus*, von dem unser Wort *Magier* herrührt. Der Name dieses Weges entspringt denselben Wurzeln und öffnet uns eine Tür zu unserer Fähigkeit, auf eine öffentlich sichtbare Weise Kanal für die heilige Macht zu sein oder sie zu verkörpern. Dieser Tage geschieht das am häufigsten auf dem Gebiet des Heilens und Lehrens. Immer schon haben Menschen mit solchen Fähigkeiten ihre Rolle gleichwohl als Segen und auch als Fluch empfunden.

Menschen, die in einem bestimmten Bereich Kanal für das göttliche Leben sein und scheinbar wundersame Dinge tun können, fällt es oft schwer, für sich selbst und andere deutlich zu machen, dass diese Kraft nicht aus ihrer eigenen Person kommt, sondern aus dem Heiligen Einen selbst. Sie werden vielleicht davon abhängig oder fallen der Illusion anheim, dass sie selbst die Quelle der Kraft sind, die sie sichtbar machen. Wir leben heute in einer Kultur, die immer danach sucht, was sie als Nächstes begeistern könnte – die neueste Berühmtheit, der neueste Heiler, göttliche Kanal oder Hellseher.

Aus diesem Grunde halten Sufis, wie schon im vorherigen Weg, *Wajid*, angedeutet, ihre wundersamen Fähigkeiten oft vor den Augen der

Öffentlichkeit verborgen. Dieser Weg bezieht sich auch auf Situationen, wo wir den Part des »Superstars« für einen anderen übernehmen sollen. Der Sufi Inayat Khan, der im frühen 20. Jahrhundert lebte, befand sich in einer solchen Situation, als eine bestimmte esoterische Gesellschaft ihn zum »Welt-Avatar« erklären wollte, den sie erwartet hatten. Er lehnte ab. Später erkannte dieselbe Gruppe, dass sie sich getäuscht haben musste, da Inayat Khan kein Vegetarier war – eine ihrer Vorbedingungen für Heiligkeit!

Mit dem Weg von *Majid* zu arbeiten bedeutet, unsere Reaktionen auf äußeren »Erfolg« oder »Versagen« zu verstehen und innerlich damit zu arbeiten. Inayat Khan kommentierte seine Erfahrungen damit wie folgt:

> *Was die Welt Erfolg nennt, ist für mich wie eine Puppenhochzeit. Misserfolg im Leben ist nicht von Bedeutung; das größte Unglück ist Stillstand.* [33]

Zu diesem Ausspruch meinte sein Schüler Samuel Lewis:

> *Denn Leben bedeutet Handeln, Handeln in jeglicher Richtung. Schwingungen sind wie Wellen, die auf- und abgehen. Die Welle bewegt sich in einer eindeutigen Richtung fort, wie auf ein Ziel zu, und hebt sich doch in ihrer Bewegung zu einem Gipfel und senkt sich wieder zum Tal ab. So steigen Leute auf und fallen, haben scheinbare Erfolge und Misserfolge, aber die ganze Zeit bewegen sie sich vielleicht auf ihr wahres Ziel zu, ohne es überhaupt zu wissen. Nur der, der sich nicht bewegt, kommt nicht ans Ziel.* [34]

Vielleicht hat das Leben dir gerade den Anstoß gegeben, öffentlich und sichtbar zu agieren, die göttliche Energie auf der Bühne des Lebens zu manifestieren. Dies kann in einem heiligen oder weltlichen Rahmen geschehen. Benutze diesen Weg, um dich darauf zu besinnen, dass alle Lebensenergie und die Mittel, um damit zu arbeiten, vom Geliebten kommen. Ebenso kann *Majid* (wie *Wajid*) deiner höchsten Führung helfen, Veränderungen in deinem inneren Selbst zu bewirken.

Wurzeln und Zweige

Traditionelle Übersetzungen dieser Eigenschaft sind unter anderem »glorreich« und »Allmacht«. *Ma´jid* mit der Betonung auf der ersten Silbe, *MA*, zeigt uns ein Gefährt mit der Fähigkeit, göttliche Lebensenergie zu lenken. Der zugeordnete Name *Ma`jid* (48, mit der Betonung auf der zweiten Silbe) erinnert uns, dass dieselbe blendende Macht bereits in allen Wesen vorhanden ist. Der Koran benutzt dieses Wort in Verbindung mit dem Ausdruck *al-arsh al-majid* zur Bezeichnung des »Thrones«, von dem sich die Schöpfung des Einen in jedem Augenblick erhebt. Die frühe jüdische und jüdischchristliche »Thron«-Mystik (oder *merkabah*) spiegelte dieselbe Idee. Beide ermunterten die Gläubigen dazu, den »Ort« oder *makom* lebendiger Schöpfung in ihrem eigenen Sein zu erfahren.

Meditation

Sammle deine Aufmerksamkeit wieder im Herzen. Atme mit dem Gefühl des Klanges Ya Maa-Dschied *(Betonung auf der ersten Silbe) und finde einen Rhythmus, der deinen Herzschlag einschließt. Berufe einen Kreis deines inneren Selbst ein und erinnere all die inneren Stimmen daran, dass sie nur dann öffentlich als Träger der Einen Energie des Lebens auftreten können, wenn sie dafür durchlässig sind. Lasse diesen Atem des Erinnerns deine ganze innere Gemeinschaft mit Liebe und Achtung durchdringen.*

66. *Bis Eins zählen*

الوَاحِدُ

Al - Wahid

Wenn du zu diesem Weg geführt wirst,
atme und zähle bei jedem Atemzug »bis eins«. Welcher
Situation auch immer du dich gegenübersiehst, ganz
gleich, wie sie dir erscheint, spüre das göttliche Herz
in deinem eigenen Herzen.

Wie schon die vorherigen »Zwischenstops«, die uns einluden, in der Einheit zu baden, fordern dieser Weg und der nächste uns auf, tiefer über unsere eigene Individualität und ihre Beziehung zu dem einzigen »Ich bin« nachzudenken, zur Heiligen Einheit.

Die Idealisierung des göttlichen Mysteriums als »Eins« oder »Einheit«, die von den alten semitischen Völkern herzurühren scheint, hat – wie alle Idealisierungen – ihre Vor- und Nachteile. Einerseits wird dadurch vermieden, sich das Göttliche als nur »gut« vorzustellen (woher vermutlich die ursprüngliche Herleitung des Wortes »Gott« in den germanischen Sprachen kommt). Wenn man sich das Göttliche als nur »gut« vorstellt, entsteht die Notwendigkeit, das »Übel« zu etwas »Anti-Göttlichem« zu erklären. An diesem Punkt haben wir den Gedanken eines dualistischen Universums erschaffen, in dem manche Menschen oder Wesen vom Bereich des Göttlichen getrennt sind. Viele dieser Ideen kamen aus der griechischen Philosophie ins Christentum, die sich nach Plato die göttliche Welt als von der menschlichen getrennt vorstellte. Wie wir festgestellt haben, lassen sich all die verschiedenen semitischen Namen für Gott – *Elohim, Alaha, Allah* – als »Eins« oder »Einheit« übersetzen. Genau genommen ist ihre Aussage, dass »alles in Gott enthalten« ist. Und doch hat die Vorstellung des Göttlichen als »Einem« manche Menschen in der nahöstlichen Tradition dazu verführt zu glauben, dass »mein Eines das einzige (oder wahre) Eine ist«.

Die Sufis, die tief in den Koran und seine mystische Verwendung der verschiedenen Namen hineinsehen, versuchen dieses Problem zu vermeiden, indem sie zwischen zwei Arten der göttlichen Einheit unterscheiden. Der andalusische Sufi des 13. Jahrhunderts, Ibn Arabi, tauchte ganz tief in dieses Mysterium ein. In einer Vision, von der er sagte, sie sei vom Propheten Mohammed gekommen, sah er, dass das Eine Sein die 99 Wege oder heiligen Eigenschaften, sowie eine unbegrenzte Anzahl weiterer, dazu benutzte, die Schöpfung zu gestalten. Wie wir auf dem Weg *Bari* (12) gesehen haben, geschah die Schöpfung, weil das Göttliche Unbekannte ein Heim für diese Eigenschaften in der Manifestation brauchte (»Ich war ein verborgener Schatz«, in den Worten der heiligen Überlieferung). Insbesondere erschuf Allah den Menschen als vollständige Widerspiegelung all dieser Qualitäten – das heißt, als das göttliche Bewusstsein des Universums als Ganzem.

Ibn Arabi vergleicht den Weg *Wahid* mit der Zahl Eins (zu verstehen wie die römische Zahl I), die immerfort in allen folgenden Zahlen erscheint, welche ja nichts anderes sind als Vielfache dieser Eins. Zum Beispiel ist I-I das, was wir »zwei« nennen, und I-I-I, was wir »drei« nennen. Ebenso wie diese Eins in allen Zahlen anwesend ist, ist dieselbe göttliche Eins in allen Vorgängen, Wesen, Formen und Substanzen. So können wir sagen, das göttliche Herz ist in unserem Herzen. Ibn Arabi zufolge war es die Verwechslung von *Wahid* mit der nächsten Eigenschaft *Ahad* (göttliche Einzigartigkeit), die gewisse Mystiker in einem ekstatischen Bewusstseinszustand behaupten ließ, sie seien das Einzigartige Eine *(Ahad)*, das heißt, Gott selbst. In Wirklichkeit, sagte Ibn Arabi, erlebten sie das Eine, das in allem wieder erscheint *(Wahid)*, das heißt, das Bewusstsein der Einheit, das durch sie wirkt. Ein Beispiel für diese scheinbare Verwirrung erscheint im Falle eines Sufis aus dem 10. Jahrhundert, Mansur al-Hallaj, der von den islamischen Autoritäten dafür gemartert wurde, dass er zu behaupten schien, er sei Allah, indem er Aussprüche tat wie etwa »Ich bin die Wahrheit« *(ana l haqq)*. In anderen Aussprüchen scheint Hallaj jedoch, wenn auch doppeldeutig, unter den »Einen« zu unterscheiden:

Ich bin das Eine, das ich liebe,
und das Eine, das ich liebe, ist ich –
unser beider Atem und Geist.
Wenn du mich siehst, siehst du das Eine,
und wenn du das Eine siehst, siehst du uns beide.

Vielleicht fordert das Leben dich gerade auf, zu erkennen, dass jede Situation, jede Person, jedes Wesen und jeder Prozess, mit denen du konfrontiert bist – egal wie unangenehm sie sein mögen – eine Lehre, Heilung oder Energie enthalten, die für dich bestimmt sind. Das kann bittere Medizin sein. Atme und lasse dich in die Einheit fallen. Kannst du auch dies in dich aufnehmen, wenn du deine Bewusstheit ausdehnst, um alle Wesen, Gedanken und Empfindungen aufzunehmen, die vor dir geschaffen wurden?

Wurzeln und Zweige

Die traditionelle Übersetzung dieser Eigenschaft ist »das Eine« oder »der Einzige«. Die Wurzeln von *Wahid* zeigen ständige *(WA)* Führung zur Quelle des Lebens *(-HiD)* hin – eine Führung, die ständig anders aussieht, aber hinter den verschiedenen Masken dieselbe bleibt. Verbunden mit der letzteren Wurzel ist der Weg *Shahid* (50). Der Unterschied: *Wahid* fordert uns durch die Wurzel *WA* (die auch »und« bedeutet) auf, uns bewusst zu machen, dass die Heilige Einheit »sogar dies« umfasst und »das hier auch«. Sowohl dieses Wort als auch das nächste, *Ahad*, stammen aus derselben altsemitischen Wurzel, in der wir zum Beispiel das hebräische *echad* und das aramäische *yihidaya* gespiegelt sehen können. Der Koran benutzt beide Formen der Wurzel (*Wahid* dreimal, *Ahad* nur einmal), um den Zuhörern einzuschärfen, dass es nur eine Quelle göttlicher Führung gibt, und nur eine Wirklichkeit, die es wert ist, geehrt zu werden.

Meditation

Sammle deine Aufmerksamkeit wieder im Herzen. Atme die Qualität Ya Waa-Hid *rhythmisch mit offenen Augen. Bleibe, eine Hand leicht auf der Brust liegend, in deinem Herzen zentriert. Erkenne jede Situation und Erscheinung an, die vor dir liegt – als ein weiteres Gesicht des Einen. Berufe einen Kreis deines inneren Selbst ein und lade wiederum jedes Gefühl, jeden Gedanken und jede Empfindung an den Tisch der Weisheit ein. Kannst du »... und dies auch« mit einschließen?*

IN DER EINHEIT BADEN

Die Sufis erzählen verschiedene Versionen der Geschichte, wie Rumi dem Derwisch Shams-i-Tabriz begegnet, der sein Herz entflammte und ihn von einem sehr kompetenten religiösen Philosophen und Lehrer zu einem Sufi-Meister werden ließ, dessen mystische Liebeslyrik die Menschen noch achthundert Jahre später berührt. Die Version, die dieser Schriftsteller hier hörte, geht wie folgt:

> *Shams war in der Verkleidung eines Händlers nach Konya gekommen, auch wenn er gar nichts besaß. Eines Tages wartete er an der Straße, die Rumi für gewöhnlich mit seinen Schülern entlangritt. Als Rumis Esel an ihm vorheikam, sprang Shams vor, ergriff den Zügel und fragte: »Hör mal – man sagt, du kennst die verborgenen Geheimnisse all der schönen Namen. Sag mir dies: Wer war größer, der Prophet Mohammed oder Abu Yazid Bistami?«*
>
> *»Prophet Mohammed, das ist doch klar«, sagte Rumi. »Wie kannst du ihn überhaupt mit Abu Yazid vergleichen?«*
>
> *»Weil«, erwiderte Shams, »Mohammed sagte, ›O Allah, wir haben dich nicht erkannt, wie du wirklich bist!‹ und Abu Yazid sagte, in einem Zustand der Einheit mit Allah, ›Ehre sei mir!‹.«*
>
> *Rumi fuhr zusammen und manchen Berichten zufolge fiel er in Ohnmacht. Aber dann kam er wieder zu sich und sagte: »Das ist deshalb so, weil Abu Yazids Kelch von einem einzigen Tropfen schon voll war, während Mohammeds Kelch so weit war wie der Ozean.«*
>
> *Danach wurden Rumi und Shams unzertrennlich.*

Meditation

Sammle deine Aufmerksamkeit wieder im Herzen. Atme einen vollen, feinen Atem und spüre dein Herz wie einen Kelch, der mehr und mehr der göttlichen Qualitäten enthalten kann, die du in deinem Inneren findest. Bitte darum, dass es formbar genug sein möge, um sich auszudehnen und zusammenzuziehen und jede Erkenntnis aufzunehmen, die das Leben dir schenkt.

67. Einzigartig Eins

الأَحَدُ

Al - Ahad

Wenn du zu diesem Weg geführt wirst,
berühre den Ort in deinem Herzen, der sich anfühlt wie
nur Du Dich anfühlst. Spüre dann dein eigenes Herz als
Teil des Herzens der Heiligen Einheit.

Wie schon im vorherigen Weg erwähnt, ist der Unterschied zwischen der Sufi-Vorstellung von »einzig« (*Wahid*) und »einzigartig« (*Ahad*) nicht leicht zu erfassen. Aus dem Erleben heraus könnte man ihn so beschreiben: Wenn ich das göttliche Herz in meinem Herzen spüre, nennt man das *Wahid*. Nehme ich mein Herz im Herzen des Göttlichen wahr, heißt dieses Erleben *Ahad*. Wenn man versucht, das logisch zu erklären oder einen metaphysischen Sinn dahinter zu sehen, wird man ganz wirr im Kopf. Gott sei Dank hat der spirituelle Weg wenig mit Logik oder Metaphysik zu tun.

Schon im 9. Jahrhundert rang der Sufi Abu Yazid Bistami mit dieser Frage:

> *Am Anfang machte ich vier Fehler. Ich versuchte, mich an Allah zu erinnern, Allah zu kennen, zu lieben und zu suchen. Am Ende dieser Phase erkannte ich, dass Allah sich bereits an mich erinnert hatte, bevor ich mich noch an Allah erinnerte. Mit dem Kennen, Lieben und Suchen war es dasselbe. Allah kannte, liebte und suchte mich zuerst. Da dachte ich, ich hätte den »Ruhmesthron« erreicht. Ich sagte: »O Thron, man sagt, Allah ruht auf dir.« Der Thron antwortete: »Uns wurde gesagt, dass Allah in einem demütigen Herzen ruht.« Dreißig Jahre lang diente Allah als mein Spiegel, aber jetzt scheine ich mein eigener Spiegel zu sein. Die Worte »ich« und »Allah« verleugnen die Einheit. Seit »ich« nicht mehr bin, ist Allah Spiegel Allahs oder vielleicht ist Allah der Spiegel meiner selbst, denn ich bin vergangen.*

Inayat Khan, der über dasselbe Thema meditierte, drückte die Kombination der beiden Wege wunderschön aus, indem er Gott das »Einzige Sein« nannte.

Vielleicht ruft das Leben dich gerade auf, den Teil deines Wesens wiederzuentdecken, der sich einzigartig anfühlt und immer geheimnisvoll sein wird, den man nie ganz kennen kann. Er lässt sich nicht in Worten ausdrücken und drückt sich nicht nach außen oder anderen gegenüber aus. Er wächst nicht auf irgendetwas hin (wie *Khabir*, 31) und ist auch nicht die göttliche Gabe, die wir dem Universum schenken (*Hamid*, 56). Im Kern deines Seins verharrend ist er auf paradoxe Weise dein eigenes, persönliches Tor zur Einzigartigkeit der Heiligen Einheit.

Wurzeln und Zweige

Eine traditionelle Übersetzung dieser Eigenschaft ist »das Eine und Einzige«. Die Wurzeln von *Ahad* zeigen das absolute Extrem des Seins *(A-)*, das sich durch den Punkt, den Gipfel oder Tropfen der Existenz *(HD)* ausdrückt. Manche islamische Kommentatoren haben dies als den unbegreiflichen Aspekt des Göttlichen bezeichnet (wie das *En Sof* der jüdischen Mystik), der von Menschen nicht angewandt oder gekannt werden kann. Ibn Arabi sagt: Wenn *Wahid* wie die Zahl 1 ist, die in allen Wesen auftaucht, kann man *Ahad* mit der Zahl 0 vergleichen, die die Abwesenheit von Zahlen ist. In diesem Sinne vergleicht er sie mit der göttlichen Essenz *(Dhat)*, die alles Sein einschließt und umfasst, ohne selbst in irgendetwas anderem eingeschlossen oder davon umfasst zu sein.

Meditation

Sammle deine Aufmerksamkeit wieder im Herzen. Atme mit dem Klang Ya Aa-Had *(das* H *wird leicht behaucht). Nimm dieses Gefühl in dich hinein und lass dich davon zu dem geheimen Ort in deinem Herzen führen, den Ort, den der Sufi-Dichter Kabir uns »sorgfältig einzuwickeln« empfiehlt, weil er Sterne und Planeten umfasst und auch das unbegreifliche Mysterium, das dem Kosmos voranging. Atme weiter und fühle dein eigenes »Ich bin«, das im einzigen »Ich bin« zur Ruhe kommt.*

68. Zuflucht für jedes Bedürfnis

الصَّمَدُ

As - Samad

Wenn du zu diesem Weg geführt wirst,
besinne dich darauf, dass das Eine Sein unter allen
Lebensumständen Zuflucht bietet. Es hat keine
Grenzen, und die Lebensbereiche, in die es Trost
bringen kann, sind grenzenlos.

Der Koran benutzt das Wort für diesen Weg und den vorangegangenen (*Ahad*) nur einmal: in einer mystischen Passage (Sure 112), die zu erklären versucht, dass der »Allah«, der durch diese Worte spricht, nicht einfach eine weitere Idee, ein Mythos oder ein Kult ist, sondern die unerklärliche Quelle einer gemeinsamen Wirklichkeit, die letztlich keinen festen Namen und keine Form hat. Poetisch könnte der Ausdruck *Allahu Samad* aus dieser Passage wie folgt übersetzt werden:

Endgültige Einheit, die den ganzen Kosmos
und alle Dimensionen, Maße, Gesetze und Tendenzen
durchdringt, umhüllt und umgibt.
Sie erfüllt und vervollständigt alle Potenziale,
die sich in Freude überall im Universum entfalten.

Zwei Ideen kommen hier zusammen. Die eine regt uns zu der Vorstellung an, dass wir für jede Widrigkeit, der wir im Leben begegnen, eine Zuflucht haben – und zwar eine, die immer ganz genau zu unseren Bedürfnissen passt. Die andere beschreibt eine Quelle der Heilung für alles, was uns plagt – eine Quelle, die uns gibt, was immer wir brauchen, um jeden Mangel zu füllen, den wir innerlich vielleicht spüren. Letztlich fordern uns die letzten drei Wege auf, so zu leben, als gäbe es eine wortlose Wirklichkeit hinter all unseren Projektionen und Idealvorstellungen des Heiligen. Selbst wenn wir alle diese Wege und all die anderen Namen des Heiligen aus allen Traditionen der Geschichte in uns verwirklichen würden – diese Wirklichkeit wäre noch immer mehr als sie alle.

Für viele von uns, die sich als »postmodern« stilisieren und der festen Überzeugung sind, dass es jenseits der verschiedenen »Standpunkte« und kulturellen Konstruktionen der Realität nichts gibt, bedeutet das einen ziemlichen »Glaubenssprung«. Der Sufi glaubt, dass die Quelle der Liebe eine ebenso unumstößliche Realität ist wie die Realität der Luft, die wir atmen. Dieser Weg warnt uns davor, die Wirklichkeit nicht innerhalb unserer eigenen Vorstellungen gefangen zu halten, ganz gleich, für wie breit oder umfassend wir diese vielleicht halten. Wieder zeigt uns Mullah Nasruddin auf absurde Weise, wie leicht wir das tun:

> *Einst blieb Mullah Nasruddins liebste Uhr stehen, daher nahm er sie und brachte sie zum Reparieren. Als der Uhrmacher den Rücken der Uhr abnahm und die Uhr umkippte, fiel eine tote Fliege heraus.*
> *»Ach, das ist das Problem«, sagte Nasruddin. »Der kleine Mechaniker, der sie betrieben hat, ist gestorben.«*

Heute ist der »kleine Mechaniker« vielleicht die Genforschung oder sonst eine »Theorie von allem«, die uns zu dem falschen Schluss führt, wir hätten alles verstanden. Das ist genau das Gegenteil davon, den Ort in uns aufzusuchen, der die heilige Quelle der Heilung spiegeln und uns daran teilhaben lassen kann.

Vielleicht ist das Leben in einem bestimmten Bereich gerade schwierig für dich, einem Bereich vielleicht, wo du das Gefühl hast, dass dir nichts und niemand helfen kann. Dieser Weg soll dich erinnern, dass das Heilige unbegrenzte Möglichkeiten hat, Heilmittel ohne Ende. Es gibt niemand anderen, an den du dich wenden kannst, weil das Universum des Geliebten kein Ende hat. Bei der Arbeit mit dem inneren Selbst kann dieser Weg auch der höchsten Führung helfen, jede deiner inneren Stimmen an den göttlichen Klang und die göttliche Welle zu erinnern, die den Schmerz lindert, den wir im Kampf des Lebens manchmal empfinden.

Wurzeln und Zweige

Traditionell wird diese Eigenschaft unter anderem mit »ewig« und »grundloser Grund allen Seins« übersetzt. Die Wurzeln von *Samad* zeigen eine Klangwelle *(SM)*, die repariert, rettet und alle Bedürfnisse stillt, alle Lücken in der Existenz stopft *(-AD)*. Wenn wir sagen, das Eine sei »*ewig*«, könnte man auf die Idee kommen, dass seine Existenz auf unsere eigene Wahrnehmung der Zeit beschränkt ist. Allah umfasst alle Zeitwahrnehmungen, einschließlich der linearen Zeit des Westens, der nahöstlichen Puls-Zeit, der östlichen spiralförmigen Reinkarnationszeit, kreisförmige Zeit, Nicht-Zeit und jede andere Möglichkeit. Innerhalb all dieser grenzenlosen Möglichkeiten liefert das Eine die rettende Gnade für jede Not. Aus diesem Grunde nannte Ibn Arabi diese Eigenschaft »universale Unterstützung und Zuflucht«.

Meditation

Sammle deine Aufmerksamkeit wieder im Herzen. Lege eine Hand über dein Herz und fühle den Puls dort im Rhythmus deines Atems. Fühle, wie dieser Puls sich durch deinen Blutstrom fortsetzt, deinen ganzen Körper durchdringt und jedem Teil von dir neues Leben bringt. Fühle jetzt dein eigenes Herz im Herzen des Göttlichen. Spüre die Art und Weise, wie das göttliche Herz in jedem Augenblick pulsieren kann und den Trost und die Heilung bringt, die in jedem Augenblick das Universum neu erschaffen.

69. *Die Mitte halten*

القَادِرُ

Al - Qadir

Wenn du zu diesem Weg geführt wirst,
bringe dich in Kontakt mit dem Teil von dir, der die
Mitte halten kann, selbst wenn sich alles andere um
dich dreht.

Dieser Weg bringt uns zu einer neuen Reihe von Eigenschaften, die uns einladen, uns damit vertraut zu machen, wie die göttliche Kraft durch uns wirkt. Diese »Kraft« ist insofern anders als die »Lebensenergie«, als sie die manifestierte Wirklichkeit aktiv verändert. Verglichen mit *Qahhar* (15), das bildlich gesprochen durch Feuer wirkt, und *Qawi* (53), das durch Wind wirkt, wirkt *Qadir* durch Erde, in und an den Partikeln der geformten Existenz. Warum all diese verschiedenen Namen für die »Kraft«, die wir bisher gesehen haben? Weil ein Teil des inneren Selbst *(nafs)* gern Besitzansprüche auf etwas anmeldet, das ihm nicht gehört, und vergisst, dass jedes »Selbst« – jedes Zentrum der Existenz – bereits die göttliche Kraft enthält. Macht ist berauschend. »Etwas tun« kann sich in uns sehr unterschiedlich anfühlen, und wenn wir uns damit vertraut machen, können wir diese unterschiedlichen Empfindungen leichter mit dem Tun des göttlichen Geliebten in Verbindung bringen.
In einer heiligen Überlieferung durch Mohammed, in der die Stimme Gottes spricht, geht es um die jeweiligen Verdienste der verschiedenen Arten von Kraft:

> *Als die Erde erschaffen wurde, fing sie an zu wackeln, daher schuf Allah Berge, um sie zu stabilisieren. Verblüfft über diese Kraft fragten die Engel:*
> *»O Erhalter, gibt es irgendetwas in der Schöpfung, das mächtiger ist als diese Ur-Berge? «*
> *»Eisen ist mächtiger.«*
> *»Gibt es etwas Mächtigeres als Eisen?«*

»Feuer ist mächtiger.«
»Gibt es etwas Mächtigeres als Feuer? «
»Wasser ist mächtiger.«
»Gibt es etwas Mächtigeres als Wasser? «
»Wind ist mächtiger.«
»Gibt es etwas Mächtigeres als Wind? «
»Ja. Die Kinder Adams, die von ganzem Herzen geben, aber ohne dass die linke Hand weiß, was die rechte tut. « [35]

Die Sufis haben sich manchmal gefragt, warum, wenn Gott alles ist, was es gibt, wir überhaupt irgendetwas tun müssen. »Gott wird es richten.« Dieser Weg sagt uns, dass wir uns im Leben zentrieren und die Herausforderungen des Lebens annehmen müssen. Saadi erzählt dazu folgende Geschichte:

Einstmals sah ein Derwisch, der durch den Wald wanderte, einen Fuchs, der seine Beine verloren hatte. »Wie überlebt der arme Kerl wohl? «, fragte sich der Derwisch. Gerade da kam ein Tiger vorbei, der seine Beute im Maul trug.
Der Tiger fraß, was er davon haben wollte, und überließ den Rest dem Fuchs. Am nächsten Tag kam der Derwisch wieder und dasselbe geschah.
»So geht das also.«, dachte der Derwisch. »Das versuche ich auch.«
Er ging nach Hause, setzte sich in eine Ecke und wartete darauf, dass das Universum für ihn sorgte. Er wartete tagelang und es kam nichts. Schließlich, als er schon sehr hungrig war, hörte er eine Stimme: »Du hast dir das falsche Beispiel genommen. Du hast Beine. Sei wie der Tiger, nicht wie der Fuchs.«

Vielleicht bist du gerade aufgefordert, eine starke Mitte in deinem Leben zu halten. Die Situation, in die du dich begibst oder in die du dich hineingeworfen fühlst, scheint vielleicht deine Kräfte zu übersteigen. Vielleicht weißt du, was du kannst, vielleicht auch nicht. Vielleicht sollst du irgendeine praktische Fähigkeit in dir wecken, um die göttliche Kraft, die du fühlst, auf verkörperte und konzentrierte Weise einzusetzen. Auf alle Fälle erinnert uns dieser Weg daran, dass es in Wirklichkeit das Eine Sein ist, das durch uns wirkt und alles zuwege bringt, was getan werden muss.

Wurzeln und Zweige

Traditionell wird diese Eigenschaft unter anderem mit »der Fähige« und »die Vorsehung« übersetzt. Die Wurzeln von *Qadir* zeigen die unbegrenzte göttliche Kraft *(QA)*, die sich auf einzelne Formen anwendet, indem sie sich auf einen Punkt *(D)* konzentriert und diese Kraft nach außen strahlt *(R)*. Das arabische Wort bedeutet unter anderem auch arrangieren, anordnen, sich etwas ausdenken oder zuteilen. Alle diese Bedeutungen weisen auf die Entwicklung einer gewissen Meisterschaft durch die Handhabung der »Dinge« des Lebens hin. Der Koran benutzt dieses Wort häufig in Zusammenhang mit der Fähigkeit des Einen Seins, das, was tot scheint, wieder zum Leben zu erwecken.

Meditation

Sammle deine Aufmerksamkeit wieder im Herzen. Atme mit dem Gefühl dieses Weges und lege den Klang Ya Qaa-Dir *darüber, in einem Rhythmus von vier Schlägen auf dem Einatem und vier Schlägen auf dem Ausatem (der letzte Schlag ist eine Pause). Spüre, wie der Klang dich in deinem Herzen verankert und Herz und Solarplexus auf sehr zentrierte, geerdete Weise verbindet. Du kannst diese Übung auch als Gehmeditation durchführen. Sie ist besonders gut dafür geeignet, über unebenes Gelände zu gehen, wo sie dir vielleicht das Gefühl gibt, dass ein »größeres Herz« dich hält.*

70. Macht in Aktion verkörpern

الْمُقْتَدِرُ

Al - Muqtadir

*Wenn du zu diesem Weg geführt wirst,
nimm die Gelegenheit wahr, tatsächlich zu spüren,
wie du bei deinem Tun göttliche Macht zum Ausdruck
bringst, und zu sehen, wie alles um dich her Ausdruck
dieser einen Macht ist, Dinge zu tun und zu ordnen.*

Manchmal fordert das Leben uns auf, kraftvoll mit Mitgefühl zu handeln, in dem Wissen, dass unser Bemühen vielleicht nicht verstanden werden wird. Die Arbeit des spirituellen Führers wird oft mit der des Reiters in der folgenden Geschichte verglichen:

> *Einst wachte ein Mann, der die Nacht im Freien verbracht hatte, auf und fühlte sich ganz schrecklich. Er hustete und zitterte am ganzen Körper. Ein Reiter kam vorbei und verstand sofort, was los war. Er sprang vom Pferd, schlug dem Mann auf den Rücken und drückte mit aller Macht von hinten auf seinen Bauch. Das machte er ein paar Minuten lang, während der Mann keuchte und ihm immer wieder sagen wollte, er solle damit aufhören. Plötzlich würgte er einen Skorpion aus, und bevor er dem Retter noch danken konnte, sprang dieser auf sein Pferd und ritt davon.*

Ich begegnete einst einem Sufi und durfte mit ihm zusammenarbeiten, und dieser Sufi war der bescheidenste und dennoch mächtigste Mensch, dem ich je begegnet war. Er war sehr milde und friedlich, hatte aber eine ungeheuere Energie. Ich traf ihn, als er – schon über achtzig war – als Ingenieur bei einem Forschungsprojekt einer Universität mitarbeitete, das neue Wege erkundete, die am Meer gewonnene Solarenergie nutzbar zu machen. Während des Zweiten Weltkrieges hatte er in der norwegischen Widerstandsbewegung gekämpft. Er hatte als Wirtschaftswissenschaftler an einem groß angelegten Tauschhandelsabkommen mitgewirkt, mit dessen Hilfe Norwegen nach dem Krieg wieder aufgebaut wurde. Er war um die ganze Welt gereist und sowohl bettelarm als auch wohlhabend gewesen. Niemals sah ich ihn eine Robe tragen oder irgendjemandem gegenüber auch nur andeuten, dass er ein Sufi sei, aber er besaß ein enormes Wissen über die Sufi-Praktiken und hatte die Einweihung zum Ältesten-Lehrer oder *murshid* erhalten. Er fand, dass die Menschen sich von Charisma oder Kleidung zu leicht verführen lassen und dass diese auf dem spirituellen Weg nur ablenken. Einmal sagte er, dass, wann immer er einen Brief bekam, der ihn selbst angriff oder die Projekte, an denen er arbeitete, er nie aus dem Ärger heraus antwortete, sondern immer versuchte, den Punkt zu finden, an dem er mit seinem Gegner übereinstimmte. Zwanzig Jahre nach seinem Hinübergehen ist er für mich noch immer ein Beispiel für göttliche Kraft in Aktion, ohne jedes Rampenlicht oder Aufhebens.

Vielleicht möchte das Leben dich erinnern, dass inmitten des Tuns (was oft der berauschendste Augenblick ist) die Energie deiner Handlung Allah ist, der das Eine Selbst durch dich zum Ausdruck bringt. Wie wir in dem Weg *Ma'jid* (65) gesehen haben, projizieren andere leicht den Archetyp des Helden oder der Heldin auf uns, wenn wir in einer Situation der- oder diejenige sind, die »heilt« oder auf irgendeine äußere und sichtbare Weise Macht anwendet. Wenn wir diese Rolle übernehmen, tun wir einen großen Schritt in Richtung Vergessen. In diesem Sinne erinnert *Muqtadir* uns daran, dass Allah der einzige Held und die einzige Heldin ist. Es erinnert uns auch daran, dass alle Wesen bereits heilige Macht verkörpern – von »außen« braucht nichts hinzugefügt zu werden.

Wurzeln und Zweige

Traditionell wird diese Qualität unter anderem mit »mächtig«, »allmächtig« und »allbestimmend« übersetzt. *Muqtadir* hat zu dem vorangegangenen Weg *Qadir* dieselbe Verwandtschaft wie *Muhyi* (60) zu *Hayy* (62). Die göttliche Macht agiert nicht nur durch bestimmte Konzentrationspunkte, sondern existiert auch bereits in jedem Partikel der Existenz, die bereits göttliche Macht ist (sie also nicht nur enthält).

Meditation

Sammle deine Aufmerksamkeit wieder im Herzen. Atme mit dem Gefühl des Namens Ya Muuk-Ta-Dier *und lasse jedes Teilchen deines Wesens – jeden Gedanken, jedes Gefühl, jede Empfindung und jede Stimme, die auftaucht – darin eingeschlossen sein. Atme eine Weile mit diesem Gefühl weiter. Atme dann, wenn du in Aktion bist, mit dem Namen oder seinem Gefühl. Sieh die ganze Schöpfung von der göttlichen Macht durchdrungen und sieh dich selbst als einfach ein weiteres Teilchen davon.*

71. *Den Weg bereiten*

المُقَدِّمُ

Al - Muqaddim

Wenn du zu diesem Weg geführt wirst,
ehre den Teil deines Seins, der sich am »ältesten« fühlt,
und bereite den Weg für die Macht, damit sie durch
dein Leben fließen kann.

In den Evangelien wird berichtet, wie Jesus sagte: »Die Ersten werden die Letzten sein und die Letzten werden die Ersten sein« (Matthäus 19,30). In der aramäischen Version dieses Ausspruchs sind die Ersten *(qadim)* die älteren Teile unserer Psyche, die den Weg für die jüngeren, oberflächlicheren Teile – wie zum Beispiel unsere »moderne« logische Intelligenz – bereiten. In unserem inneren Kreis des Selbst führt uns dieser Weg zu der Stimme, die das Praktische verkörpert und Dinge in Gang setzt.

In einem größeren Kontext bringt uns dieser Weg mit den Seelen in Verbindung, die uns in der Karawane der Schöpfung vorangehen. Das Zeitgefühl der alten semitischen Sprachen sieht die Vergangenheit, als ob sie uns vorangeht, wobei sich die »Spitze der Karawane« in den Anfängen der Schöpfung bewegt, als alles noch eine Möglichkeit im Herzen des Einen Seins war. Die zukünftigen Generationen folgen uns nach. In diesem Sinne ist die Reise, von der die Sufis sprechen, eine Reise zurück zu unserem ursprünglichen Bild im Herzen Allahs, bevor wir zusammen mit all den anderen »schönsten Namen« des Einen ins Sein gerufen wurden. Ibn Arabi kommentiert dies wie folgt:

> *Das Universum besteht aus Ansammlungen von Zeichen. Jedes Wesen ist ein Zeichen oder Symbol, das auf die göttliche Realität hindeutet, auf der es beruht und in der es im ersten Anfang seinen Grund hat. Zu diesem Anfang kehrt alles zurück, wenn es diese Existenz verlässt.*

Gleichermaßen brachte Abil Khayr diese größere kosmische Bewegung der Seelen mit der Anziehung derer in Zusammenhang, die in diesem Leben gemeinsam reisen:

> *Tausende von Jahren vor ihren Körpern, erschuf Allah Seelen. Das Eine hielt sie nahe bei sich und nährte sie mit göttlichem Licht. Die, die in diesem Leben in Freundschaft und Übereinstimmung leben, müssen sich schon im Herzen Gottes gekannt haben. Hier leben sie in Einklang und lieben einander. Sie finden Trost im Miteinandersein, selbst wenn sie durch räumliche Entfernung oder Zeit voneinander getrennt sind.*

Der Koran sagt, dass es auch eine »Ur-Religion« gegeben hat, auf der alle folgenden Religionen beruhen. Nicht die kulturelle Form des Islam, des Christentums, des Judentums oder irgendeiner anderen Religion, die heute einen Namen hat, sondern die Essenz der schlichten Hingabe an die Eine Wirklichkeit hinter der Schöpfung:

> *Wende also dein Gesicht und dein Streben der Ur-Religion der Aufrechten zu, der hanif – der Natur, die die Eine Wirklicheit in sich bildete und in der das Eine Sein die Menschheit erschuf. An diesem Werk, das das Eine erschuf, soll nichts verändert werden. Diese Religion trägt sich selbst, ist für alle Zeit gültig und aufersteht immer wieder neu (qayyim). Die meisten Menschen verstehen jedoch nicht. Wende dich nur dem Einen zu und bleibe dir seiner bewusst, indem du beständig im Gebet bleibst. Verherrliche in deinem Leben nichts anderes, keine Vorstellungen, keine Überzeugungen. Teilt euch nicht in Sekten auf, die sich zu ihren eigenen Ideen gratulieren.*
> *Sure 30:30-32* [36]

Vielleicht fordert das Leben dich gerade auf, der Zukunft den Weg zu bereiten, als Pionier voranzugehen oder dich an die zu erinnern und mit ihnen zu verbinden, die das vor dir getan haben – deine Vorfahren. Manchmal trägt das, was wir in Bewegung setzen, nicht zu unseren Lebzeiten Früchte, sondern hinterlässt ein Erbe für die, die nach uns kommen.

Wurzeln und Zweige

Traditionell wird diese Eigenschaft unter anderem mit »Vorwärtsbringer« und »Vorwarner« übersetzt. Die Wurzeln von *Muqaddim* sind mit den anderen Namen der Macht verwandt, die mit *Qa-* beginnen: *Qahhar* (15), *Qawi* (53), *Qayyum* (63), *Qadir* (69) und *Muqtadir* (70). In diesem Falle bedeutet die Endung *-M*, dass die göttliche Macht sich auf verschiedene Weisen ausdrückt, was zu einer Vielfalt von Wesen geführt hat. Die Vorsilbe *MU-* zeigt, dass die Erinnerung an das Alte bereits tief in jedem Wesen eingebettet ist. Sie ist die natürliche Religion der Menschheit.

Meditation

Sammle deine Aufmerksamkeit wieder im Herzen. Atme mit dem Gefühl des Klanges Ya Mu-Qaa-dim. *Spüre, wie die Vergangenheit, die Karawane deiner Vorfahren, vor dir herschreitet. Wiege dich sanft vor und zurück, indem du bei der Vorwärtsbewegung aus- und bei der Rückwärtsbewegung einatmest, und fühle die Karawane des Lebens, die sich ständig weiterbewegt. Komme nach ein paar Augenblicken allmählich in die Stille zurück und spüre, wie diese Bewegung sich in deinem Herzschlag und deinem Atem fortsetzt. Alles bewegt und verändert sich immer weiter im göttlichen Herzen.*

72. *Den Weg zurückgehen*

المؤخِّر

Al - Mu´akhkhir

Wenn du zu diesem Weg geführt wirst,
sieh das Göttliche in Situationen, wo du dich
wiederholen oder auf deinem Weg zurückgehen musst.

Vielleicht wunderst du dich, wenn du hörst, dass zu den Wegen des Herzens auch gehört, sich zu wiederholen. Aber wie oft merken wir, dass wir erst beim Wiederholen etwas lernen, das wir beim ersten Mal nicht wirklich verstanden haben, oder eine Einzelheit wahrnehmen, die uns entgangen war?

Wie wir schon auf dem vorangegangenen Weg, *Muqaddim*, gesehen haben, wiederholen wir gewissermaßen ständig unsere Reise zum Einen. Dabei werden wir in unserem Menschsein immer runder und vollständiger, weil unser Herz immer weiter wird und wir immer mehr von dem unbekannten Potenzial in uns erschließen. Auf dieser Reise bereichern wir uns und das, was ist, durch die Liebe, die wir zum Ausdruck bringen. Deshalb sprechen die Sufis vom Weg des Mystikers als dem Weg »zum Einen, mit dem Einen und im Einen«.

Manchmal merken wir, dass wir wieder in eine emotionale oder Denkgewohnheit verfallen, die wir schon losgelassen glaubten. Dies ist ein weiteres Geschenk dieses Weges: die Gelegenheit, zu beobachten, dass ein Teil unseres Wesens nur so getan hat, als hätte es losgelassen. Es war alles nur eine kleine Vorstellung auf unserer inneren Bühne – wie die Scharade, die Mullah Nasruddin in der folgenden Geschichte aufführt:

Eines Tages sagte Mullah Nasruddin zu seiner Frau, er werde seinen liebsten Esel auf dem Markt verkaufen.

> *»Aber, Mann«, sagte seine Frau. »Das ist der Esel, auf dem du jeden Tag reitest. Wie willst du denn ohne ihn auskommen?«*

»Denk dir nichts«, sagte Mullah. »Ich mache ihn so teuer, dass ihn niemand kaufen wird.«

Manchmal sind uns unsere eingefahrenen Muster so lieb und teuer, dass wir sie selbst dann, wenn wir vorgeben sie loszulassen, nur umso fester umklammern. Dieser Weg hält uns einen Spiegel vor, in dem wir diese Tendenz klar sehen können. Dies kann zum Beispiel in einer Gruppentherapie geschehen, wo einer mit dem anderen darin wetteifert, wer die schlimmste Geschichte erzählen kann. Mullah führt uns auch das vor:

Eines Tages brachte Mullah Nasruddin einen Esel auf den Markt, der einen sehr üblen Charakter hatte. Er trat nach jedem aus, der ihn anschaute, und schrie die ganze Zeit.
»Mullah, wie willst du denn einen solchen Esel verkaufen? «, fragte ihn jemand.
»Ich will ihn gar nicht verkaufen«, sagte Mullah, »ich will bloß, dass alle sehen, womit ich mich die ganze Zeit herumschlagen muss!«

Vielleicht fordert das Leben gerade von dir, dass du einen Schritt wiederholst oder etwas noch einmal fühlst, was du beendet glaubtest. Die erste Sure des Korans, *Fateha*, sagt: »Zeig uns den direktesten Weg«, aber manchmal hat der direkteste Weg des Einen Seins Kurven, führt im Kreis herum oder ist spiralförmig. Wir wissen vielleicht nicht gleich, wieso wir diesen Weg noch einmal gehen müssen, und möglicherweise werden wir es auch nie erfahren. Aber dennoch können wir feiern, dass sogar etwas, das uns beschwerlich ist, im Herzen des Einen seinen Platz findet. Es kann uns auch von dem Zwang befreien, alles in Ordnung zu bringen oder es gleich beim ersten Mal richtig machen zu müssen.

Wurzeln und Zweige

Traditionell wird diese Eigenschaft unter anderem mit »der Verzögernde« und »der Erfüllende« übersetzt. Die ursprüngliche Wurzel, *KHR*, zeigt etwas, das noch einmal umkehrt, mit der Absicht, etwas im Gedächtnis zu behalten oder sich einzuprägen. Was wir für das Ende hielten, macht noch einmal eine Kehrtwende – so, wie der doppelte *kh*-Klang in dem Wort selbst. *Mu´akhkhir* ist auch mit *Akhir* (74) verwandt, das wirkliche Beendigung oder das Endresultat eines Prozesses bedeutet.

Meditation

Sammle deine Aufmerksamkeit wieder im Herzen. Atme mit dem Klang Ya Mu-aKH-KhieR. *Fühle, wie die dichten* Kh-*Klänge ein Gefühl von Verzögerung oder Wiederholung schaffen. Finde einen Weg, das in deinen Atem zu integrieren.*

Fühle mit offenen oder geschlossenen Augen, wie die ganze Natur in einem sich immer wiederholenden Prozess begriffen ist, in dem kleine Veränderungen über einen langen Zeitraum hinweg große Folgen zeitigen. Du kannst diese Gelegenheit auch nutzen, um kleine Veränderungen auf deinem eigenen Weg oder in deinem Sein wahrzunehmen.

73. Heilige Überraschung

الأَوَّلُ

Al - Awwal

Wenn du zu diesem Weg geführt wirst,
öffne dich dem Unerwarteten, dem Gesicht Allahs, das
Heilige Überraschung ist.

Der Geliebte bricht mitunter bewusst mit etwas ganz Neuem und Unerwartetem in unser Leben ein. Ob wir einen Nutzen daraus ziehen können, hängt sehr davon ab, ob wir bereit sind, dumm zu sein oder so auszusehen. Rumi sagt uns, wie überraschende Ereignisse Weisheit bringen können:

> *Der Prophet sagte: »Narren werden den größten Teil des Paradieses einnehmen.« Eure Schlauheit ist es, die Sandstürme des Stolzes aufwirbelt.*
> *Sei bereit, der Dumme zu sein, und du findest wahren Frieden.*
> *Wenn Erstaunen das Geplapper der Vernunft aus deinem Kopf vertreiben kann, dann hat jedes Haar eine Chance, weise zu werden.*

Ähnlich wie der vorherige Weg, *Muqaddim* (71), lenkt auch *Awwal* unsere Aufmerksamkeit nach vorne, aber dieses Mal ganz an die Spitze der Karawane der Vorfahren, die uns vorangehen. Wie zum Beispiel fühlte sich der allererste Augenblick menschlichen Bewusstseins an? Was war vor dem Urknall? Diese Art von Fragen führt uns dazu, tief in uns hineinzugehen, um – zum Beispiel – den Augenblick zu erleben, wo jeder Atemzug, jedes Gefühl, jede Empfindung in uns entsteht. Als Ausgleich zu dem Gefühl von *Mu'akhkhir* (72), das wir gerade hinter uns gelassen haben, wird vielleicht nichts jemals wirklich wiederholt.

Vielleicht fordert das Leben dich gerade auf zu merken, dass Überraschung in dein Leben gekommen ist. Du dachtest, du gingest in die eine Richtung und auf ein ganz bestimmtes Ziel zu, aber es hat sich ein geheimnisvolles Tor aufgetan, das in eine neue Richtung zu führen scheint. Plötzlich bist du, wie Alice im Wunderland, in einem völlig anderen Universum. Vielleicht fühlst du dich auch durch eine plötzliche Eingebung aufgefordert, einen Prozess in Gang zu setzen oder ein Projekt zu starten, das ganz anders ist als alles, was du bisher getan hast.

Wurzeln und Zweige

Eine traditionelle Übersetzung dieser Qualität ist »der Erste«. Die Wurzeln von *Awwal* zeigen eine Bewegungsrichtung, symbolisch von *A* bis *L*, Anfang bis Ende. In der Mitte des Wortes erscheint *W*, das das Tor zwischen Sein und Nichts symbolisiert und das wie ein *U* zu hören ist. In allen alten semitischen Sprachen deutet dieser Klang auf die geheimnisvolle Macht des Göttlichen hin, die uns aus einem Reich oder einer Welt in eine andere befördern kann, oder von einer Art von Leben in ein anderes. Mit diesem Wort verwandt ist das arabische *ta'wil*, was heißt, einen heiligen Text mystisch zu interpretieren, indem man seine innere Bedeutung erfasst, die sich direkt auf eine gegebene Situation anwenden lässt. Der Koran benutzt diese Eigenschaft zusammen mit dem nächsten Weg, *Akhir*, um anzudeuten, dass die Heilige Einheit sowohl den Anfang als auch das Ende aller Prozesse, die man sich nur vorstellen kann, in sich einschließt.

Meditation

Sammle deine Aufmerksamkeit wieder im Herzen. Berufe einen Kreis deines inneren Selbst ein und lasse den Klang Ya AW-Wal *Weite und neue Möglichkeiten in irgendeine Situation bringen, die festgefahren scheint oder wo du das Gefühl hast, von den Umständen in die Ecke gedrängt zu sein. Lass Raum für Überraschungen.*

Atme diesen Klang zur Neumondzeit in dein Herz und überdenke irgendein Vorhaben oder eine Beziehung, die du beginnen willst. Das Unerwartete kann Freiheit bringen.

74. Vollendung

الآخِرُ

Al - Akhir

Wenn du zu diesem Weg geführt wirst,
nimm die Gelegenheit wahr, dich mit einem Zustand
oder einer Phase in deinem Leben für den Moment
vollständig zu fühlen.

Die Sufis vergleichen das Leben manchmal mit dem Singen einer Note. Sowohl der Anfang als auch das Ende sind dabei sehr wichtig. Die Zuhörer können die Absicht und das Gefühl spüren, die wir in dem Augenblick haben, wenn wir zu singen beginnen. Ebenso können wir jede Note entweder ganz klar beenden oder sie sozusagen in die nächste hinüberschleifen. Je nachdem, wie die Akkustik im Raum ist und wie lang die Note gehalten wird, kehrt der Klang früher oder später in die Stille zurück, aus der er begann. Eine der Lebensaufgaben ist nach Auffassung der Sufis, zu lernen, wie man etwas bewusst vom Anfang durch die Mitte hindurch und bis zu seinem Ende bringt.

Für die meisten Projekte und Errungenschaften unseres Lebens bedeutet Vollendung Loslassen, was der schwierigste Teil des Prozesses sein kann. Woher wissen wir, wann es an der Zeit ist loszulassen, wann etwas wirklich vollständig ist? Shabistari erzählt uns durch eine Geschichte, dass wir unser eigenes Gefühl für den rechten Zeitpunkt wieder entdecken können, indem wir das Gefühl unseres Atmens mit der Natur um uns herum und letztlich mit dem heiligen Atem verbinden:

In einem bestimmten Meer, so hörte ich,
steigen Muscheln im April aus den Tiefen auf
und öffnen ihre Münder dem Himmel.
Auch Nebel steigt auf, fällt dann als Regen.
Ein paar Tropfen fallen in jeden offenen Mund.
Die Muscheln schließen sich und versinken wieder,
ihre Herzen voll werdender Perlen.

Viel später sinkt der Taucher hinab
und bringt herauf ein kostbares Juwel.
Vor Äonen tauchte der göttliche Atem in uns ein,
und jetzt taucht er wieder und wieder,
tausend Perlen in sein Tuch gewickelt.

Die Vollendung eines jeden Stadiums in der Entwicklung der Perle war zu einem bestimmten Zeitpunkt notwendig, um den Weg für etwas anderes zu bereiten. Wie Shabistari sagt, liegen tausend potenzielle Perlen versteckt in unserem Inneren. Um eine weitere zu erfassen, müssen wir vielleicht die loslassen, die wir schon in der Hand haben.

Die Sufis benutzen *akhir* auch, um vom »Ende der Zeit« zu sprechen, wenn alles in das Herz des Einen zurückkehrt. Dhu'l Nun erzählt, wie er am Strand eine Mystikerin traf – vermutlich Fatima von Nishapur, die eine seiner spirituellen Führerinnen war.

»Was ist das Ende der Liebe? «, fragte ich sie.
»Sei nicht närrisch«, sagte sie. »Die Liebe hat kein Ende.«
»Warum nicht?«, fragte ich.
»Weil es nie ein Ende des Geliebten gibt.«

Vielleicht bist du gerade dabei, ein Projekt, eine Beziehung oder eine Phase deines Lebens zu beenden, und es fällt dir leicht oder auch schwer, loszulassen. Möglicherweise ist das, was du für Perfektionismus hältst, in Wirklichkeit ein Widerstreben, die Sache abzuschließen und loszulassen. Atme mit dem Gefühl dieses Weges, um die Situation und auch deine nächsten Schritte mit dem Licht des Einen zu beleuchten.

Wurzeln und Zweige

Eine traditionelle Übersetzung dieser Eigenschaft ist »das Letzte«. Die Wurzeln von *Akhir* zeigen die kompakteste Form *(AKH-)*, die nachgibt, beinahe wegspringt *(-IR)* und zu einem neuen Ausdruck des göttlichen Lebens wird, der nach außen strahlt. Anders als der verwandte Weg *Mu'akhkhir* (72) zeigt uns dieser, dass es wirklich Zeit ist, loszulassen. Das Eine Sein ist im Augenblick der Reife da, wenn die Frucht gegessen wird. Stell dir das ganze Universum als Frucht vor. Wenn sie gegessen wird, ist Allah immer noch da, also hast du nichts zu verlieren, wenn du loslässt.

Meditation

Sammle deine Aufmerksamkeit wieder im Herzen. Dies ist eine gute Meditation für die Vollmondzeit. Atme mit dem Gefühl des Wortes, bringe jeden der verschiedenen Bereiche deines Lebens in dein Herz und lasse ihn von dem Klang Aakh-ieR *beleuchten. Spüre, wie kompakt dieser Klang ist, wie er mehr Atem braucht, damit du das Leben in ihm aus der Falle der Form befreien kannst. Welche Projekte, Beziehungen oder Muster in deinem Leben fühlen sich jetzt vollständig an?*

75. *Der Stern*

الظَّاهِرُ

Az - Zahir

Wenn du zu diesem Weg geführt wirst,
richte dich auf das Gesicht des Einen Seins in dir aus,
das weithin sichtbar, klar und strahlend ist.

Nachdem ein Stern seine volle Strahlkraft erreicht hat, fällt er nach und nach in sich zusammen und wird zu einem ultradichten schwarzen Loch. Dieser Weg stellt uns das volle Strahlen des Sternes vor. Manchmal müssen wir etwas in unserem Leben ganz klar und auffällig tun, sodass es auf andere einen Eindruck macht. Jesus lehrte seine Jünger, dass sie manchmal offen und sichtbar zu lehren hätten, wie eine Taube, die geradewegs auf ihr Ziel zufliegt. Ein andermal müssten sie im Verborgenen und durch Andeutungen lehren, wie eine Schlange, die sich zu ihrem Ziel durchschlängelt.

Dieser Weg sagt uns, dass es im Leben ebenso wichtig sein kann, außen zu wirken, wie innere Arbeit zu tun. Den Theologen seiner Zeit, die das Gefühl hatten, dass das Leben in der Welt nicht heilig sei, sagte Ibn Arabi:

> *Es gibt keine Existenz als die eine Existenz. Der Prophet Mohammed wies darauf hin, als er sagte: »Misshandle die Welt nicht, denn Allah ist die Welt.« Damit meinte er, dass die Welt nur durch Allah existiert, so, wie Gott nach den Worten des Propheten zu Moses sagte: »Ich war krank und du hast mich nicht besucht. Ich bat um Hilfe und du hast sie mir nicht gegeben.« Die Existenz des Bettlers, die Existenz des Kranken – beide sind die Existenz des Einen. Wenn das Geheimnis eines Atoms klar ist, wird das Geheimnis in allem klar. Das ist es, was der Koran meint, wenn er sagt: »Alles vergeht, außer dem Gesichte Allahs«, und »Wohin immer du dich wendest, du findest das Gesicht des Einen.«*

Ganz ähnlich sagt das Eine Sein in einer heiligen Überlieferung durch Mohammed:

> *»Ich werde meinen Dienern am Ende der Zeit in der Form erscheinen, die ein jeder von ihnen erwartet. Und doch bin ich auch jetzt unsichtbar bei meinen Dienern, wann immer sie mich rufen.«* [37]

Vielleicht fordert das Leben dich gerade auf, die Rolle eines Sterns anzunehmen – klar, strahlend und direkt zu sein. Denke daran, dass klares, positives Tun andere dazu führen kann, sich zu dir persönlich als dem »Macher« hingezogen zu fühlen. Benutze diesen Weg, dieser Bewunderung mit dem größeren manifestierten Licht und Leben des Einen zu begegnen.

Wurzeln und Zweige

Traditionell wird diese Eigenschaft unter anderem mit »der Manifeste« und »der Sichtbare« übersetzt. Durch seine Wurzeln zeigt *Zahir*, wie das strahlende Leben des Einen *(-HiR)* sich in einer Form manifestiert, die klar und auf sehr sichtbare Weise kommuniziert *(ZA)*. *Zahir* ist auch mit dem vorangehenden Namen, *Akhir*, verwandt, der eine Bewegung in die entgegengesetzte Richtung zeigt. Wie beim Atmen zieht uns, wenn wir voll ausatmen und uns ausdrücken, das göttliche Gleichgewicht wieder nach innen, zum Wesentlichen zurück.

Meditation

Sammle deine Aufmerksamkeit wieder im Herzen. Denke über Bereiche in deinem Leben nach, wo du aufgerufen bist, im Dienste an deinem Lebensziel öffentlich zu arbeiten. Atme mit dem Gefühl dieses Weges und spüre, wie der Atem alle starren Bereiche deines Körpers weich macht. Wenn du locker bist, hast du die größte Ausstrahlung. Denk daran, du musst es nicht alleine tun. Wenn Zahir *auf deinem Weg erscheint, zeige dich einfach mit dem, was du schon in dir kultiviert hast, und sage dem Einen Sein wie die alten hebräischen Propheten: »Hier bin ich!« Dann lasse das göttliche Licht durch dich nach außen strahlen.*

76. Der verborgene Reisende

Al - Batin

*Wenn du zu diesem Weg geführt wirst,
besinne dich auf das Gesicht des Heiligen in dir, das vor
anderen verborgen ist, das Eine, das »ohne Füße reist«.*

Im Tarot kann die Hohepriesterin den Aspekt des Selbst zum Ausdruck bringen, der verschleiert ist und als »Bewahrer der Geheimnisse« fungiert. Dieser Weg führt uns in diesen verborgenen Bereich im heiligen Herzen unseres Wesens. Auf einer ganz praktischen Ebene sprach Imam Ali über die Weisheit, Stille zu bewahren, wenn man etwas erreichen möchte:

> *Erfolg ist das Ergebnis von Voraussicht und Entschlossenheit, Voraussicht ist abhängig von tiefem Nachdenken und Planen, und das Wichtigste beim Planen ist, deine Geheimnisse für dich zu behalten.*

So, wie der vorangegangene Weg, *Zahir*, das klare, sichtbare Gesicht des Göttlichen in unserem Leben ausdrückte, zeigt dieser in die andere Richtung, auf das, was verborgen bleibt und doch sehr aktiv ist. Rumi sagt:

> *O Verborgenes Eines, du erfüllst alles vom Osten bis zum Westen.*
> *Du bist hinter dem Spiegel des Mondes und dem Strahlen der Sonne. Du bist das Wasser und wir sind der Mühlstein.*
> *Du bist der Wind und wir sind der Staub.*
> *Du bist der Frübling und wir sind der Garten. Du bist der Atem, wir sind die Hände und Füße. Du bist die Freude und wir sind das Lachen.*

Vielleicht gibt das Leben dir gerade den Impuls, dich aus der äußeren Handlung eines Projektes oder einer Beziehung zurückzuziehen und hinter den Kulissen zu wirken. Was du in der inneren Welt unternimmst, kann große Wirkung haben. Vielleicht sollst du auch eine lebendige Weisheit oder Eingebung für dich behalten, bis die Zeit reif ist, wo sie wieder öffentlich gemacht werden kann. Warte ab und halte dich an die Zeit des Einen Seins.

Wurzeln und Zweige

Traditionell wird diese Eigenschaft unter anderem mit »das Verborgene« und »das Innewohnende« übersetzt. Die Wurzeln von *Batin* zeigen eine Bewegung von Kommen und Gehen *(BA-)*, die von etwas wie einem gewebten Schirm oder Korb geschützt ist *(-TiN)*. *Batin* ist mit *Ba'ith* (49) verwandt, das diese Bewegung wiederkehrend zeigt, nachdem sie verschwunden schien. *Batin* ist durch seine Endung auch mit *Matin* (54) verwandt, das zeigt, wie das Abschirmende und Widerstehende eine Zeit lang andauert, wodurch ein Bild von Festigkeit entsteht. Die letzten vier Wege erscheinen alle in einem Vers des Korans (Sure 57:3): »Allah ist der Erste und Letzte, das Sichtbare und das Verborgene, und Allah versteht und umfasst alle die Dinge der manifesten Existenz.« Diese Eigenschaften werden manchmal als die »Mütter der Namen« bezeichnet, um zu zeigen, welche Rolle sie bei der Erschaffung all der anderen spielen. Mitunter erscheint *Batin* auch paarweise mit *Zahir*, dem vorherigen Weg, wodurch ein Gleichgewicht zwischen verborgener Bewegung und manifestem Licht gebildet wird.

Meditation

Sammle deine Aufmerksamkeit wieder im Herzen. Beginne, indem du den Klang Ya Baa-TiN *in deinem Inneren atmest und spürst, wie die Dunkelheit in dir nach und nach erhellt wird. Du kannst auch die Hände sanft über die Augen legen, während du den Klang atmest, und den Ruf tiefer und tiefer in dich hineinnehmen. Lasse den Klang dein inneres Selbst anrufen, den Teil von dir, der am verborgensten ist.*

77. *Das Leben meistern*

الوَالِي

Al - Wa´li

*Wenn du zu diesem Weg geführt wirst,
fühle den Teil von dir, der durch liebevolle Selbstdisziplin
und innere Meisterschaft Harmonie in dein Leben
bringt und das Gefühl, etwas erreicht zu haben.*

Die Ausübung irgendeiner Form von »Meisterschaft« ist in der westlichen Gesellschaft – außer im Profisport oder in der Musik – ziemlich unbeliebt geworden. In allen anderen Bereichen glauben wir, ein Mensch ist im Großen und Ganzen wie der andere, auch wenn das gar nicht zutrifft. Es ist die fehlgeleitete Anwendung eines gut gemeinten Prinzips – dem der Demokratie nämlich -, das der Gleichheit der Menschen hinsichtlich ihres Rechts auf Selbstbestimmung dienen soll. Das demokratische Prinzip ging ursprünglich nicht von der Idee aus, dass alle Menschen dieselben Fähigkeiten haben, da das in fast jeder Hinsicht ganz offensichtlich nicht der Fall ist.

Jesus erzählt in den Evangelien die Geschichte von den Dienern, von denen jeder von seinem Meister ein »Talent« erhält, bevor dieser fortgeht. Zwei der Diener entwickeln ihr Talent, einer vergräbt es zur Sicherheit in der Erde. Die beiden, die ihre Talente entwickelt haben, werden gelobt, der eine, der es vergraben hat, bestraft. In diesem Sinne bemühen sich die Sufis, Leistungen zu erzielen, in dem Bewusstsein, dass sie dabei innere Qualitäten von Selbstdisziplin und Meisterschaft entwickeln, die dem Geliebten dienen können und die größer sind als irgendein äußeres Ergebnis. Samuel Lewis, Sufi des 20. Jahrhunderts, beschreibt den Weg folgendermaßen:

> *Jemand, der sich nicht bemüht hat, etwas zu erreichen, kann sich Gott nicht hingeben, denn was will er denn hingeben? Man kann nicht etwas hingeben, das einem nicht gehört. Daher sollte man versuchen, etwas zu besitzen – Dinge, Fähigkeiten oder Kräfte –*

und diese dann in liebender Selbsthingabe vor Gott bringen, und dabei nicht stehen bleiben, sondern weiter und weiter gehen, immer aktiv, sei es innerlich oder äußerlich. Dadurch zeigt man seine Liebe zu Gott, eine Liebe, die nichts bedeutet, wenn sie nur ein Wort ist, und die alles bedeutet, wenn sie eine Lebensweise in dieser oder in der kommenden Welt ist.[38]

Natürlich kann uns der Reiz unserer Errungenschaften immer auch verführen. Der Weg von *Wa'li* kann uns jedoch wieder in die Harmonie zurückrufen, wenn die Stimme des Ego beginnt, die Stimme der inneren Führung zu übertönen. Dieser Ruf zu Bewusstheit und Selbstdisziplin kann manchmal unverblümt oder sogar richtig unhöflich sein, wie in der Geschichte, die Attar über einen Sufi-Lehrer erzählt:

Sheikh Abu Bakr war mit seinen Schülern auf einem Tagesausflug unterwegs.
Er ritt auf einem Esel und die Schüler gingen zu Fuß. Plötzlich ließ der Esel einen ordentlichen Furz. Abu Bakr brach weinend zusammen.
»O Meister«, sagte einer seiner Schüler. »Was ist los? Können wir helfen? « »Ich bin nur einfach so dahingeritten«, sagte Abu Bakr, »und dachte daran, wie schön das Leben doch ist. Ich habe meine eigene Gruppe von Schülern, mein eigenes Zentrum und meine Gemeinschaft. Ich dachte schon, ich müsste wohl allmählich wie die großen Sufis werden, wie Abu Yazid Bistami. Genau in dem Moment, wo ich mich so in meinem Ruhme sonnte, antwortete der Esel mit dem Geräusch, das ihr gehört habt, als ob er sagen wollte: ›Bitte sehr, das halte ich davon!‹ Da verbrannten meine Fantasien zu Asche und es tat mir leid um diesen Augenblick des Egoismus.«

Vielleicht fordert das Leben dich gerade auf, dein Leben wieder in eine Ordnung zu bringen, die mehr dein wahres Sein zum Ausdruck bringt. In der Arbeit mit dem inneren Selbst kann dir dieser Weg helfen, eine liebevolle Art von Selbstdisziplin einzuführen. Vielleicht weißt du, dass du eine Lüge lebst, aber eine Stimme in dir hält ängstlich an alten, selbstzerstörerischen Verhaltensmustern fest. Nimm *Wa'li* zur Hilfe, damit diese Stimme erkennen kann, dass du auf starke und disziplinierte Weise das Ganze wieder in Harmonie bringen kannst. Das ist ein weiterer Weg, um Freundschaft mit dir selbst zu schließen.

Wurzeln und Zweige

Traditionell wird diese Eigenschaft unter anderem mit »der Herrschende« und »der Schutzherr« übersetzt. Die Wurzeln von *Wa´li* zeigen das sich ständig erneuernde und verwandelnde Wirken des Einen, das sich ausbreitet und ausdehnt *(WAL-)* und die Erschaffung von noch mehr Lebensenergie lenkt *(I)*. Durch die Betonung der ersten Silbe und Wurzel unterscheidet sich dieses *Wa´li* von seinem Zwilling *Wa`li* (55), dessen Wirken anstelle von Herrschaft oder Meisterschaft eine ständige Bewegung von Freundschaft zeigt.

Meditation

Sammle deine Aufmerksamkeit wieder im Herzen. Atme den Klang WAL- *aus und den Klang* -I *ein (ein kurzes* i*). Spüre, wie das Eine durch deine höchste Führung dein Leben unter allen Umständen unbegrenzt regeln und koordinieren kann. Breite beim Ausatmen deine Arme und Hände vom Herzen nach außen aus und fühle, wie dein Atem die Aktivitäten deines Lebens leitet. Bringe beim Einatmen die Hände wieder zum Herzen zurück und berühre die Stelle der Liebe, die sowohl die Selbstdisziplin als auch die Meisterschaft in dir motiviert.*

IN DER EINHEIT BADEN

Neben vielen anderen liebenswerten Eigenschaften haben die Geschichten von Mullah Nasruddin auch die, dass sie uns zeigen, dass das Leben logischem Argumentieren und Verstehenwollen seine Geheimnisse nicht preisgibt. Tatsächlich kann es verrückte Folgen haben, wenn man grundsätzlich immer der Logik folgt:

> *Einst lebte Mullah in einer Stadt, in der Unehrlichkeit und Betrügerei weit verbreitet waren. Alle beschwindelten einander und versuchten, die anderen zu übervorteilen. Der König beschloss, dem ein Ende zu setzen, und verkündete, jeder, der in die Stadt käme und eine Lüge erzählte, würde sofort gehängt.*
> *Mullah war einer der Berater des Königs und riet ihm von diesem Gesetz ab, weil er sagte, man könne ein Prinzip nicht so einfach in ein Gesetz umwandeln.*
> *Es sei besser, meinte er, mehr Richter anzustellen, die die Streitereien zwischen den Städtern schlichten sollten. Der König war davon nicht überzeugt.*
> *»Ich beweise es«, sagte Mullah. »Morgen komme ich durch das Tor in die Stadt herein. Wir treffen uns hier und Ihr lasst Euren Wächter fragen, wohin ich gehe.«*
> *Der König war einverstanden.*
> *Am nächsten Morgen hielt der Wächter Mullah am Stadttor an: »Halt! Wo gehst du hin? «*
> *»Ich gehe zu meiner Erhängung«, sagte Mullah.*
> *»Das ist eine Lüge«, sagte der Wächter, »du verstößt gegen das Gesetz!«*
> *»Das heißt, ihr müsst mich hängen,« sagte Mullah, »also ist es die Wahrheit.«*
> *Der König willigte ein, das Gesetz zu widerrufen und lieber mehr Richter einzustellen.*

Meditation

Sammle deine Aufmerksamkeit wieder im Herzen. Atme den Klang Al-lah *ein und aus und spüre dabei, wie sich die Poren deiner Haut für die Atmosphäre um dich her öffnen. Nimm dann die Empfindungen in deinem Körperinneren wahr: Atem, Herzschlag und Puls. Fühle dein ganzes Selbst als ein wissendes Wesen, das nicht auf deine Gedanken oder emotionalen Gefühle begrenzt ist.*

78. Ein erweitertes Bewusstsein bewohnen

المُتَعَالِي

Al - Muta`ali

*Wenn du zu diesem Weg geführt wirst,
verkörpere einen erweiterten Bewusstseinszustand,
um anderen zu dienen. Dieser Teil deines Wesens lernt
durch die Gnade des Einen, wie du im Kleinen den
Himmel auf die Erde bringen kannst.*

Auch wenn die klassischen Sufis per Definition einen erweiterten Bewusstseinszustand, oder *hal*, als etwas verstanden, das vorübergeht, so fühlten sie doch, dass Menschen auf dem Weg einen ganz bestimmten *hal* meistern und leicht erreichen konnten. Manche Menschen können durch längere innere Einkehr einen solchen Zustand erlangen oder dadurch, dass sie regelmäßig andere in einen meditativen Zustand führen. Unter solchen Umständen lehrt uns das Eine Sein, wie wir unser Bewusstsein erweitern und dienen können, wann immer es notwendig ist.

Dieser Weg dient nicht nur dem eigenen spirituellen Leben; er kann auch für andere ein verborgener Segen sein. Nach Samuel Lewis hat der spirituelle Weg nur den einen Zweck, einen Menschen in die Lage zu versetzen, wohin er oder sie auch geht, eine Art magnetischen Herzens-Segen hervorzubringen (die Sufi nennen ihn *baraka*):

> *Die große Arbeit der Eingeweihten wird fortan sein, baraka zu verbreiten. Indem sie das tun, reinigen sie die allgemeine Atmosphäre, und dadurch wird Gottes Botschaft, die zu der Sphäre selbst gehört, nach und nach die Herzen und Gemüter all derer berühren, die hindurchgehen, die Luft atmen oder die Orte besuchen, wo die Samen von baraka gelegt wurden. So wird die Botschaft auf selbstlose Weise weiterverbreitet.*[39]

Hinter den meisten religiösen Ritualen der Menschheit finden wir den ursprünglichen Impuls, mehr Segen und Mitgefühl ins tägliche Leben zu bringen – selbst da, wo dieses Ziel durch eine spätere Verlagerung auf religiöse Dogmen verloren gegangen und verschüttet ist. Bawa Muhaiyaddin, eine Sufi des 20. Jahrhunderts, brachte eine Erfahrung von erweitertem Bewusstsein auf folgende Weise zum Ausdruck:

> *Meine Brüder und Schwestern, wenn ihr euer eigenes Leben kennt und versteht, werdet ihr den Ozean des göttlichen Wissens in euch finden. Ihr findet den Koran in euch. Ihr seid der Koran: Ihr seid euer eigenes Buch. Wenn ihr aus diesem Buch lernen und voll gereiftes Wissen erlangen könnt, dann könnt ihr von seiner Süße sprechen und Frieden und Trost erfahren. Diesen Zustand zu erreichen und zu verstehen, ist Imam-Islam, der Zustand des makellos reinen Herzens, das Gottes heiligen Koran enthält, göttliche Führung, göttliche Weisheit, Wahrheit, Propheten, Engel und Gesetze.*[40]

Vielleicht bittet das Leben dich gerade, einen bestimmten erweiterten Bewusstseinszustand zu meistern, oder es gibt dir einen Einblick, wie du anderen jetzt eine Hilfe sein könntest. Die beste Voraussetzung für diesen Weg ist eine Haltung des Feierns, der Entspannung und der vollkommenen Hingabe an das Eine.

Wurzeln und Zweige

Traditionell wird diese Eigenschaft unter anderem mit »der Erhabene« und »der eine, der weit über allem steht, was ist oder jemals sein könnte« übersetzt. Die Wurzeln von *Muta`ali* sind mit denen von *`Ali* (36) verwandt und weisen auf die Verkörperung von »Gipfelerlebnissen« hin. Wo *`Ali* einen erweiterten Bewusstseinszustand bezeichnet, den die Sufis *hal* nennen, repräsentiert *Muta`ali* das, was sie die »Vervollkommnung« eines bestimmten Zustands genannt haben. Dies ist nicht *maqam*, das Leben des täglichen Lebens, sondern eher die Fähigkeit, in einem bestimmten erweiterten Zustand ein- und auszugehen, wenn nötig. Von einem anderen Standpunkt aus betrachtet zeigt dieser Name, dass – wie in der Beziehung zwischen *Hayy* (62) und *Muhyi* (60) – die Aktivität des göttlichen Gipfelerlebnisses bereits in jedem Partikel der Existenz ist und nichts ohne sie existieren könnte. Der Koran benutzt dieses Wort nur einmal (Sure 13:9), um noch einmal daraufhinzuweisen, dass das Eine Sein nicht durch irgendeine Liste von Eigenschaften oder irgendwelche Vorstellungen von ihm begrenzt ist.

Meditation

Sammle deine Aufmerksamkeit wieder im Herzen. Atme mit dem Gefühl dieses Weges Ya Mu-Ta-Aal-ie *und lasse dich davon nach innen tragen, dich wieder mit der Quelle aller erweiterten Bewusstseinszustände, dem göttlichen Geliebten, verbinden. Falls das eine oder andere deiner inneren Selbste sich über einen erweiterten Bewusstseinszustand, den du erlebt hast, erschreckt hat oder darauf reagiert, kann dieser Name auch helfen, es zu beruhigen. Kannst du mit deinen inneren Stimmen übereinkommen, dass es zu deinem Lebensziel gehört, des Öfteren in diesen Zustand einzutreten, damit du ein Segen für andere sein kannst?*

79. Polieren

Al - Barr

*Wenn du zu diesem Weg geführt wirst,
spüre den Segen des Einen, der dein Herz poliert und
läutert, sodass du das Wirkliche vom Unwirklichen
unterscheiden kannst.*

Die nächsten fünf Wege stellen uns verschiedene Möglichkeiten vor, das Herz zu läutern und zu heilen. Auf diesem Weg polieren wir das Herz mit dem Atem, damit wir das, was wir brauchen, von dem, was wir loslassen können, zu trennen vermögen. Die Sufis sprechen vom Herzen oft wie von einem Spiegel. Wir polieren den Spiegel (oder der Geliebte poliert ihn durch uns), um unser wahres Gesicht sehen zu können, das Gesicht der Ewigkeit. Dadurch kann das Herz die vielen Widersprüche, Missverständnisse und Beschwernisse des Lebens in Liebe annehmen und seine Schönheit und Vielfalt tiefer genießen. Wie Moineddin Jablonski, Sufi des 20. Jahrhunderts, sagt:

Ganzheit in Vielfalt ist Herz; Ganzheit in Einheit ist Seele.[41]

Durch die vielen Wege des Herzens erkennen wir nach und nach Ecken und Winkel unseres Wesens, von denen wir bislang gar nicht wussten, dass sie da sind. Zuweilen muss das Herz loslassen, was es hält, selbst (oder besonders) das, was wir über uns selbst wissen. Rumi erzählt folgende Geschichte über diesen Prozess des Aussortierens:

Ein alter Mann kam in einen Goldschmiedeladen und sagte: »Ich habe hier etwas Gold, das ich gern gewogen hätte; könnten Sie mir Ihre Waage leihen? «
»Tut mir leid«, sagte der Goldschmied, »aber ich habe keinen Besen.«
»Ich möchte Ihre Waage ausleihen, nicht den Besen«, sagte der Alte.

> *»Ein Sieb habe ich auch nicht«, sagte der Goldschmied.*
> *»Sind Sie taub? Ich brauche die Waage!«*
> *»Nein, ich bin nicht taub und ich habe auch Augen. Ich sehe, dass Ihre Hände zittern und dass Ihr Gold ganz feiner Staub ist. Wenn Sie es am Ende fallen lassen, werden Sie es aufkehren müssen, und dann brauchen Sie ein Sieb, um es von dem Staub, den Sie mit aufgekehrt haben, zu trennen. Und ich habe keinen Besen und kein Sieb.«*

Oft müssen wir unseren Eindruck von anderen oder unsere Meinung darüber, was sie von uns denken, revidieren. Wenn wir auf die Projektionen reagieren, die andere auf uns und wir auf andere werfen, und dann wieder auf die Projektionen der Projektionen, betreten wir den »Spiegelpalast«, wie Inayat Khan das nannte. Sein Schüler Samuel Lewis bemerkte, dass wir diesen Effekt nicht ganz vermeiden können, aber wir können lernen, daran zu arbeiten:

> *Es ist wahr, dass der Verstand eines Menschen als Spiegelpalast gedacht war, und außerdem ist es nicht nötig, Ego-Gedanken aufzubauen. Es gibt eine richtige Reaktionsweise. Zuerst sollte man erspüren, auf wen und was man reagieren sollte. Das erfordert Intuition. Die Fähigkeit zur Intuition wird durch langsames, sanftes, rhythmisches Atmen aufgebaut. Es gibt keine Einsicht, wenn der Atem schnell geht, außer vielleicht irgendeine instinktive Bewegung. Denn niemand kann seine Instinkte gänzlich zerstören, ohne mental und körperlich schrecklich zu leiden.* [42]

Vielleicht fordert das Leben dich gerade auf, langsamer zu atmen und deinen Atem zum Herzen zu lenken. Kommt es dir so vor, als solltest du die Erfahrungen, die du gerade machst, einmal gründlich durchsehen und auf die Waage deines Herzens legen? Vielleicht ist es jetzt auch Zeit, Eindrücke aus der Vergangenheit, die du noch in deinem Herzen trägst, endgültig loszulassen. Benutze deinen Atem wie ganz feines Schmirgelpapier oder wie ein Poliertuch, mit dem du dein Herz blank reibst, damit es klarer spiegeln kann, was gerade geschieht.

Wurzeln und Zweige

Traditionell wird diese Eigenschaft unter anderem mit »gütig« und »wohltätig« übersetzt. Die Wurzeln von *Barr* sind ähnlich wie die von *Bari* (12), das Ausstrahlen von Kreativität, und zeigen die aktive Macht des Einen Seins, das Wellen von Kraft und Hitze ausstrahlt. Mit der Betonung auf dem doppelten *r* hat *Barr* eine reinigende, verbrennende Qualität, die uns darauf vorbereitet, den göttlichen Segen auszudrücken. Der Koran benutzt dieses Wort zusammen mit *Rahim* (2), dem Mond der Liebe. Sie erscheinen in den Liedern, von denen der Koran sagt, dass diejenigen Seelen im Himmel sie singen, welche die Gnade und den klärenden Segen erkannt haben, der ihr Leben gewesen ist (Sure 52:28).

Meditation

Sammle deine Aufmerksamkeit wieder im Herzen. Atme oder flüstere den Klang Ya Barr *in dein Herz. Betone innerlich den Endlaut* r *(ungefähr wie ein gerolltes* r*). Werde nach und nach schneller, wenn du spürst, wie der Klang dein Herz ausglüht und poliert. Am Ende atmest du einfach und spürst den blanken Spiegel, zu dem dein Herz jetzt geworden ist. Empfange von der Quelle, was immer du für diesen Augenblick an Kraft, Inspiration oder Weisheit benötigst, und spiegle es deinem inneren Selbst.*

80. Zum Rhythmus zurückkehren

التَّوَّابُ

At - Tawwab

Wenn du zu diesem Weg geführt wirst,
dann halte in deinem Tun inne, werde innerlich
weich und lasse dein Herz zum richtigen Rhythmus
zurückfinden, in Einklang mit dem Herzen des
Geliebten.

Manchmal ist das Beste, was wir tun können, innezuhalten und loszulassen. Dabei findet unser Atem ganz von selbst zu einem normaleren Rhythmus zurück und wir können die vor uns liegende Situation wieder klar einschätzen. Wenn das Leben uns ins Herz sticht, müssen wir manchmal die Löcher einfach da sein lassen und sie nicht gleich wieder zustopfen, wie Moineddin Jablonski in seinem Gedicht an den Geliebten sagt:

Note für Note aus Ton
pfeife mich nieder.
Spiele auf den Löchern in meinem Herzen,
die Liebe schlucken
und langsam heilen. [43]

Auch die Erkenntnis des persischen Sufi Abu Hamid Al-Ghazali aus dem 12. Jahrhundert hilft, die Dinge in der richtigen Relation zu sehen:

Ein Mensch, der etwas Schnee besitzt, würde nicht zögern, diesen gegen Perlen und Juwelen zu tauschen. So sind die Umstände des Lebens wie Schnee. Wenn die Sonne herauskommt, schmilzt alles, während die nächste Welt, die Welt deines Herzens, wie ein Edelstein ist, der bleibt.

Vielleicht sagt das Leben dir gerade, dass es an der Zeit ist, innezuhalten und umzukehren, auf den Weg zurückzukommen, der dich zum Geliebten führt. Oder du bist vielleicht mit einer Denkgewohnheit konfrontiert, mit einer Stimme deines inneren Selbst, die sich in deiner Seele wie eine harte Kante anfühlt. Dieser Weg führt dazu, weich zu werden und loszulassen. Er ist als Spiegelung der göttlichen Einheit bereits in dir. Das Eine Sein wartet mit offenen Armen auf dich, wie der Vater auf den verlorenen Sohn in der Geschichte, die Jesus erzählt. Breite deine Arme aus und spüre wie der Geliebte dich wieder in dir selbst willkommen heißt.

Wurzeln und Zweige

Traditionelle Übersetzungen dieser Eigenschaft sind unter anderem »der, der die Reue annimmt« und »oft wiederkehrend«. Die Wurzeln von *Tawwab* zeigen eine Schutzdecke *(T)* über etwas, das nach innen gewandt ist, reift und sich verwandelt *(WB)*. Dieser Name ist mit den hebräischen und aramäischen Wörtern verwandt, die für gewöhnlich mit »Reue« (*tauba, t'yabuta*) übersetzt werden, ebenso wie mit den Wörtern für Reife und Segen (*tob, tub*). In allen diesen ist »Gutes« als Rückkehr zum richtigen Rhythmus, in den göttlichen Zeitplan und den Einklang mit dem Heiligen Einen definiert.

Meditation

Sammle deine Aufmerksamkeit wieder im Herzen. Atme rhythmisch mit dem Klang Ya Ta-Waab *in dein Herz. Am Ende jedes Einatems und Ausatems spürst du den Klang des* b *als ein Loslassen und Aufgehen in der Einheit. Betrachte dann durch die Linse deines Herzens die äußeren Gegebenheiten in deinem Leben. Gibt es einen Weg, wie du dich innerlich wieder in Einklang bringen und den Weg zurück zu dem finden kannst, was dir Freude und Freiheit bringt?*

81. Auskehren

Al - Muntaqim

*Wenn du zu diesem Weg geführt wirst,
kehre bei dieser Gelegenheit bewusst alles aus deinem Herzen, was sich oberflächlich oder gekünstelt anfühlt, alles, was du angenommen hast, um anderen zu gefallen.*

Manchmal ist es vielleicht nicht genug, zu polieren und den Weg zurück zu deinem eigenen Rhythmus zu finden, damit dein Herz gereinigt und geheilt wird. Die beiden vorangegangenen Wege führen zu diesem: dem energischen Auskehren und Säubern. Shabistari beschreibt das wie folgt:

*Die Reisenden auf dem Weg zu Gott wissen,
woher sie kommen und wohin sie gehen,
und sie gehen einfach –
vom Ich gereinigt wie eine Flamme vom Rauch.
Warum fegst du nicht die Räume deines Herzens aus
und bereitest dem Geliebten darin ein Heim?
Wenn du gehst, kann das Eine eintreten.
Befreit vom Ich enthüllt der Geliebte seine Schönheit.
Geläutert von allen Eindrücken
wächst dein wahres Selbst über Unterschiede hinaus –
Wissender und Wissen werden eins.*

Es ist immer leichter, den Raum eines anderen zu reinigen – oder ihm oder ihr zu sagen, wie sie es machen sollen – als mit seinem eigenen fertig zu werden. Jesus spricht davon, den Balken aus dem eigenen Auge zu nehmen, bevor man versucht, den Splitter aus dem Auge des anderen zu entfernen. Genauso gibt uns dieser Weg nicht das Recht, jemand anderem unsere Vorstellungen von »Reinheit« überzustülpen. Wie Bawa Muhaiyaddeen sagt:

In jeder Hinsicht müssen wir unsere eigenen Fehler anschauen und Verständnis für die Fehler der anderen haben. Dann müssen wir unsere Fehler korrigieren und den anderen Frieden geben. Wenn wir wirkliche Gläubige (mumin) sind, werden wir keinen Unterschied zwischen anderen und uns selbst sehen. Wir werden nur Eins sehen. Wir werden Allah sehen, eine menschliche Rasse und eine Gerechtigkeit für alle. Diese Gerechtigkeit und Wahrheit ist die Stärke des Islam. Dieses Mitgefühl und dieser Frieden ist die Stärke des Islam ... Es ist die Vollständigkeit und die strahlende Pracht, die allem Leben Frieden schenkt. Es ist die Liebe, die Gnade, die Einheit und das Mitgefühl. Es ist, als eine Rasse und eine Familie zu leben. Das ist Islam. [44]

Vielleicht sagt das Leben uns gerade, dass wir in unserem Herzen einen Hausputz machen müssen. Wir haben vielleicht unsere wahre Natur mit gekünsteltem Verhalten und oberflächlichen Sorgen zugedeckt und dadurch das Spiegelbild des Göttlichen in uns aus den Augen verloren. Wenn das eine Saite in dir zum Schwingen bringt, schau nach außen – auf die Situationen, Umstände und Beziehungen in deinem Leben. Schau auch nach innen: Vielleicht haben ein paar Stimmen deines inneren Kreises zugelassen, dass Eindrücke von anderen, die dich nichts angehen, deine seelischen Türen durchbrochen und sich in dir festgesetzt haben.

Wurzeln und Zweige

Traditionell wird diese Eigenschaft unter anderem mit »der Vergelter« und »der Rächer« übersetzt. Die Wurzeln von *Muntaqim* stammen von *NA-* (Neuheit, im Sinne von Oberflächlichkeit) und *QM* (etwas sauber machen, wegfegen, was hinzugefügt wurde und nicht natürlich oder zum Sinn des Lebens gehörig ist). Wie viele andere Namen, die die Wurzel *QA* (hier als Teil von *QM*) benutzen, wie zum Beispiel *Qahhar* (15) und *Qadir* (69), zeigt dieser Name, dass die Kraft zum Auskehren und Reinigen stark und unwiderstehlich ist. Das entsprechende hebräische Wort *naqam*, das in Deuteronomium 32 benutzt wird (für gewöhnlich übersetzt als »Mein ist die Rache, spricht der Herr..«), stammt ebenfalls aus denselben Wurzeln. Sowohl im Hebräischen als auch im Arabischen bedeuten alle Verben aus dieser Wurzel »reinigen« oder »säubern«. Ich habe keine ethymologische Quelle gefunden, die rechtfertigen würde, dieses Wort mit »Rache« zu übersetzen, höchstens alte kulturelle Konventionen, die auch die Blutrache einschlossen und die wir jetzt, dank der Gnade des Einen, loslassen können.

Meditation

Sammle deine Aufmerksamkeit wieder im Herzen. Atme mit Mitgefühl in dein inneres Wesen und betrachte die Umstände deines Lebens durch die Augen des Herzens. Was kann begradigt, ausgekehrt oder gereinigt werden? Welches innere Mobiliar ist überflüssig, wenn du es in Hinblick auf den Sinn deines Lebens betrachtest? Beschreite diesen Weg mit Liebe und Achtung für alle Teile deiner Seele. Wie kannst du die Kammer deines Herzens für den göttlichen Geliebten bereiten?

82. *Die Asche wegblasen*

Al - `Afuw

Wenn du zu diesem Weg geführt wirst,
nimm die Gelegenheit wahr, alles wegzublasen,
was auf der Oberfläche deines Herzens sitzt
und was du nicht brauchst, wie du die Asche wegbläst,
die von einem Feuer übrig geblieben ist.

Jeder Impuls, den wir von einem anderen Menschen oder einem anderen Teil unseres Ichs erhalten, ob positiv oder negativ, kann sich als Hindernis für die Erfüllung unseres Lebenszieles erweisen. Klagt uns jemand an, so wirft uns das vielleicht zurück, weil wir den Mut sinken lassen oder unsere Zeit mit Rechtfertigungen vergeuden. Auch Lob kann uns ablenken, weil es uns vielleicht mehr über uns selbst nachdenken lässt, als im Augenblick angebracht ist. Das bedeutet nicht, dass wir uns vor jedem solchen Eindruck hüten müssen, denn dann verschließen wir unser Herz vor den anderen, und das ist ein noch größerer Fehler, als es gelegentlich zu weit zu öffnen. Manche Eindrücke müssen wir jedoch kraftvoll verbrennen und wegblasen, weil sie sich tief in uns verwurzelt haben und eine starke Medizin brauchen.

Starke Medizin kann auch eine starke Reaktion hervorrufen. Rumi erzählte seinen Schülern eine Geschichte von einem Mann, der zu Mohammed kam und sich darüber beklagte, wozu der spirituelle Weg geführt hätte:

> *Ein Mann kam einst zu Mohammed und sagte: »Bitte nimm diese Religion wieder. Seit ich angefangen habe, mich Allah hinzugeben, habe ich keinen einzigen friedlichen Tag mehr gehabt. Wohlstand, Frau, Kinder, Achtung, Kraft und Lust – alles ist hin!«*
> *Der Prophet antwortete: »Wohin immer unsere Religion geht, sie kehrt nicht zurück, ohne die Menschen mit den Wurzeln auszureißen und ihr Haus sauber zu machen. Du hast keinen Frieden, weil das Leid dir hilft, das Oberflächliche aus dir hinauszuwerfen.«*

Hab Geduld.
Trauere, wenn du trauern musst,
denn Trauer reinigt dich
wie gutes Fasten. Nach der Reinigung kehrt die Freude zurück,
eine Freude ohne Kummer,
eine Rose ohne Dornen.

Attar erzählt die Geschichte von dem Phönix, der, nachdem er ein volles Leben gelebt hat, seinen eigenen Scheiterhaufen aufbaut und dann als neuer, junger Vogel aus der Asche wieder aufersteht. Genau so können wir uns den Prozess vorstellen, den dieser Weg beschreibt.

Vielleicht gibt das Leben dir gerade den Impuls, bestimmte Eindrücke, die sich in deinem Herzen eingenistet haben und dich daran hindern, deinen Weg klar zu sehen, zu verbrennen und wegzublasen. Denk daran: Alles ist Allahs Universum. Man kann die Luft des Einen nicht verpesten, indem man einen falschen Eindruck verbrennt: Denn jeder Eindruck hat seinen Platz in der Einheit, aber dieser ganz spezielle hat die längste Zeit in dir gewohnt.

Wurzeln und Zweige

Traditionell wird diese Eigenschaft unter anderem mit »der Vergeber« und »der Verzeihende« übersetzt. Die erste Hauptwurzel von *`Afuw*, *`AF* (mit einem gutturalen *A*, das rückwärts in den Körper hinein gesprochen wird), zeigt etwas, das durch das Feuer gegangen ist. Was ganz bleibt, ist geläutert und ausgeglüht. Was verbrannt ist, wird vom Wind weggeblasen. Wenn der vorherige Name, *Muntaqim*, »den Müll wegbringen« bedeutet hat, so heißt *`Afuw*, ihn zu verbrennen. In diesem Falle erlauben wir uns, im Feuer zu stehen und die Hitze des Einen alles wegbrennen zu lassen, was nicht unserer wahren Natur entspricht.

Meditation

Sammle deine Aufmerksamkeit wieder im Herzen. Atme den kompakten Klang `A- *in den Bauch und atme dann, beim Ausatmen, den Klang* -Fu *in den Brennofen deines Herzens und blase die »Asche« weg. Der Name kann auf eine Situation gerichtet werden, die des Loslassens oder der Vergebung bedarf, oder auch auf einen Teil deines inneren Selbst.*

83. Heilende Flügel

الرَّءُوفُ

Ar - Ra´uf

Wenn du zu diesem Weg geführt wirst,
kannst du die mitfühlende und regenerierende Macht
des Einen erleben und ausdrücken, die dein Herz wieder
mit dem Herzen der Einheit verbindet.

Die Evangelien berichten, dass, nachdem Jesus in der Wüste in Versuchung geführt worden war, Engel zu ihm kamen, um ihn zu heilen und für ihn zu sorgen. Sowohl die Bibel als auch der Koran sind voller Geschichten von Engeln. Sie erzählen von den uralten semitischen Vorstellungen vom Heilen, wo es darum geht, uns wieder in Einklang mit uns selbst, mit dem Rest des Kosmos und mit dem Göttlichen zu bringen.

Wenn wir so atmen, als wären wir das einzige Wesen im Universum, fühlen wir uns oft vom Heiligen Atem (manchmal auch Heiliger Geist genannt) abgeschnitten. Wenn wir spüren, dass unser Atem mit denen um uns her und mit der Natur verbunden ist, dann erinnert uns das daran, dass wir nicht einfach nur für uns existieren und auch nicht alles allein machen müssen. Oft kann Krankheit oder ein traumatisches Erlebnis unseren Atem und unser Herz aus ihrem Rhythmus bringen und uns bewusst machen, dass wir Hilfe brauchen. Das Heilen dieser Getrenntheit wird durch die semitische Wurzel *Rph* ausgedrückt, aus der die Engelnamen *Raphael* und *Seraphim* hervorgehen. Diese Heilung bereitwillig anzunehmen erfordert einigen Mut und auch Hingabe, wie Shabistari sagt:

Wenn du frei sein möchtest von dir selbst,
kehre ein in der Taverne der Liebe.
In diesem Heiligtum ist Egoismus ketzerhaft.
Nur Liebende ohne Furcht können eintreten.
Nur hier kann sich der Vogel deines Atems

ein Nest bauen und ausruhen
in der Hand des Geliebten.

Vielleicht verlangt das Leben gerade von dir, dass du diese Heilungsqualität ganz tief in dich aufnimmst oder sie anderen gegenüber zum Ausdruck bringst. Wenn wir spüren, dass Allah die Heilung durch uns geschehen lässt, ist Allah auch der Geheilte. Dieser Weg lässt uns die Flügel der Heilung spüren, die uns zum Ursprung allen Mitgefühls und Trostes zurückbringen können.

Wurzeln und Zweige

Traditionelle Übersetzungen dieser Eigenschaft sind unter anderem »mitfühlend« und »voller Güte«. Die Hauptwurzeln von *Ra´uf* zeigen eine Ausstrahlung *(R)* von Genesung, Regeneration, Erlösung, Medizin und Gesundheit *(UPH)*. Der Koran benutzt dieses Wort häufig, oft zusammen mit *Rahim* (2), dem Empfangen tiefen Mitgefühls.

Meditation

Sammle deine Aufmerksamkeit wieder im Herzen. Atme den Namen Ya Ra´-uF *mit und in deinem Herzen, in einem klaren, starken Rhythmus. Fühle dein ganzes inneres Selbst von den Flügeln der Heilung behütet und zum Herzen des Geliebten zurückgetragen.*

Dann oder auch zu einem späteren Zeitpunkt kannst du einen Kreis deines inneren Selbst einberufen. Lasse unter der Leitung deiner höchsten Führung jede deiner inneren Stimmen in dieser heilenden Energie baden. Bitte sie dann alle, in den inneren Klang einzustimmen, der jede Zelle des physischen Körpers und auch den ganzen Emotionalkörper regeneriert. Wie der Psalmist sagt: »Alles, was Odem hat, preise den Herrn!«

84. *Leidenschaftliche Vision*

مَالِكُ الْمُلْكِ

Malik - al - Mulk

Wenn du zu diesem Weg geführt wirst,
öffne dein Herz für eine leidenschaftliche Vision,
die dich zwingt, dein Leben im Dienst
an der Einheit zu leben.

Nachdem wir den fünf Wegen gefolgt sind, die uns durch verschiedene Läuterungen des Herzens geführt haben, gewähren uns die nächsten beiden Wege einen Einblick in die unglaubliche Leidenschaft, Vision, Macht und Schönheit, die unser Leben erfüllen kann. Auf diesem Weg kommen Vision und Führung mit solcher Kraft daher, dass sie uns ergreifen und nicht mehr loslassen. Rumi spricht in der folgenden Geschichte über einen solchen Prozess:

> *Es war einmal ein Derwisch, der so arm war, dass er mitten im Winter nur ein dünnes Baumwollgewand trug. Als er an einem Bergfluss vorbeikam, der noch voll dahinfloss, sah er ein Fellbündel flussabwärts schwimmen. Ein paar Kinder in der Nähe riefen ihm zu: »Schau, Mann, da ist ein Pelzmantel für dich! Dir ist kalt, hol ihn dir doch!«*
> *Dem Derwisch war sehr kalt, also sprang er in den Fluss, um den Pelzmantel herauszufischen. Allerdings wusste er nicht, dass der Mantel in Wirklichkeit ein Bär war, der seinen Kopf unter Wasser hielt. Als der Derwisch den Bären packte, packte dieser den Derwisch.*
> *Die Kinder, die das sahen, schrien: »Hey, da drin muss es doch kalt sein! Hol dir entweder den Mantel oder lass ihn los und komm wieder raus!«*
> *»Ich lasse ja los«, sagte der Derwisch, »aber der Mantel lässt mich nicht los! Was nun? «*

Warum also sollte die Leidenschaft des Einen dich loslassen?
Danke dafür, dass du nicht in deiner eigenen Hand liegst!
Ein Baby kennt nichts anderes als Milch und Mama,
aber Gott belässt uns nicht so.
Weiter gehen wir zu Brot, Spiel, Logik und schließlich in
eine andere Welt, zu einer anderen Brust. Wie der Prophet sagte,
»Es ist unglauhlich, dass Allah manche von uns
in Ketten zum Himmel schleifen muss«, wo, meine Freunde,
wir durchglüht sind von der Einheit,
der Schönheit,
der Vollkommenheit.

Rabia drückte eine ähnliche Dringlichkeit und innere Eingebung folgendermaßen aus:

O Erhalter,
wenn Angst vor der Hölle mich dazu treibt, dich zu ehren,
lass die Hölle mich verbrennen.
Wenn die Hoffnung aufs Paradies mich dazu bewegt,
lass den Himmel mich verschmähen.
Doch wenn ich dich nur verehre, um mich dir nahe zu fühlen,
verbirg deine Schönheit nicht vor mir.

Vielleicht gibt das Leben dir gerade einen Impuls, tief in dich hineinzugehen und all die Kraft und Vision zu sammeln, die du in deinem Leben empfangen hast, damit du vorwärtsgehen kannst. Oder es bittet dich vielleicht, dein Herz zu öffnen und mit viel größerer Leidenschaft zu leben, damit du anderen von Nutzen sein kannst. Ob wir uns nun diese Qualität als Teil unserer inneren Wirklichkeit bewusst machen oder uns einer bestimmten äußeren Situation gegenübersehen – wir wählen diesen Weg nicht wirklich. Er wählt uns. Wenn wir atmen und seine Kraft mit einem vollen Herzen fühlen, bestätigen wir, dass all unser Wirken, Lieben und Wissen in Wirklichkeit nichts anderes ist als dieser Weg, der sich durch uns ausdrückt. Das auf irgendeiner Ebene unseres Selbst tatsächlich zu erleben, ist Gnade.

Wurzeln und Zweige

Traditionell wird diese Eigenschaft unter anderem mit »Inhaber der Souveränität« und »Besitzer der Herrschaft« übersetzt. Abgeleitet von dem früheren Weg *Malik* (3), zeigt uns dieser Weg nicht nur die lenkende Vision und Macht hinter dem Kosmos, sondern auch seine nächste Macht, sozusagen »Ich kann« im Quadrat. Wir könnten das buchstäblich als die Vision in allen Visionen bezeichnen, als die Essenz der Leidenschaft in jeder Leidenschaft. Dieser Name bringt uns auch zu Bewusstsein, dass die Wirklichkeit keine Definition hat, sie ist das, was definiert. Sie ist die *maliki yaumiddin*, die in der Sura Fateha erwähnt wird: die Stimme, die ständig Schöpfung und Macht bestätigt.

Meditation

Sammle deine Aufmerksamkeit wieder im Herzen. Wir neigen sicherlich dazu, »starke« (jelal) *Namen auch stark zu atmen und sanfte* (jamal) *Namen sanft, aber diese Neigung kann uns auch in unseren Erwartungen verstricken. Wenn wir möchten, dass irgendeine spirituelle Praxis eine Wirkung auf unser Wesen haben soll, müssen wir so mit ganzem Herzen darin eintauchen, wie es uns in diesem Augenblick nur möglich ist – egal, wie wenig oder viel das sein mag. Einen heiligen Namen zu atmen oder zu sprechen ist keine Übung, die wir für unsere Eltern oder Lehrer durchführen, – wir sprechen mit unserem Geliebten. Atme die Worte* Malik-al-Mulk *und lasse dich von diesem Weg zur rechten Art führen, wie du anfangen kannst, stark oder sanft, langsam oder schnell. Glaube nicht, es schon zu wissen, sondern bitte einfach um Führung.*

85. Überwältigende Macht und Schönheit

ذُوا الْجَلاَلِ وَ الإِكْرَام

Dhul - Jalal - wal - Ikram

*Wenn du zu diesem Weg geführt wirst,
spüre voller Demut die Woge göttlicher Macht
und Fülle, die über dich hinweg und durch dich
hindurchrollt.*

Der vorherige Weg lud uns zu neuer Leidenschaft in unserem Leben ein. Dieser eröffnet uns eine solche Fülle von Macht und Schönheit, dass wir nur voller Demut erkennen können, dass sie uns bereits gehört. Der afghanische Sufi des 18. Jahrhunderts, Al-Hujwiri, meint:

> *Wenn das Eine sich in seinen Dienern manifestiert, zeigt es manchmal seine Macht und manchmal zeigt es seine Schönheit. Die Macht erfüllt uns mit Ehrfurcht und die Schönheit mit Gefühlen der Vertrautheit. Die Ehrfurcht verstört uns, die Schönheit bringt Freude. Macht verbrennt, Schönheit erleuchtet. Von dieser Macht berührt, erinnert sich unser inneres Selbst, das nafs, an seine Sterblichkeit. Von der Schönheit berührt, erinnert sich unser Herz an seine Verbundenheit. Durch die Vision der göttlichen Macht stirbt das kleine Ich.*
> *Durch die Offenbarung der göttlichen Schönheit aufersteht unser Herz.*

Wenn wir das Tor zu diesem Weg öffnen, sind wir eingeladen, eine tiefere Verpflichtung einzugehen, unser Leben im Dienste an der Quelle der Liebe in all ihren verschiedenen Verkleidungen zu leben. Rumi erzählt folgende Geschichte über einen Diener, der Moslem war, und seinen Meister, der kein Moslem war, und die zur Zeit Mohammeds lebten:

Eines Tages sagte der Meister zum Diener: »Ich möchte in die Bäder geben. Hole ein paar Gefäße zum Waschen und dann gehen wir.« Auf dem Weg kamen sie an der Moschee vorbei, wo Mohammed und seine Begleiter beteten, und der Diener sagte: »Meister, würdest du mir gestatten, einige Niederwerfungen auszuführen? Wenn du nur die Gefäße einen Augenblick hältst, es dauert nicht lange.«

Der Meister tat dies, etwas widerwillig zwar, aber er war ein netter Mensch. Nach den Gebeten verließ Mohammed mit seinen Begleitern die Moschee und auch alle anderen gingen, außer dem Diener. Da er ein geduldiger Mensch war, wartete der Meister bis Mittag, und dann rief er: »Lass uns geben, Diener – komm heraus!« Der Diener rief zurück: »Es gibt zu viel Arbeit. Sie lassen mich nicht gehen!«

Der Meister schaute in die Moschee hinein, sah aber nichts als die Schuhe des Dieners und Schatten. »Wer hält dich denn zurück? Ich sehe niemanden!« »Dasselbe Eine, das dich draußen hält«, sagte der Diener. »Das Eine, das du nicht siehst.«

So sind wir immer verliebt in das, was
wir nicht sehen oder hören oder verstehen.
Nacht für Nacht, Tag für Tag
suchen wir danach.
Ich bin dessen müde, was ich sehe und höre und verstehe,
ich bin der Diener dessen, den ich nicht sehe.
Wenn das Eine sich millionenfach offenbarte,
wäre es doch niemals dasselbe.
Auch du kannst Gott in diesem Augenblick sehen,
vielfarbig, sich jeden Moment verändernd.

Vielleicht möchte das Leben dich auf eine große Woge von Macht und Schönheit aufmerksam machen, die jetzt gerade durch oder über dein Leben rollt. Du kannst die begrenzenden Gedanken loslassen, die du über dich selbst und andere hegst, und Allah gestatten, durch dich zu wirken. Wenn du aufgerufen bist, diesen Weg in dein inneres oder äußeres Leben zu bringen, gibt es nichts weiter zu tun als loszulassen. Manchmal brauchen wir diesen Weg einfach dazu, die Aufmerksamkeit unseres *nafs* zu erringen. Die Stimmen in uns, die »Ich!« schreien, werden oft so laut, dass sie uns vergessen lassen, dass es etwas Größeres gibt, das einzige »Ich bin«.

Wurzeln und Zweige

Traditionell wird diese Eigenschaft unter anderem mit »Herr der Majestät und Ehre« übersetzt. Die Wurzel des ersten Namensteiles *(DL)* zeigt etwas, das uns demütig macht und auf die Knie zwingt. So groß ist die manifeste Macht des Einen Seins *(AL)*, die sich in der Natur und im Kosmos (in der Wurzel *JAL*) häuft, verbunden mit der ungeheueren Vielfalt der Formen und des Lebens (*KRAM*, eine andere Form von *Karim*, 42). Der Koran benutzt diesen Ausdruck in einer seiner am besten bekannten Passagen: »Alles, was auf Erden ist, wird vergehen, aber das Angesicht des Erhalters bleibt

Meditation

Sammle deine Aufmerksamkeit wieder im Herzen und atme den Ausdruck Dhul-Jalal-Wal-Ikram. *Betrachte den Ozean, ein Gewitter oder die Berge, um dich an diese Qualität zu erinnern, wie es unsere Vorfahren taten. Oder sieh dir eine der Fotografien aus dem Weltraum an, wo sich Sterne und Galaxien bilden. Schaue zunächst eine Minute lang mit offenen Augen, als ob du beim Einatmen durch dein Herz schautest. Dann schließe die Augen und halte das Gefühl, das in deinem Herzen zurückbleibt. Kannst du die Macht und Fülle hinter der Schöpfung spüren, die in jedem Moment von Neuem stattfindet?*

86. Neue Wurzeln, neues Fundament

المُقْسِط

Al - Muqsit

Wenn du zu diesem Weg geführt wirst,
dann spüre deine Füße, finde deine Wurzeln und lege
ein Fundament, das nicht erschüttert werden kann.

Nach der Macht und Leidenschaft der letzten beiden Wege des Herzens laden uns die nächsten vier Wege ein, uns darauf zu konzentrieren, wie wir auf ganz alltägliche, praktische Weise ein neues Leben in die physische Realität umsetzen können. Dieser Weg sagt uns, dass es Zeit ist, von Grund auf neu zu bauen.

Nach der Überlieferung hielten zwei Säulen den Tempel Salomons in Jerusalem aufrecht; sie hießen »Gerechtigkeit« und »Rechtschaffenheit«. Gerechtigkeit bezog sich auf die äußere Gemeinschaft: Alle Schulden waren nach sieben Jahren zu erlassen, alles Land kehrte nach neunundvierzig Jahren (im »Jubiläums«-Jahr) wieder in den Besitz der Gemeinschaft zurück. Jüdischen Mystikern zufolge bezeichnete das hebräische Wort »Rechtschaffenheit« dieselbe Art von Gerechtigkeit, wenn sie auf die innere Gemeinschaft des Selbst (auf Hebräisch *nephesh*, auf Arabisch *nafs*) angewandt wurde. Alle Stimmen wurden zu dem Mahle eingeladen, das die Heilige Weisheit bereitete. Mit den Worten Davids ausgedrückt: »Du bereitest den Tisch vor mir, an dem meine Feinde sitzen, du salbst mein Haupt mit Öl, mein Kelch fließt über.«

Dieser Weg lädt uns ein, ein Fundament aus innerer und äußerer Gerechtigkeit in unserem eigenen Leben zu errichten. Jesus erzählt die berühmte Geschichte von dem Mann, der sein Haus auf Sand baute – mit vorhersehbaren Folgen. Ebenso müssen wir oft unsere spirituellen Erfahrungen im Alltagsleben erden. Mullah Nasruddin demonstriert elegant, was geschehen kann, wenn wir das versäumen:

Eines Tages ritt Mullah Nasruddin auf seinem Esel und versuchte gleichzeitig eine kleine Mahlzeit aus sehr fein gemahlenem Kichererbsenmehl zu essen.
Jedes Mal wenn er jedoch die Hand zum Mund führte, blies ihm der Wind das Mehl davon.
»Hey, Mullah!«, rief ihm ein Freund zu, der ihn vorbeireiten sah. »Was isst du da?«
»Den Wind!«, rief Mullah zurück.

Du befindest dich vielleicht in einer Lebenssituation, wo du zu Hause, in der Arbeit oder in deinem Gefühlsleben wieder Wurzeln schlagen oder eine Grundlage aufbauen musst. Vielleicht hat auch etwas, was du erlebt hast, dein inneres Haus unter Wasser gesetzt. Dieser Weg kann dir helfen, ein neues, »höheres« Fundament in deinem Leben zu errichten, das über den Wasserspiegel hinausragt. In der Arbeit mit dem inneren Selbst kann dieser Weg deiner höchsten Führung helfen, eine neue Arbeitsbeziehung zwischen den verschiedenen inneren Stimmen einzurichten, sodass sie besser zusammenarbeiten. Inneres und Äußeres vereinen bedeutet hier, auf umfassende Weise Gerechtigkeit zu üben, indem wir einen neuen Tempel errichten, den der göttliche Atem bewohnen wird.

Wurzeln und Zweige

Traditionelle Übersetzungen dieser Eigenschaft sind unter anderem »der Gerechte« und »der Unparteiische«. Indirekt verwandt mit *Muqit* (39) zeigen die Wurzeln von *Muqsit* die lebendige Verkörperung *(MU-)* in materieller Form *(Q)* einer ausgewogenen, wiederholten Bewegung, die eine Grundlage bildet *(-SIT)*. Der Koran benutzt dieses Wort zusammen mit *Aziz* (8), der Kraft, die sich durch die Erde ausdrückt, und auch mit *Hakim* (46), der unterscheidenden Weisheit.

Meditation

Sammle deine Aufmerksamkeit wieder im Herzen. Atme mit dem Gefühl dieses Weges, Ya Muuk-Sit, *und lasse das Gefühl deines Atems vom Herzen bis ganz hinunter in den Beckenboden fließen. Spüre dann zwei Säulen des Atems, die dich rechts und links stützen, von oben bis unten. Kann dieses Gefühl den Raum für eine neue Grundlage bereiten? Berufe einen Kreis deines inneren Selbst ein und finde dort einen neuen Tisch, der in Liebe und Achtung für alle die Stimmen in dir bereitet ist.*

87. Juwelen sammeln

الجَامِعُ

Al - Jame´

Wenn du zu diesem Weg geführt wirst, freue dich am Sammeln, entweder der Menschen in deinem Leben oder all der Mittel und Kräfte, die du in diesem Augenblick brauchst. Sieh diesen Vorgang so, als ob du alle die Teile deiner selbst sammelst, die dir helfen können, deine Lebensaufgabe besser zu verwirklichen.

Dieser Weg lädt uns auf eine Schatzsuche ein. Äußerlich ist es vielleicht an der Zeit, mit anderen Menschen zusammenzukommen oder etwas zu sammeln, was wir brauchen. Innerlich sammeln wir einen ständig wachsenden Kreis von inneren Stimmen. Auf jeden Fall sollen wir uns an den Schätzen erfreuen, die wir in anderen oder in uns selbst finden.

Genau wie die Anhänger anderer Traditionen benutzen auch Sufis mitunter eine Gebetskette, um sich die vielen schönen Wege des Herzens ins Gedächtnis zu rufen. Da diese »Namen« in Wirklichkeit für das lebendige Tun des Einen Seins stehen, erinnert uns die Kette von Gebetsperlen daran, dass alle Lebewesen im Universum bereits miteinander verbunden sind wie Juwelen im Geschmeide des Geliebten. In diesem Sinne sind alle Versammlungen heilig. Al-Hujwiri sagt:

Gläubige suchen einen heiligen Raum zum Beten,
aber die Freunde der Einheit finden heiligen Raum überall.
Für sie ist die ganze Welt Gottes Treffpunkt.
Noch verschleiert finden sie die Welt dunkel,
doch wenn der Schleier sich hebt, sehen sie,
dass der Geliebte überall lebt.

Ebenso sind wir, wann immer wir vor der Herausforderung stehen, uns tiefer auf das Leben einzulassen und in einem – äußeren oder inneren – Kreis zusammenzukonmmen, vielleicht versucht zu fragen: »Wozu? Wird sich dadurch wirklich irgendetwas ändern?« Ein Sufi würde vielleicht antworten: »Der Kampf selbst bringt das Licht und das Leben zum Vorschein, das in dir leuchtet.« Wie Nur Hixon, ein Sufi des 20. Jahrhunderts, schreibt:

> *Der Sinn der Schöpfung ist von Grund auf spirituell. Was der ewigen Seele bei ihrer begrenzten Erdenlaufbahn begegnet, ist nicht nur irgendein nebensächliches Phänomen im universalen Drama der Manifestation. Die Weiterentwicklung der Seele ist der zentrale Grund für die Existenz; des Universums ... Die Seele ist kein belangloser Lebensfunken in einer unbekannten und unwissenden Weite von Galaxien, wie sich das die moderne wissenschaftliche Weltsicht vorstellt. Indem wir uns selbst wirklich kennen, kennen wir ganz direkt die Essenz und den Sinn der gesamten Schöpfung. Wir tappen nicht im Dunkeln.* [45]

Vielleicht fordert das Leben dich gerade dazu auf, einer äußeren Gemeinschaft zu helfen, einen Kreis zu bilden. Jede Stimme ist ein weiteres einzigartiges Juwel, durch das das Licht des Einen Seins leuchten kann. Deine Rolle könnte sein, all den Juwelen zu helfen, sich bewusst zu werden, dass sie zum Rosenkranz des Geliebten gehören. Vielleicht musst du auch Unterstützung sammeln, um in deinem eigenen Leben einen neuen Anfang zu machen. Dieser Weg kann dich lehren, den Abschnitt deines Weges, auf dem du sammelst, zu genießen, anstatt nur das Ziel oder den Zweck vor Augen zu haben. Vielleicht ist es auch an der Zeit, einen Kreis deines inneren Selbst einzuberufen, wenn es schon eine Weile her ist, seit du das das letzte Mal getan hast.

Wurzeln und Zweige

Traditionell wird diese Eigenschaft mit »der Sammler« übersetzt. Die Hauptwurzel dieses Namens *(JM)* deutet auf das Anhäufen oder Vervielfältigen von etwas hin, das seine eigene innere Integrität in der Form hat. Dieselbe Wurzel bildet das arabische Wort für Juwel, *jaam*, das mit dem lateinischen *gemma* verwandt ist, aus dem das englische Wort *gem* (und das deutsche *Gemme*, Anm. d. Üb.) stammt. Was gesammelt wird, erschafft Wert. In diesem Falle ist das ganze Universum Allahs eine Sammlung von Ichs, weil jedes durch seine juwelengleiche Eigenschaft irgendeinen Strahl des ursprünglichen göttlichen Bildes reflektieren kann. Der Koran benutzt dieses Wort in Zusammenhang mit dem Einsammeln von Seelen »am letzten Tag«, der für den Mystiker jeder Augenblick sein kann, wo wir die Konsequenzen der Handlungen unseres Lebens betrachten und beschließen, was wir als Nächstes tun werden.

Meditation

Sammle deine Aufmerksamkeit wieder im Herzen. Berufe einen Kreis deines inneren Selbst ein und atme den Klang Ya Jaa-Me *(mit einem kurzen* e*) in den Bauch ein. Lasse den Klang und deinen Atem ein Gefühl des Willkommenseins für alle die Stimmen schaffen und sie an das Zuhause im Einen Sein erinnern, das sie erwartet.*

Schaue durch die Linse deines Herzens in dein äußeres Leben und denke über Gelegenheiten nach, in Gruppen zu arbeiten oder Menschen und Mittel zusammenzubringen. Bitte den Geliebten, dir klar zu zeigen, was du zu tun hast.

88. *Deinen Garten pflegen*

Al - Ghani

Wenn du zu diesem Weg geführt wirst,
nimm dein Herz als einen Garten wahr, in dem alles
wächst, was du brauchst. Sieh dich in diesem Garten
leben.

Wenn durch unsere Erfahrungen im Leben und durch unsere spirituelle Praxis unser Herz immer weiter wird, spüren wir mit der Zeit alle Wesen im Innern unseres Herzens. Der amerikanische Dichter Walt Whitman beschrieb das mit den Worten: »In allen Menschen sehe ich mich selbst.« Aber auch mit dieser Vision müssen wir uns nach wie vor fragen, was im Leben wirklich unsere ganz eigene Aufgabe ist. Wir haben vielleicht große Visionen oder Vorstellungen davon, wie wir die Welt retten wollen, aber wie sehen die praktischen Schritte zur Verwirklichung dieser Visionen aus, die uns gleichzeitig helfen, im Herzen weiterzuwachsen? Wie wir auf einem früheren Weg, *Qabid* (20), gesehen haben, kann es für unser Wachstum mitunter erforderlich sein, dass wir uns einschränken.

Um die Weisheit der Einschränkung darzustellen, bedienten sich die alten Überlieferungen des Nahen Ostens des organischen Bildes eines Gartens mit eindeutigen Grenzen, in dem alles angebaut wird, was man zum Leben braucht. Auf einer Ebene ist dieser Garten der äußere Bereich unseres Lebens und unserer Lieben. Auf einer anderen Ebene steht er für das Herz selbst. Shah Maghsoud sagt:

Belasse nicht das Land deines Herzens
so leer und fruchtlos wie die Wüste,
sodass selbst seine Grenzen
den Weg zur Wahrheit nicht finden können. [46]

Vielleicht ruft das Leben dich derzeit auf, die Grenzen deines Gartens klarer zu definieren. Welche Projekte, welche Arbeit und welche Beziehungen in deinem Leben helfen dir jetzt gerade wirklich zu wachsen? Vielleicht läufst du schon seit einer ganzen Weile auf »Automatik«, weil du zu viele Termine in deinem Leben hast. Genauso, wie es ökologische Grenzen dafür gibt, wie viel die Erde hervorbringen kann, so hat auch das Ausmaß des materiellen Wachstums in unserem eigenen Leben Grenzen. Eine weitere Botschaft dieses Weges ist, dass nicht alles im Rampenlicht getan werden muss. Lass das Eine dich einhüllen (eine andere Art von Begrenzung) und behalte, während du einfach an deinem Lebensziel arbeitest, deine Geheimnisse für dich.

Wurzeln und Zweige

Traditionell wird diese Eigenschaft unter anderem mit »der, der sich selbst genug ist« und »frei von allen Bedürfnissen« übersetzt. Die Wurzel *GAN* heißt in alten semitischen Sprachen »Garten«. Zum Beispiel bedeutet das hebräische *gan eden* in der Schöpfungsgeschichte, das manchmal als »Garten Eden« übersetzt wird, »die lebendige Umhüllung der Glückseligkeit« und kann mystisch auf einer Ebene als der Mensch selbst gesehen werden. In diesem Sinne ist ein »Garten« jeder umfriedete, lebendige Raum, in dem man arbeiten, Nahrung anbauen, Schönheit erschaffen und innerhalb gesunder Grenzen existieren kann. Wir finden die Wurzel *GN* auch in dem Wort *jinn* und ebenso in dem deutschen Wort *Genie*, das davon abgeleitet ist. In diesem Sinne kann eine Einfriedung auch ein Schleier vor der göttlichen Weisheit sein – ein Schleier der Täuschung oder des Schutzes. Der Koran benutzt dieses Wort, ebenso wie das nächste, *Mughni*, oft in Passagen, die uns dazu ermuntern, großzügig und wohltätig miteinander umzugehen.

Meditation

Sammle deine Aufmerksamkeit wieder im Herzen. Atme den Klang Ya GhaN-ie *und spüre, wie er durch dich schwingt, bis zu den Grenzen deines Gartens. Spüre den Klang des langen* ie *als die heilige Lebenskraft, die das Wachstum in deinem Garten aktiviert. Betrachte die verschiedenen Grenzen in deinem Leben durch die Augen des Herzens. Was liegt außerhalb? Was wächst innerhalb?*

Berufe dann, oder auch ein andermal, einen Kreis deines inneren Selbst ein und atme das Gefühl dieses Weges. Ghani kann dir helfen, feinstoffliche Öffnungen zu schließen, die zu weit offen sind und dich dadurch in die Atmosphäre oder die Eindrücke von anderen verstricken, die nicht zu dir gehören.

IN DER EINHEIT BADEN

Der Sufi bekräftigt so lange, dass die Wirklichkeit existiert, bis die wirkliche Existenz zu einer tatsächlichen Erfahrung wird und nicht nur eine Behauptung bleibt. Wir erinnern uns daran, dass »Allah« oder »das Eine« oder »die Einheit« nur für eine Wirklichkeit stehen, die wir nicht richtig in Worte fassen können, aber irgendwann leben wir nicht mehr nur, »als ob« sie existiert, sondern erleben sie nach und nach wirklich. Die Namen und Wege sind lediglich die Landkarte, nicht die Reise selbst. Wie Rumi sagt:

Erinnere dich des Einen, bis du »zwei« vergisst.
Nachdem du »Benennendem« und »Namen« gefolgt bist,
verliere dich im Genannten.

Rumi erzählt auch die Geschichte von ein paar verhungernden Derwischen, die an irgendeiner Wand eine leere Einkaufstasche hängen sahen und ekstatisch darum herumtanzten.

»Hey!«, rief ihnen ein Passant zu, »Beruhigt euch! Sie ist schließlich leer!«
»Hau ab«, sagten die Derwische. »Liebe ist die Nahrung des Liebenden. Wir feiern unsere Liebe zum Brot, nicht das Brot selbst.«
Wahre Liebende sind nicht von physischer Anwesenheit abhängig.
Sie bekommen Zinsen ohne Kapital.
Ohne Flügel fliegen sie und ohne Hände
sausen sie aufs Feld und tragen den Ball davon.

Meditation

Atme unmittelbar nach dem Sonnenuntergang in dein Herz. Lege die Stirn auf die Erde und lasse alle Eindrücke das Tages, positive wie negative, los. Sie bekümmern deine Seele nicht. Lass dein ganzes Wesen Luft holen und spüre bis tief in deine Knochen, wie du getragen wirst. Lasse alle Gedanken daran, was du geschafft oder nicht geschafft hast, los, und ruhe in den Armen des Geliebten.

89. Der größere Garten des Lebens

Al - Mughni

*Wenn du zu diesem Weg geführt wirst,
ergreife die Gelegenheit, alles Leben als Verkörperung
eines einzigen Gartens zu sehen, den der
Eine Gärtner hegt und pflegt.*

Auf dem vorangegangenen Weg, *Ghani*, haben wir die Grenzen unseres eigenen Gartens betrachtet. Dieser hier ermuntert uns, alles und jeden Menschen, der uns begegnet, als Ausdruck irgendeiner Phase des größeren Gartens der Wirklichkeit zu sehen. In dem Maße, wie unser Blick auf das Leben sich vertieft und erweitert, werden wir sehr geduldig mit anderen und mit uns selbst. Wie Shabistari sagt:

*Weder nüchtern noch betrunken – manchmal spüre ich die Freude
der Augen meiner Seele, die durch meine Augen hinausschauen.
Ein andermal fühle ich eine Welle des Haares der Geliebten
und mein Leben wankt und schwankt.
Manchmal verkehren sich die Jahreszeiten des Lebens und
ich finde mich mal wieder auf dem Komposthaufen.
Und manchmal, wenn ihr Blick mich wiederfindet,
bin ich wieder im Rosengarten.*

Vielleicht fordert das Leben dich gerade zu einem weiteren Blickwinkel auf. Du hast dich zu sehr auf deine eigenen Belange konzentriert und deine Beziehungen zu anderen außer Acht gelassen. Die Lebensenergie, die in dem größeren Garten geschaffen wird, kennt keine Grenzen. Welcher »Kompost« würde dein Leben beleben und bereichern? Wie könntest du eine weitere Sicht auf das Leben gewinnen? Denke im Kleinen wie im Großen Gedanken der Fülle. Arbeite nicht nur in dem Garten, sei der Garten.

Wurzeln und Zweige

Traditionell wird diese Eigenschaft unter anderem mit »der Schenkende« und »der, der für andere sorgt« übersetzt. Genauso wie *Muhji* (60) eine stärkere Verkörperung von *Hayy* (62) ist, und wie *Muqtadir* (70) *Qadir* (62) verkörpert, so lädt uns *Mughni* ein, alles Leben als Manifestation der Aktivität von *Ghani* zu sehen: die Gesamtheit des Lebens als einen Garten, in dem zahllose Zyklen von Wachstum und Verfall gleichzeitig vor sich gehen.

Meditation

Sammle deine Aufmerksamkeit wieder im Herzen. Atme langsam den Klang Mu-GHN-ie, *mit jeweils einer Silbe auf jedem Ein- und Ausatem. Betrachte das größere Bild deines Lebens. Fühle den Klang* Mu- *am Anfang wie das Eine Sein, das alles, was dir normalerweise im Leben begegnet, in einem größeren Garten göttlicher Lebensenergie in einen anderen Ausdruck des Wachstums verwandelt. Fühle das dichte* -GHN- *in der Mitte, das dich in deinem eigenen Teil dieses Wachstums verankert und zentriert, und spüre das* -ie *am Ende, das alles mit Energie erfüllt. Spüre am Ende, dass die gesamte Substanz deines Körpers nichts anderes ist als der Garten des Einen in einem ständigen Zyklus von Ruhe und Erneuerung.*

90. *Das Geschenk des Widerstands*

المَانِعُ

Al - Mani`

Wenn du zu diesem Weg geführt wirst,
nimm mit dem Teil deines Seins Kontakt auf, der die
Dinge verlangsamt, der nimmt, um zu geben, und
schwächt, um zu stärken.

Auf den beiden vorherigen Wegen haben wir das Leben – das innere und das äußere – als einen Garten betrachtet. Dieser Weg zeigt uns nun, dass manche Pflanzen Widerstand brauchen, um zu ihrer vollen Kraft heranzuwachsen. Wenn alles in unserem Leben leicht ginge, wäre nichts da, wodurch wir den Garten unseres Herzens voll entwickeln könnten. Wind und Regen sind Prüfungen für uns. Rumi benutzt ein anderes, sehr anschauliches Bild, um seinen Schülern diesen Prozess zu beschreiben:

> *Wenn Fischer einen großen Fisch am Haken haben, versuchen sie nicht sofort, ihn hereinzuziehen. Wenn der Haken sich im Hals des Fisches festgehakt hat, ziehen sie ihn stattdessen Stück für Stück näher, sodass er Blut verliert und schwächer wird. Sie geben wieder ein bisschen nach und ziehen wieder ein bisschen, bis der Fisch müde wird.*
> *Wenn der Haken der Liebe sich in dir festgesetzt hat, holt uns das Eine ebenso langsam heran, sodass all unser schlechtes Blut und unser unreifes Tun nach und nach abfallen.*
> *Wie der Koran sagt: »Gott gibt in Hülle und Fülle und zieht uns wieder herein.«*

Vielleicht gibt das Leben dir gerade den Impuls, langsamer zu werden oder über die Folgen eines Vorhabens nachzudenken, dich richtig einzuschätzen und in einem Projekt oder einer Beziehung die Bremse zu ziehen. Das ist manchmal nicht leicht, besonders im Rausch der anfänglichen Begeisterung – wie sie besonders in einer Gruppe oft vorkommt. Spüre den Segen, der in der Begrenzung liegt. In der Arbeit mit deinem inneren Selbst kann dieser Weg dir die Perspektive zeigen, von der aus du jede deiner inneren Stimmen mit Liebe und Achtung anhören kannst, ohne jedoch ihren Wünschen nachzugeben, falls diese dir oder anderen schaden.

Wurzeln und Zweige

Traditionelle Übersetzungen dieser Eigenschaft sind unter anderem »der Verweigerer« und »der Zurückhalter«. Die Wurzeln von *Mani* zeigen die Aktionen von Begrenzung und Widerstand *(MN)*, die ihre Energie aus derselben Lebenskraft erhalten, die alles definiert und ihm seine Individualität gibt *(I´)*. In der heiligen Vielfalt gibt es auch die Seite des Lebens, die prüft und uns bremst. Eine weitere Bedeutung dieses Wortes ist »Schutz«. Genau wie ein homöopathisches Medikament eine schwächende Substanz in den Körper einführt, um ihn letztlich zu stärken, enthält uns *Mani* etwas vor, um uns letztlich mehr zu geben.

Meditation

Sammle deine Aufmerksamkeit wieder im Herzen. Atme den offenen Klang von MaaN *aus und spüre dabei seine Schwingung in deinen Knochen; atme mit dem gutturalen Klang des* I *am Ende ein, der rückwärts in den Körper hineingeht. Sitze auf deinen Händen und spüre, wie deine Beckenknochen von unten gestützt werden. Lass deine Muskeln sich entspannen, die Knochen und Sehnen halten dich aufrecht. Wo in deinem Körper oder in deinem Leben spürst du Widerstand? Wo in dir befindet sich dieser Teil des göttlichen Bildes des Einen, der Widerstand leistet und dich dadurch stark erhält?*

Dann, oder auch ein andermal, atme Mani *in den Kreis deiner inneren Stimmen. Welche leisten heute Widerstand? Was wollen sie dir sagen? Wie hört deine höchste Führung dies mit Allahs Ohren?*

91. Schmerz und Verlust

Ad - Darr

Wenn du zu diesem Weg geführt wirst,
denke darüber nach, wie jeglicher Schmerz,
jeder Verlust oder Mangel, den du vielleicht
im Moment empfindest, in das
größere Bild passt.

Wir alle erleben im Verlaufe eines Lebens Schmerz und Verlust: den Verlust von uns nahestehenden Menschen, von Beziehungen, von Arbeit, von Gelegenheiten oder auch den Verlust unserer eigenen Selbstbilder, der manchmal am schwersten zu verwinden ist. Wie der griechische Philosoph Heraklit es einmal ausdrückte, »kann man nicht zweimal in denselben Fluss steigen«.

Sufis werden auch »Kinder des Augenblicks« genannt. Al-Qushayri bringt das damit in Zusammenhang, wie ein einziger Augenblick der Wahrheit uns aus der Täuschung wieder zur Ehrlichkeit gegenüber uns selbst zurückbringen kann – mitunter mit schmerzlicher Klarheit:

Dieser Augenblick ist wie ein Schwert,
sanft anzufassen,
aber mit sehr scharfer Schneide.
Geh sanft mit dem Augenblick um,
dann geschieht dir nichts.
Geh ungeschickt mit ihm um
und du spürst seine Schärfe.

Rumi weist daraufhin, dass Not uns sowohl tiefer fühlen als auch weiter suchen lässt:

Der Koran sagt: »Wir sind es, die Schritt für Schritt dieses Erinnern über euch gebracht haben, und Wir hüten es.«

Die meisten Kommentatoren beziehen dies auf die Offenbarungen des Korans selbst. Man kann es aber auch so hören: »Wir legten in euch, Augenblick für Augenblick, die Fähigkeit zu streben und zu suchen. Wir wachen über dieses Streben und lassen es nicht umsonst sein, bis es seine Erfüllung gefunden hat.«

Vielleicht fragt dich das Leben: Kann Verlust oder ein Gefühl des Mangels mein inneres Selbst dazu bringen zu spüren, wie kostbar jeder Augenblick ist? Dieser Weg kann auch ein Weckruf sein, wenn wir auf die eine oder andere Weise durch zu große Nachsicht mit uns selbst Schmerz über uns gebracht haben. Wenn wir das zweite *R* des Wortes weglassen, das Überschuss bedeutet, wird *Darr* zum arabischen Wort für »Tür«. Kannst du den Schmerz, den du gerade erlebst, auf irgendeine Weise als Tür benutzen, durch die du in eine andere Art von Leben treten kannst?

Wurzeln und Zweige

Traditionell wird diese Qualität unter anderem mit »der Leidbringende« und »der Schädigende« übersetzt. Die Wurzel von *Darr*, *DRR*, zeigt, dass die göttliche Fülle und Vielfalt, die aus der Trennung geboren ist, auch unsere Wahrnehmung dessen, was wir Zeit nennen, bestimmt: Dinge in der Vielfalt scheinen eine begrenzte Lebensdauer zu haben, zumindest im Bereich des Physischen. Gleichzeitig schaffen Verlust und Not, die allen Wesen Schmerz bereiten, auch ein Tor zur Verwandlung. Ohne das zusätzliche *R* bildet die Wurzel *DR* im Arabischen sowohl das Wort für »Tür«, von dem unseres wohl abstammt, als auch das Wort für ein Gebet oder eine Affirmation, *darood*.

Meditation

Sammle deine Aufmerksamkeit wieder im Herzen. Wenn es dir gerade schlecht geht, dann atme mit dem Gefühl dieses Weges. Oder atme Ya DaaRR *voller Mitgefühl für den Kreis deines inneren Selbst. Lass dieses Gefühl deinem ganzen Sein wieder bewusst machen, dass es schwer ist, wieder umzukehren, wenn du einmal deinen Fuß auf den Weg gesetzt hast. Das bedeutet, dass du nach und nach das Verhaftetsein mit deinen früheren Selbstbildern loslassen musst. Oft empfindet man das als schmerz-*

lich. Lege diesen Schmerz in Allahs Hände. Fühle ihn als Teil des Verlustes und der Not in einem Universum voll unendlich vielfältiger Formen, die alle sterben und mit anderem Gesicht wiedergeboren werden.

92. *Augenblicklicher Segen*

An - Nafi´

Wenn du zu diesem Weg geführt wirst, empfange aus deinem Inneren jegliche Gabe oder Eigenschaft, die dir jetzt gerade helfen könnte. Dies ist der »Blanko-Segen«: Er kann alles sein, was du gerade brauchst, damit dein Herz und dein Leben weiter werden können.

Die beiden vorherigen Wege öffneten die Türen von Widerstand und Schmerz, die uns oft auf diesen Weg vorbereiten: den Segen des Augenblicks – was immer wir an Unterstützung brauchen, um jetzt, in diesem Augenblick, das Wachstum unserer menschlichen Persönlichkeit und unseres inneren Selbst voranzubringen. Manchmal kommt dieser Segen in einer Form, die wir nicht erwartet hätten, wären wir nicht durch die beiden vorangegangenen Wege darauf vorbereitet worden. Wenn wir daher im Zweifel sind, worum wir in irgendeinem Augenblick beten sollen, dann benutzen wir am besten ein Gebet in der Art dessen, das Inayat Khan vorschlägt: »Gebrauche uns für das Ziel, das Du erwählst in Deiner Weisheit.« [47] Um mehr als das zu bitten – Ruhm, Reichtum oder Einfluss – kann uns in Ungemach stürzen, wie Rumi seine Schüler warnt:

> *Das Problem ist, dass man, je mehr man die Interessen von Herrschenden pflegt, umso mehr seine wahren Interessen aus den Augen verliert. Je weiter wir in diese Richtung gehen, umso mehr kehrt die Geliebte uns den Rücken.*
>
> *Wäre es nicht schade, ans Meer zu kommen*
> *und nur einen Krug Wasser daraus mitzunehmen?*
> *Das Meer enthält Perlen und*
> *Millionen anderer kostbarer Dinge.*

Die Welt ist nur ein wenig Schaum auf diesem Meer,
spirituelle Praxis ist das Wasser.
Doch wo ist die Perle, die du suchst?

Wie wir zuvor gesehen haben, entwickeln wir Menschen uns und wachsen, indem wir unsere Herzen öffnen und immer mehr von den Widersprüchlichkeiten, die wir in uns finden, darin aufnehmen. In dem Maße, wie unser Kreis der inneren Stimmen (*nafs* auf Arabisch) immer mehr umfasst, werden wir auch mitfühlender gegenüber denen, die außerhalb von uns sind. Im Laufe dieses Prozesses zentriert sich das Gefühl unseres Atems (auf Arabisch *nafas*) immer mehr im Herzen und dehnt sich dann über, unter und um uns herum aus und stärkt das Gefühl der Zusammengehörigkeit mit allen Wesen. Da unser Atem sich so rasch verändern kann (zum Beispiel kürzer und flacher wird, wenn wir nervös sind), versorgt uns dieser Weg mit jedem erdenklichen Gegenmittel, um ihn wieder in Harmonie mit uns selbst und anderen zu bringen.

Vielleicht sagt dir das Leben gerade, dass du innehalten und atmen sollst, um dein Leben wieder in Ordnung zu bringen. Du hast im Außen vielleicht jede Möglichkeit, das zu tun, aber du siehst die Geschenke des Augenblicks nicht. Öffne dich jetzt für das, was dir für den nächsten Schritt deiner Reise unmittelbar und praktisch nützlich ist. Dieser Weg weist uns auch an, mit Mitgefühl und Achtsamkeit für die ganze Natur zu atmen, die eine weitere Form des Segens des Geliebten in Aktion ist.

Wurzeln und Zweige

Traditionell wird diese Eigenschaft unter anderem mit »der Wohltäter« und »der Begünstigende« übersetzt. Die Wurzel von *Nafi´*, *NF*, zeigt eine Ein-und-aus-Bewegung oder den Vorgang, eine Essenz aus einer Flüssigkeit zu destillieren. Die Wurzel kommt aus derselben Quelle wie *nafas*, dem persönlichen Ausdruck des Atems (das heißt, des Atems, den wir für gewöhnlich für »unseren« halten), und wie *nafs*, die persönliche Selbst-Seele, die durch eine temporäre Destillation oder Effusion des göttlichen Atems gebildet wird. Wir alle sind begrenzte »Selbste« innerhalb des Selbst des Einen Seins, begrenzter Atem, verbunden mit dem Einen Atem, und das schließt nicht nur menschliche Wesen ein, sondern alle Wesen im Universum. Die Sufis zitieren oft die heilige Überlieferung *man `arafa nafsahu faqad `arafa rabbahu*: Wer immer sein Selbst (*nafs*) entdeckt, entdeckt seinen Erhalter.

Meditation

Sammle deine Aufmerksamkeit wieder im Herzen. Atme aus und spüre dabei, wie der Klang Naaf- *sich öffnet und einen weiteren Kreis um dein Gefühl von dir selbst bildet. Atme ein und fühle, wie der Endlaut* -l *(sehr kurz und rückwärts in die Kehle und den Körper hinein gesprochen) empfängt, was für deine nächsten Schritte erforderlich ist. Berufe einen Kreis deines inneren Selbst ein. Anerkenne, indem du durch die Augen deiner höchsten Führung schaust, dass alle Stimmen deiner »inneren Ökologie« Liebe und Achtung verdienen. Alle sind begrenzte Selbste innner halb des Einen Selbst Allahs. Höre die Bedürfnisse, Wünsche und einschränkenden Überzeugungen jeder dieser Stimmen an, als hörtest du durch das Herz des Einen. Welches ist der nächste praktische Schritt in Richtung eines vollständigeren »Ich bin«, das in Einklang ist mit dem einzigen »Ich bin«?*

93. *Das Licht der Intelligenz*

النُّورُ

An - Nur

*Wenn du zu diesem Weg geführt wirst,
reflektiere über die göttliche Intelligenz, die dein Leben
erleuchtet hat und noch immer erleuchtet.*

Eine ganze klassische Sufi-Schule arbeitete mit der inneren Erfahrung von Licht, das in seiner semitischen Sprachbedeutung Wissen oder Intelligenz bedeutet. Licht und Dunkelheit stehen in der Sufi-Tradition nicht für Gut und Böse. Das, was »hell« ist, steht für das, was wir über unser inneres Selbst wissen. Das Dunkle repräsentiert das Geheimnisvolle, das, was wir noch nicht kennen. Die Anhänger der »Philosophie der Erleuchtung« innerhalb des Sufismus entwickelten sowohl eine Kosmologie als auch eine mystische Kunst und Wissenschaft aus ihrer Interpretation des Korans, nach der das Eine Sein in jedem Augenblick Schöpfung ins Sein atmet. Zum Beispiel schrieb im 12. Jahrhundert der Sufi Shihab Al-Din Suhrawardi:

> *Allahs Essenz ist das ursprüngliche schöpferische Licht, das stets die Existenz erleuchtet. Es manifestiert ständig das Universum und energetisiert es. Allahs essenzielles Licht strahlt den ganzen Kosmos in unermesslicher Schönheit und Vollständigkeit aus. Von diesem Vorgang erleuchtet zu sein ist nicht weniger als die Rettung.*

Auf diesem Weg sehen wir allmählich alles als strahlend, lebendig und intelligent. Wir erkennen dieses Licht, weil, wie die Sufis sagen, unser eigenes Bild im Herzen des Einen im Augenblick der Schöpfung noch immer Licht an uns abstrahlt. Licht erkennt Licht. In diesem Sinne kommt das »Licht« oder die Intelligenz unserer Sinne, durch die wir die Dinge sehen, hören und fühlen, nicht nur tief aus unserem Inneren zu uns, sondern auch aus einer lebendigen Vergangenheit vor uns, die noch heute strahlend und aktiv ist.

Über diese Vorstellungen Suhrawardis meditierend, sagte im 20. Jahrhundert der Sufi Vilayat Inayat Khan:

> *Für Shihab Al-Din Suhrawardi gibt es eine Art, die Erde zu betrachten: Anstatt sie durch die Sinne wahrzunehmen, kontempliert man ein Bild, welches man bereits kennt und das der Seele innewohnt. Eine Szene auf der Erde löst dieses Bild aus, das latent im Menschen liegt. Der denkende Verstand gehört zur Sphäre von Hurkalya, der Sphäre, wo schöpferische Imagination die Archetypen jener Formen ausbildet, die dann mit der Zeit als Objekte oder Körper von Planeten und Galaxien projiziert werden.* [48]

Das Licht in uns gleicht dem Licht der entferntesten Sterne und Galaxien, die den Anfängen des Kosmos am nächsten liegen. Die Sufis meditierten über dieses Strahlen in allem Sein und benutzten den berühmten »Vers des Lichts« des Korans (Sure 24:35), um sich davon inspirieren zu lassen, hinter den Anschein der Dinge zu blicken. Die folgende Meditation über einen Abschnitt dieses Verses, den längsten des Korans, bringt einen Teil seiner Bedeutung im Arabischen zum Ausdruck:

> *Licht über Licht über Licht -*
> *zurück und zurück verfolgen wir es zu seiner Quelle,*
> *die Licht und Klang ausstrahlt – eine Stimme, ein Echo,*
> *das jene leitet, die die Sehnsucht der Liebe hören,*
> *wie sie die Geschichte des Universums entfaltet,*
> *jene, die diesem Ruf folgen,*
> *die wie durstige Vögel zum Wasser kommen.*
> *Geliebter, das Eine erschafft für uns*
> *Modelle, Zeichen, Symbole, Parabeln,*
> *überallhin schauen wir, um uns*
> *unserer Quelle zu entsinnen.*
> *Und das Eine hinter allem*
> *versteht und umfängt alles -*
> *die vergangene und zukünftige Reise jedes Dinges*
> *vom Samen bis zum Stern.* [49]

Vielleicht gibt das Leben dir gerade den Impuls, dir etwas Zeit zu nehmen, um über dein bisheriges Leben nachzudenken. Welche Führung hast du empfangen? Was hast du gelernt? Was würde deinen weiteren

Lebensweg erhellen? Nimm dir Zeit, über die Aufgabe eines Menschen, wie die Sufis sie sehen, nachzudenken: das Bild Gottes zu spiegeln und das Bewusstsein und Herzensgefühl des gesamten natürlichen Kosmos zum Ausdruck zu bringen, der vor der Menschheit erschaffen wurde.

Wurzeln und Zweige

Traditionell wird diese Eigenschaft mit »das Licht« übersetzt. Die Wurzeln von *Nur* zeigen die ständig neue *(N)* und transformierende *(U)* Strahlung des Lebens *(R)*. Sie stammt aus derselben Wurzel wie das hebräische *aor*, das Urlicht, das zu Anfang geschaffen wurde, wie es in der Genesis beschrieben wird. Dieses Licht leuchtet in einem konzentrierten Strahl, wie ein Leuchtturm, der einen Weg erhellt. Nur weist auch auf den Archetypus des Urmenschen, der in der jüdischen Mystik *Adam Qadmon* genannt wird und im Sufismus *Nur-i-Muhammad*.

Meditation

Sammle deine Aufmerksamkeit wieder im Herzen. Atme den Namen Ya NuR *und folge dem Gefühl des Klanges tief in das Herz der Herzen. Finde die ganze Welt in deinem Herzen und dein Herz im Innern des Herzens des Einen Seins.*

94. Ganz direkte Führung

الهَادِي

Al - Hadi

Wenn du zu diesem Weg geführt wirst,
nimm die Gelegenheit wahr, Kontakt zu deiner
höchsten Führung aufzunehmen. Öffne dich dafür, ihre
klare, direkte Stimme zu hören.

Die Bibel erzählt, dass der Prophet Elijah, wenn er in Not war, auf die »stille, kleine Stimme« horchte, durch die er die Stimme des Heiligen Einen vernahm. Wir brauchen diese einfache, direkte Führung oft und sehnen uns danach. In wenigen Worten brachte Inayat Khan, Sufi des 20. Jahrhunderts, dies in folgendem Gebet zum Ausdruck:

Öffne unsere Herzen, sodass wir
Deine Stimme hören,
die stets von innen kommt. [50]

Wenn alles Eins ist, wer ist dann da, den man fragen kann, und wer ist der Fragende? Zugegeben: Wenn »Wissender und Wissen eins« sind, wie die Sufis sagen, scheint das normale Gebet überflüssig zu sein. Und doch gibt es, wie wir durch alle die Wege hindurch gesehen haben, einen Teil von uns, der noch dabei ist zu wachsen und sich zu entwickeln. Diese Stimme in uns braucht Gebete, Affirmationen und Übungen, damit wir die schwierigen Zeiten durchstehen. Das beste Gebet erinnert uns daran, dass Liebe und Führung immer gegenwärtig sind. Wie der persische Sufi Ahmad Hatif im 18. Jahrhundert schrieb:

Wenn du dich auf die Reise machst,
Nimm Liebe zum Essen mit.
Liebe macht leicht, was Vernunft schwer macht.
Sprich vom Geliebten morgens und abends.
Halte Ausschau nach dem Geliebten

in der Morgen- und Abenddämmerung.
Auch wenn sie dir hundertmal sagen:
»Keiner hat das Eine je gesehen«, mach weiter,
bis sein Anblick dich erleuchtet.
Du wirst den Geliebten dort finden,
wohin selbst Gabriel nicht gehen kann.
Liebe ist der Weg, die Verpflegung und das Ziel.

Auch Rumi versichert uns:

Du dachtest, du seist Staub,
und merkst nun, du bist Atem.
Vorher wusstest du nichts-
Jetzt weisst du mehr.
Das Eine, das dich hierher führte,
wird dich auch weiterführen.

Vielleicht fordert das Leben dich gerade auf, dich auf dein Gefühl, dass du von innen geführt wirst und klare Weisung erhältst, zu besinnen. Der Weg lädt dich ein, entspannt und mit einem Gefühl der Hingabe zu atmen und um klare Führung zu bitten. Manchmal »hörst« du deine innere Stimme, indem du zum Beispiel spürst, wie dein Atem stärker wird oder dass dein Körper sich lebendiger anfühlt. Ein andermal siehst du möglicherweise ein Bild oder eine Farbe oder hörst sogar ein Wort. Wenn du eine deiner inneren Stimmen auswählst und die Stimme des Einen stets durch sie hörst, werden die Botschaften mit der Zeit stärker und klarer.

Wurzeln und Zweige

Die traditionelle Übersetzung dieser Eigenschaft ist »der Führer«. Die Wurzeln von *Hadi* zeigen eine Stimme, einen Klang, eine Empfindung oder direkte Botschaft *(HAD)*, die uns zur Quelle des Lebens zurückführt und uns weiterbringt *(I)*. Eine arabische Redewendung, die dieses Wort benutzt *('ala hudan)*, beschreibt die Führung als ein Pferd oder Kamel, das uns zum Ziel der Einheit mit der Einheit trägt. Der Koran verwendet dieses Wort, wenn er darauf hinweist, dass Propheten immer Widerständen begegneten, und doch ist das Eine immer da, um zu helfen und zu leiten (zum Beispiel Sure 25:31).

Meditation

Sammle deine Aufmerksamkeit wieder im Herzen. Atme rhythmisch den Klang Ya Haa-Die *(zum Beispiel auf vier Schläge, wobei der letzte eine Pause ist). Fühle seine Definiertheit und Klarheit, sodass das Herz mit diesem Klang schwingt. Setze dich in Verbindung mit deiner höchsten Führung – entweder deiner eigenen geistigen Führung oder ihrem Abbild, das du vielleicht in einem Lehrer, Propheten oder Heiligen siehst. Gehe im Rhythmus mit dem Gefühl deines Herzens, das dich auf der Reise der Liebe weiterführt.*

95. *Unerwartetes Wunder*

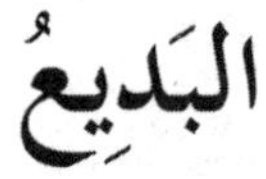

Al - Badi`

Wenn du zu diesem Weg geführt wirst,
öffne dich der Freude und dem Wunder, wie du sie
als Kind erlebt hast, wenn du des Nachts in den
Sternenhimmel schautest. Der Geliebte könnte dir
gerade jetzt eine Botschaft senden, die wie ein Blitz
dein ganzes Leben erhellt.

Wo der vohergehende Weg, *Hadi,* auf die verlässliche Quelle der Führung hinweist, die immer in unserem Inneren zur Verfügung steht, zeigt *Badi`* den plötzlichen und verblüffenden Lichtblitz, der auf einmal alles »in einem neuen Licht« erscheinen lässt. Eine solche unerwartete Führung oder Fügung kann unserem Leben eine ganz neue Richtung geben, aber wenn wir der Freude und dem Staunen in unserem Leben keinen Platz geben, verpassen wir solche Botschaften vielleicht. Als Jesus sagte, »Wenn ihr nicht werdet wie die Kinder, werdet ihr nicht in die Visionskraft des Kosmos eintreten können«, meinte er genau das.

Trauen wir uns der Aussage zuzustimmen, dass das Leben ein Abenteuer ist? Nur Hixon schreibt:

> *Dieses Leben der Göttlichen Liebe auf Erden, die das vollkommene Wissen der Einheit ist, ist vor allem ein Ausdruck echter spiritueller Freude, die spontan entsteht, wenn wir mit jeder Zelle unseres Körpers, mit jedem Strang unseres Bewusstseins Gott bejahen.*[51]

Um dieses Gefühl des Staunens zu kultivieren, meditierten die klassischen Sufis über die Seele, die in der Vor-Ewigkeit im Herzen des Göttlichen schläft. Abil Khayr, Sufi des 10. Jahrhunderts, schreibt:

> *Äonenlang ruhend, bevor das Himmelsgewölbe sich über uns dehnte, bevor das tiefste Himmelsblau erschien, schliefen wir zeitlos im*

Nichtsein, geprägt mit dem Siegel der Liebe, bevor wir unsere eigene Existenz kannten, fühlten oder darum besorgt waren.

Vielleicht ruft dich jetzt gerade der Weg des Staunens. Vielleicht fühlst du dich von deinen Lebensumständen eingezwängt oder in der Arbeit mit deinem inneren Selbst in einer Sackgasse. Lasse die Energie des ursprünglichen Wunders der Schöpfung wieder in dir wach werden. Sei bereit, einen Moment lang zurückzukehren und voller Freude mit den Augen eines Kindes durch deine Augen zu schauen.

Wurzeln und Zweige

Traditionell wird diese Eigenschaft unter anderem mit »der Urheber« und der »nie Dagewesene« übersetzt. Die Wurzeln von *Badi`* zeigen die Schöpferkraft des Heiligen Einen, die vom ersten Anfang an die Dinge teilte, um sie mehr zu sich selbst zu machen *(BD)*, und ihnen auf diese Weise erlaubte, sich auf völlig neue Weise zu individuieren und sich nach ihrer eigenen Absicht zu bewegen *(I)*. *Badi`* ist mit seinem Schwesternamen *Mubdi* (58) verwandt, der dieselbe Energie voller verkörpert ausdrückt (oder uns gestattet, diese Schöpferkraft überall im Kosmos verkörpert zu sehen). Der Koran benutzt dieses Wort um anzudeuten, dass der ganze Prozess der Schöpfung durch ein Wunder beginnt. Nach Sure 2:117 beginnt die Schöpfung, als Allah das Wort *kun* spricht: sei! Andere Wörter für Schöpfung, wie etwa *Khaliq* (11) und *Bari* (12), werden benutzt, um zu zeigen, wie der Prozess der schöpferischen Evolution durch Formung und Ausstrahlung fortgeführt wurde.

Meditation

Sammle deine Aufmerksamkeit wieder im Herzen. Atme, dich aus dem Herzen heraus öffnend, den Laut Ba- *aus, und atme den Laut* -DI` *ein (wobei das abschließende lange* ie *rückwärts und guttural in den Körper hinein gesprochen wird). Einatem, Ausatem, Zusammenziehen, Ausdehnung. Dies ist dieselbe Energie, wie sie das Heilige Eine benutzte, um das Universum zu erschaffen. »Und es ward Abend (Zusammenziehen) und Morgen (Ausdehnung) – ein Blitz der Erleuchtung, möglich in jedem Augenblick« (Genesis 1,5). Kannst du dir dich selbst in diesem Augenblick der Schöpfung vorstellen?*

96. Das Echte, das bleibt

Al - Baqi

*Wenn du zu diesem Weg geführt wirst,
identifiziere dich mit dem, was in dir bleibt, wenn
alle oberflächlichen Erscheinungen und Masken sich
aufgelöst haben, wenn du in nichts mehr verhaftet bist,
was du tust und leistest.*

Die Wege des Herzens laden uns ein, viele scheinbar widersprüchliche Pfade zu gehen, die alle zu einem Ziel führen: unser wahres Selbst zu entdecken. Was das bedeutet, ist schwer zu sagen. Wir wissen, dass es mit Loslassen zu tun hat, mit Hingabe, damit, selbst unter den Umständen zu lernen, die am schwierigsten für uns sind. Wir wissen auch, dass es bedeutet, mit ganzem Herzen zu handeln, leidenschaftlich, mutig, mit Leib und Seele und im richtigen Augenblick. Und doch eignet sich nichts von alledem als Motto, Moral oder Lebensphilosophie. Was soll das also alles?

Für den Sufi geht es im spirituellen Leben darum, nach und nach alles loszulassen, mit dem wir uns identifizieren, was wir »ich« nennen. Wie Irina Tweedie sagt:

> *Das spirituelle Leben eines jeden von uns ist das Darma der Seele. Es ist die Kreuzigung und die Auferstehung. Was gekreuzigt wird, ist natürlich das Ego.*
> *Die Auferstehung ist – ich zögere, das zu sagen – Erleuchtung vielleicht. Aber Erleuchtung wessen oder von was? Einmal mit der Einheit verschmolzen, gibt es einfach nichts mehr, was »ich« sagen könnte. Wer ist da also, der erleuchtet wäre?* [52]

Die Sufis benutzen das Wort *fana*, was bedeutet, im Göttlichen aufzugehen. Wenn wir selbst dieses Loslassen losgelassen haben – das heißt, die Selbsthingabe selbst -, dann bleibt nichts als das Gesicht Allahs, das sowohl sieht als auch gesehen wird. Dies ist der Zustand oder das Stadium von *baqa*, das dieser Weg beschreibt. Rumi drückt es so aus:

> *Ein König bat einst einen Derwisch: »Wenn du die letzte Offenbarung empfangen hast und in Allahs Gegenwart stehst, bitte denke an mich.«*
> *Der Derwisch antwortete: »Wenn ich in dieser Gegenwart stehe, erleuchtet von der Sonne der Schönheit, dann denke ich nicht einmal an mich selbst. Wie kann ich da an dich denken?«*

Und doch bleibt etwas, wie Irina Tweedie sagt:

> *Es gibt Augenblicke tiefer Meditation, wo du und Das Andere Liebe seid und Es dich liebt. Es reagiert. Es erfüllt dich vollkommen. Aber was erfüllt dich? Was reagiert? Gott ist Nichts. Aber dieses Nichts liebt dich. Du wirst geliebt und es herrscht vollkommene, unglaubliche Glückseligkeit. Das denkende Bewusstsein weiß nichts darüber. Man kann es nicht wirklich erklären. Man muss es erleben.* [53]

Vielleicht fordert das Leben dich gerade auf, loszulassen, zu vertrauen und eine tiefere Mitte in dir zu finden, selbst wenn Dinge um dich herum wegzufallen scheinen. Manchmal haben wir keine Wahl – wir müssen loslassen. Manchmal können wir uns auch bewusst entscheiden. In jedem Fall erinnert dieser Weg dein inneres Selbst in Liebe und Achtung: »Alles ist nicht so, wie es einmal war. Alles ist heute nicht so, wie es einmal sein wird. Schließlich bleibt nur das Gesicht des Einen.«

Wurzeln und Zweige

Traditionell wird diese Eigenschaft unter anderem mit »der Bleibende« und »der Immerwährende« übersetzt. Das Wort *Baqi* kommt von einem Verb, das bleiben oder weitermachen heißt. Die Wurzeln weisen auf etwas hin, das erschafft *(B)* und lebt *(I)*, nachdem alles andere abgeflossen ist *(AQ)*. Als Bild wäre es vielleicht so etwas wie eine Wüstenlandschaft, in der eine Oase übrig geblieben ist. Der Koran benutzt dieses Wort in dem Abschnitt, der unter *Dhul-Jalal-wal-Ikram* (85) erwähnt wird: »Alles vergeht, außer dem Gesicht des Erhalters, voller Macht und Fülle.«

Meditation

Sammle deine Aufmerksamkeit wieder im Herzen. Atme den offenen Klang BA- *ein und den schneidenden Klang* -QI *(mit einem langen* ie *am Ende) aus. Fühle, wie der Klang dir abzustreifen hilft, was für dieses Stadium der Reise in deinem Sein nicht mehr gebraucht wird, und wie jedes Mal eine klarere, stärkere Gegenwart zurückbleibt. Als Übung erinnert uns* Baqi *daran, dass, wenn wir nach und nach oder auch auf einmal unser Verhaftetsein mit dem, was wir zu sein meinen, lösen, das göttliche Leben bleibt, um ein anderes Gefühl von »Ich bin« auferstehen zu lassen.*

97. *Sich auf ein vergessenes Erbe besinnen*

الوَارِثُ

Al - Warith

Wenn du zu diesem Weg geführt wirst,
besinne dich bei dieser Gelegenheit auf dein göttliches
Erbe von natürlicher Kraft und Heilung.

Wie die beiden vorausgegangenen Wege *Badi* und *Baqi* erinnert uns auch dieser Weg daran, dass das, wonach wir suchen, bereits unser ist. Das verkörperte Leben, das wir führen, ist nicht von Natur aus »gefallen« oder »sündhaft« und wir brauchen uns auch keine äußere Kraft oder Überzeugung zu injizieren, um uns zu retten. Es ist, als hätten wir einfach vergessen, woher wir gekommen sind, und auch das, was wir als Erbe mitgebracht haben.

Ein Anthropologe würde vielleicht sagen: Das, was die Sufis hier wieder in Anspruch nehmen wollen, ist ein Aspekt des menschlichen Bewusstseins, den wir vergessen oder verleugnet haben, als wir aufhörten, als Nomaden zu leben, und meinten, wir bekämen unser Schicksal unter Kontrolle, wenn wir uns niederließen und das Land bestellten. Die alte Art des Erahnens und Erspürens, die unsere nomadischen Vorfahren stets an ihre Abhängigkeit von einer unsichtbaren Wirklichkeit erinnerte, verschwand nach und nach. Vor zwanzigtausend Jahren lebten wir wahrscheinlich in einem Zustand ständigen Staunens, und das Heilige und das Weltliche im Leben waren nicht getrennt und unsere inneren Fähigkeiten viel weiter entwickelt, als sie es jetzt sind. Das Leben war allerdings kurz und endete durch Wettereinflüsse, Nahrungsmangel oder Angriffe von außen oft leidvoll. [54]

Wir können nicht wieder Nomaden werden, aber wir können uns auf dieses alte Bewusstsein besinnen, das uns tiefer mit der Natur, miteinander und mit dem Kosmos verbindet. Wir können es in unser Herz integrieren und ein vollständigeres menschliches Leben führen, nicht nur für unsere eigene Entwicklung, sondern auch, um einen Weg aus den verschiedenen menschlichen Krisen zu entdecken, in die wir uns heute verstrickt sehen. Wir können nicht länger in einer Welt leben, in der Reichtum und Rohstoffe derart unterschiedlich verteilt sind. Eine ganze Reihe von spirituellen Überlieferungen mit Verbindung zu diesem uralten Wissen versuchen uns zu zeigen, wie wir anders und ein erfüllenderes Leben leben können.

Die Sufis benutzen das Bild des göttlichen Geliebten, um ein Gegengewicht zu der rationalisierenden Tendenz unserer westlichen Kultur zu bilden, die letztlich von uns fordert, dass wir bei allem, was wir tun, unseren eigenen Nutzen im Auge haben. Wie Rumi sagt:

Der Verstand ist gut und schön,
bis er dir die Tür zum Geliebten zeigt.
An diesem Punkt trenne dich vom Verstand,
der dich bestehlen wird wie ein Schurke.

Zu finden, was uns schon gehört, scheint vielleicht ein seltsames Ziel auf einem spirituellen Weg. Das Finden freut uns jedoch oft viel mehr, als wenn das Universum uns ohne jedes Bemühen unsererseits alle seine Geheimnisse preisgeben würde.

Eines Tages rannte Mullah Nasruddin auf den Markt und schrie: »Ich habe meinen liebsten Esel verloren! Kann jemand meinen Esel finden? Dem, der ihn findet, schenke ich den Esel, und die Decke, den Sattel und das Zaumzeug dazu!« »Mullah, was sagst du denn?«, fragte ihn ein Freund. »Du willst das verschenken, wonach du suchst. Was macht denn das für einen Sinn?«
»Der Sinn ist«, sagte Mullah, »dass ich die Freude habe, etwas zu finden, was ich verloren hatte.«

Vielleicht gibt dir das Leben eben jetzt einen Anstoß, tief einzuatmen und alles Starre loszulassen, das dich daran hindert, dein natürliches Erbe von kosmischer Kraft in Empfang zu nehmen. Du bist nicht der Alleinerbe, aber es gehört dennoch dir. Das Einzige, was uns davon abhält, diese Stärke zu empfangen, ist unser eigenes Gefühl von Isolation und unsere Ich-Bezogenheit.

Wurzeln und Zweige

Traditionell wird diese Eigenschaft unter anderem mit »der Erbende« übersetzt. Die Wurzeln von *Warith* zeigen einen ständigen Fluss *(W-)* von kosmischer Kraft und Stärke *(AR)*, der ein Zeichen sowohl von Heilung als auch von Blühen und Gedeihen des menschlichen Seins *(Th)* ist. Jesus benutzte in der aramäischen Version der dritten Seligpreisung bei Matthäus ein verwandtes aramäisches Wort, *nertun*, das für gewöhnlich mit »erben« übersetzt wird. Er sagte: »Reif sind jene, die weich machen, was übermäßig hart in ihrem Inneren ist; durch ihr Weichwerden werden sie ihr natürliches Erbe an Kraft und Heilung aus dem Kosmos empfangen.« [55] Der Koran benutzt dieses Wort um anzuzeigen, dass, nachdem das ganze Universum und alles sichtbare und unsichtbare manifestierte Sein vergangen ist – und auch alle Prozesse, einschließlich Leben und Tod – die Eine Wirklichkeit der Überlebende und »Erbe« sein wird.

Meditation

Sammle deine Aufmerksamkeit wieder im Herzen. Diese Qualität ist besonders gut in der Natur zu spüren. Atme in der Stille mit dem Gefühl des Klanges Ya Waa-Rith. *Entspanne dich, öffne die Poren deines Seins und empfange. Berufe einen Kreis deines inneren Selbst ein. Lasse deine höchste Führung diesen Weg benutzen, um jede deiner inneren Stimmen einzuladen, direkt aus der Quelle allen Lebens alles zu empfangen, was sie braucht – nicht, was sie zu brauchen meint.*

98. Den Weg des Wachstums erleuchten

Ar - Rashid

Wenn du zu diesem Weg geführt wirst,
sieh, wie das göttliche Licht direkt vor dir scheint und
in diesem Augenblick den Weg des Wachstums für dich
erleuchtet.

Hildegard von Bingen, die christliche Mystikerin des Mittelalters, hatte einst eine Vision, in der sie sah, wie das ganze Universum ständig durch die göttliche Schöpferkraft genährt wird. Sie nannte diese göttliche Kraft *viriditas*, was sich, aus dem Lateinischen übersetzt, in etwa als »grünende Kraft« wiedergeben lässt. Selbst in Tod und Verfall ist im ganzen Universum die Vorbereitung auf Wiedergeburt und Wachstum zu sehen. Dieser Weg des Herzens lädt uns zu einer ähnlichen Vision ein, einer, die uns offenbart, welcher unter unzähligen möglichen Wegen am besten unserem Wachstum dient. Attar erzählt die folgende Geschichte:

> *Ein Narr stand einst in der Mitte des Marktplatzes in einem Hin und Her und Kommen und Gehen von Tausenden von Menschen. Er schrie: »Ich sehe klar, dass ihr alle ein einziges Herz, aber viele verschiedene Wünsche habt. Wie könnt ihr irgendwohin gelangen, wenn ihr in alle Richtungen geht? «*

Etwas Ähnliches bringt die erste Sure des Korans in dem Gebet *ihdina sirat al mustaqim* zum Ausdruck, das folgende Bedeutung hat:

> *Zeig uns den Weg, der sagt: »Steh auf, fang an, tue es!«, der uns aus dem Schlummer der Benebelten weckt und uns zur Erfüllung der Sehnsucht des Herzens führt, wie all die Sterne und Galaxien in Einklang, zur rechten Zeit, geradewegs.*

Um diesen Weg zu entdecken, müssen wir eine andere Art entwickeln, wie wir uns durch das Leben hindurchfühlen, unseren Weg erspüren können. Die Sufi-Übungen bieten eine Möglichkeit dazu. Der ägyptische Sufi des neunten Jahrhunderts, Dhu'l Nun, sprach darüber, wie man das Geschenk eines jeden Augenblicks nutzen kann, indem man eine intuitivere Lebensweise entwickelt:

> *Jene, die heilige Einheit erleben, werden stündlich demütiger und kommen Gott immer näher. Sie sehen ohne Wissen, Vision, Information, Beobachtung oder Beschreibung, ohne verschleiert oder entschleiert zu sein. Sie sind nicht wirklich sie selbst, aber wenn man überhaupt sagen kann, dass sie sind, dann sind sie im Einen.*

Vielleicht musst du gerade entscheiden, in welche Richtung du als Nächstes gehen willst. Du befindest dich möglicherweise in einer Lage, die eine neue Richtung oder neues »Grünen« in deinem Leben erfordert. Vielleicht fühlt sich dein »Acker« ausgelaugt an, braucht Erholung oder Dünger. Woher wird neues Wachstum kommen, und wie? In der Arbeit mit dem inneren Selbst kann dieser Weg deiner höchsten Führung helfen, Licht in die Sorgen deiner inneren Stimmen zu bringen und sie in einen großeren und natürlicheren Zusammenhang zu stellen.

Wurzeln und Zweige

Traditionell wird diese Eigenschaft unter anderem mit »der Lenker« und »der Unterscheidende« übersetzt. Die Wurzeln von *Rashid* zeigen die Erleuchtung *(Ra-)* alles natürlichen Seins *(-ShlD)*, die Vision des Lebens als etwas Grünendem und Blühendem. Anders betrachtet kann der Name *Rashid* uns auch wieder bewusst machen, dass aus göttlicher Sicht gesehen alles manifestierte Leben bereits erleuchtet ist. Jedes einzelne Teilchen legt Zeugnis vom Feuer (die Wurzel *Ash*) des Einen in seinem Inneren ab. Auf diese Weise ist der Name indirekt mit *Shashid* (50) verwandt, der Erfahrung des Einen Lebens hinter all den verschiedenen Formen und Gesichtern, die wir sehen. *Rashid* ist auch mit dem Wort *murshid* verwandt, das die Verkörperung der Qualität in einem spirituellen Lehrer ausdrückt.

Meditation

Sammle deine Aufmerksamkeit wieder im Herzen. Atme den Namen ein und aus, wobei beide Silben betont werden: Ra-ShieD. *Fühle, wie dein Atem aus dem Herzen kommt und dir vorangeht und den Pfad erleuchtet und erhellt, der zur Fülle und zum Ergrünen führt. Lass dein Herz im Herzen Allahs sein und frage: »Wohin geht es jetzt, und wie?«*

99. Ausdauer

الصَّبُورُ

As - Sabur

Wenn du zu diesem Weg geführt wirst,
dann gehe beharrlich deinen Weg und bewahre das
Licht und die Intelligenz in dir, bis die rechte Zeit
gekommen ist, sie zu offenbaren.

Am Ende dieser Reise finden wir einen Weg des Herzens, der uns erinnert, dass die Reise hier nicht zu Ende ist. Manchmal müssen wir uns in Geduld üben und das, was wir entdeckt haben, in uns »garen« lassen, bevor wir es loslassen oder anderen davon erzählen. Dieser Weg ist die Ergänzung zu *Rashid*, dem vorangegangenen Weg. Auf dem Weg *Rashid* erleuchtet das göttliche Licht den Weg für uns, auf dem wir am besten wachsen können. Auf dem Weg von *Sabur* schließen wir das Wissen und die Erleuchtung, die wir empfangen haben, in uns ein, sodass sie immer heller werden können.

Selten haben wir die Lebensumstände, die wir als ideal für unser eigenes spirituelles Wachstum betrachten würden. Wir haben oft das Gefühl, dass die Erfordernisse des Lebens uns eher von unserem Weg fortziehen – zum Beispiel die verschiedenen Menschen und Projekte, für die wir uns verantwortlich fühlen. Der Premierminister der Gegend, in der Rumi lebte, kam dereinst zu Rumi und sagte ihm, er würde so gern all seine Zeit auf Gebet und Meditation verwenden, aber er würde immer von der Außenpolitik abgelenkt (in diesem Falle bedeutete das, er musste Sorge tragen, dass die einfallenden Mongolen die Bevölkerung von Konya – der Stadt in der heutigen Türkei, wo er und Rumi lebten – nicht dezimierten). Rumi antwortete:

> *Der Grund, dass du bereit bist, deine Arbeit mit Herz zu tun, zeigt göttliche Gnade. Du gibst deine Zeit und deinen Körper dafür hin, die Herzen der Mongolen zu befrieden, sodass wir anderen in Frieden leben können. Wenn Gott dir nicht das Herz senden würde,*

das zu tun, könntest du es nicht mehr machen. Das Eine möchte nicht, dass diese wichtige Arbeit von einem Unwürdigen verrichtet wird.
Das spirituelle Leben ist wie ein heißes Bad. Du fängst an und schürst das Feuer dafür mit unwichtigen Dingen: Stroh, Feuerholz, Dung. Was uns billig, hässlich oder abstoßend erscheint, kann der Geliebte zum Segen verwenden. Dann werden wir warm wie das Bad und können vielen Menschen dienen.

Vielleicht fordert das Leben dich auf, ein wenig länger auszuharren. Dieser Weg rät zur Geduld, seine wahre Botschaft ist jedoch: Jetzt ist nicht die Zeit, dein Licht zu verströmen, das heißt das tiefe innere Wissen über dich selbst und die anderen, das du vom Einen erhalten hast. Lass dir Zeit. Lass die Dinge eine Weile reifen. In Allahs Universum gibt es Zeit genug. Wie *Matin* (54) kann uns auch dieser Weg helfen, mit Projekten und Beziehungen zu arbeiten, bei denen abzusehen ist, dass wir langsam vorankommen werden und sich das Ganze über einen langen Zeitraum hinziehen wird. Die Hitze der Ungeduld und des Unbehagens wird vielleicht, wie in einem gärenden Komposthaufen, in der Zukunft erstaunliche Ergebnisse hervorbringen, von denen wir uns nie hätten träumen lassen – so drückt es dieses kurze Gedicht von Moineddin Jablonsky aus:

Wenn deine tiefe Angst dich gefunden hat,
wird eine gelbe Sonnenblume
neben dir auf dem Misthaufen wachsen.
Du wirst erstaunt sein,
wenn sie dir ihr Gesicht zuwendet.
Sie wird sein wie Feuer,
das gekommen ist,
um dir aus der Hand zu essen. [56]

Wurzeln und Zweige

Traditionell wird diese Eigenschaft unter anderem mit »geduldig« und »standhaft« übersetzt. Die Wurzeln von *Sabur* zeigen einen Behälter oder Sack, *SaB*, der das göttliche Licht umgibt, *UR* (ähnlich dem alten hebräischen Wort *aor*). Der Koran benutzt dieses Wort in einer Passage, die den Menschen rät, nicht miteinander zu streiten und Gegensätzlichkeiten geduldig zu ertragen. Eine andere Übersetzung des Wortes ist »Aufregung vermeidend«.

Meditation

Sammle deine Aufmerksamkeit wieder im Herzen. Atme mit dem Gefühl von Ya Saa-BuuR *und berufe einen Kreis deines inneren Selbst ein. Welcher Teil von dir hat Schwierigkeiten damit, das Leben langsamer anzugehen? Wie kann* Sabur *für dich Licht in diese Schwierigkeit bringen und das innere Feuer schüren, sodass es mehr Hitze entwickelt?*

Atme Ya Saa-Buur *in einer Gehmeditation, indem du deinen ganzen Körper als Gefäß des göttlichen Lichtes fühlst, der nach und nach immer stärker von innen heraus leuchtet. Lasse jeden Schritt, den du gehst, und jeden Atemzug, den du tust, dir ein Universum von Leben und Liebe um dich her enthüllen.*

IN DER EINHEIT BADEN

Hier ist eine berühmte Geschichte von Mullah Nasruddin, aber ich habe viele Leute das Ende auslassen hören. Wie bei allen diesen Geschichten kannst du alles und jeden darin als Teil deines inneren Selbst betrachten:

Einst war Mullah Nasruddin eingeladen, in einem bestimmten Dorf beim Freitagsgebet der Gemeinde in der Moschee zu sprechen. Normalerweise ist das die einzige Zeit, wo es eine Predigt oder Rede gibt, da dann alle zusammenkommen. Das Dorf, das Mullah eingeladen hatte, war als die größte Ansammlung von Dummköpfen weit und breit bekannt. Sie sandten eine Abordnung zu Mullah:
»O Mullah, Weisester aller Weisen, wir wissen, dass wir es nicht wert sind, aber bitte komm zu uns und halte die Predigt bei unseren gemeinsamen Gebeten. Gib uns eine Chance!«
Mullah sagte zu und ging am folgenden Freitag hin.
Nach dem Gebet ging er nach vorn und fragte: »Weiß irgendjemand, was ich euch sagen werde?«
Niemand traute sich etwas zu sagen, weil alle fürchteten, dann dumm dazustehen.
»Dann«, sagte Mullah, »seid ihr alle zu dumm, um es euch zu sagen.« Und er ging hinaus.
Am nächsten Tag sandte die Stadt erneut eine Delegation zu Mullah, die bettelte und flehte: »Bitte, komm wieder! Diesmal werden wir versuchen, es besser zu machen!«
Am nächsten Freitag geschah das Gleiche. Mullah ging nach vorn und fragte:
»Weiß irgendjemand, was ich euch sagen werde?«
Dieses Mal riefen alle auf einmal, als hätten sie es einstudiert: »Ja! Wir wissen es!«

»Dann brauche ich es euch ja nicht zu sagen«, antwortete Mullah und ging hinaus.
Wie du sicher schon erwartet hast, kam am nächsten Tag eine weitere Abordnung, wieder viele Verbeugungen und Kratzfüße: »Nur noch eine Chance, Mullah! Wir versprechen, es besser zu machen!«
In der folgenden Woche wieder dasselbe, dieselbe Frage. Dieses Mal schrie die Hälfte der Menschenmenge: »Manche von uns wissen es!«, und die andere Hälfte: »Und manche nicht! «

»Na, dann«, sagte Mullah, »mögen die, die es wissen, es den anderen erzählen.« Und er ging zum dritten Male hinaus.
Nun habe ich gehört, dass Mullah viele Jahre später zufällig wieder in der Nähe des Dorfes der Dummköpfe weilte, und da es zufällig gerade Freitag um die Mittagszeit herum war, dachte er sich: »Ich will mal nachsehen, wie es ihnen so geht.«
Als er in die Moschee trat, war das Gebet gerade vorüber, aber es sah aus, als ob all auf etwas warteten. Er murmelte vor sich hin: »Naja ... warum auch nicht!« und ging nach vorn.
»Weiß jemand, was ich euch sagen werde? «, fragte er.
Da standen alle auf und verließen die Moschee und Mullah stand alleine da.

Diese Geschichte spiegelt die Reise unseres inneren Selbst. Zu Beginn unseres spirituellen Weges leugnen wir, dass wir überhaupt eine innere Stimme haben. Wir warten auf jemanden, der uns von außen erleuchten soll. Dann verfallen wir auf das andere Extrem zu meinen, wir wüssten alles. Wenn unser inneres Leben schließlich erwacht, kann der Teil in uns, der weiß, zu dem Teil von uns sprechen, der nicht weiß (Mullahs dritte Lösung). Unsere höhere Führung kann zu unserem *nafs* sprechen, und die verschiedenen Stimmen des inneren Selbst können sich versammeln und als eins zusammenarbeiten. Wenn dies einmal der Fall ist, brauchen wir nur auf dem Weg zu bleiben und unser Herz weiterwachsen zu lassen. Am Ende findet Mullah, als er zurückkehrt, dass die »Antwort« auf seine Frage Abwesenheit ist. Das kleine Selbst ist jenseits von Bestätigung und Verleugnung mit dem Selbst des Geliebten verschmolzen.

Meditation

Atme mit einer Hand leicht über dem Herzen einen sanften und doch vollen Atem. Fühle dein Herz selbst als heiligen Raum, bereit für all die Fragen und Antworten, all die Paradoxe des Lebens. Für solch ein Herz ist das Leben ein Abenteuer, gleich, ob es kommt oder geht.

Biografien der zitierten Sufis

Ali und Fatima (Arabien, gest. 661 und 633)

Fatima, die Tochter des Propheten Mohammed, und Ali, ihr Mann, werden von vielen Sufis als Übermittler des geheimnisvollen Wissens des Propheten betrachtet. Zusammen mit einer mystischen Interpretation verschiedener Passagen des Korans untermauert dies eine Behauptung der Sufis, dass Mohammed zunächst versucht hätte, einen in praktischer Moral verwurzelten spirituellen Weg der Weisheit zu übermitteln, der jedoch später kulturell und politisch überlagert wurde.

Rabia Al-Adawiyya (Irak, gest. 801)

Rabia, als die am besten bekannte Mystikerin der Sufis, setzte die Blüte der spirituellen Überlieferungen fort, die mit früheren Mystikerinnen, wie zum Beispiel Mu'adha, begonnen hatte. Sie war als Freundin von Aisha, der Frau des Propheten, bekannt und gab durch ihre Schülerinnen eine frühe Sufi-Linie weiter, die fast 200 Jahre andauerte. Rabia war nicht nur für ihre große spirituelle Hingabe bekannt, sondern auch für ihr Wissen über die frühen Praktiken der Sufis. Rabia wurde mitunter als emotionale spirituelle Einsiedlerin beschrieben, aber ihr Leben und ihre Lehren zeigen ihre Meisterschaft in Aufrichtigkeit, Selbstkritik, rauschhafter Liebe zu Gott und Erkenntnis (die die Sufis *ma'rifa* nennen).

Fatima von Nishapur (Persien, gest. 849)

Fatima von Nishapur verließ ihre Heimat im östlichen Persien, verbrachte viele Jahre in Mekka und bereiste weite Teile von Palästina und Syrien. Sie war eine der wichtigsten Lehrerinnen des ägyptischen Sufis Dhu'l Nun, der sie als »Heilige unter den Heiligen« bezeichnete. Fatima war eine Meisterin der esoterischen Interpretation, sowohl des Korans als auch der Sufi-Lehren über rechte Führung (*side*).

Dhu'l Nun Al Misri (Ägypten, gest. 861)

Dhu'l Nun, ein Sohn nubischer Eltern in Oberägypten, war einer der Ersten, der das Verständnis der Sufis von den mystischen Zuständen des Verschwindens des Selbst (*fana*) und der Auferstehung (*baqa*) in der göttlichen Einheit entwickelte. Auch seine Gebete betonen, dass das Heilige überall in der Natur zu finden ist, was von einigen der frühen asketischen Sufis übersehen worden war.

Abu Yazid Bistami (Persien, gest. 875)

Bistami, der viele Jahre als Einsiedler lebte, sagte in einem Zustand der Ekstase einst »Ehre und Herrlichkeit sei mir«, und drückte damit auf radikale Weise aus, dass das Menschliche und das Göttliche Teil derselben einen Wahrheit sind. Bistami wandte sich später von seinem asketischen Leben ab, da er es nur als einen weiteren Schleier zwischen dem Suchenden und der göttlichen Einheit betrachtete.

Mansur Al-Hallaj (Persien, gest. 922)

Al-Hallaj sagte einst in einem Zustand göttlicher Verzückung: »Ich bin die Wahrheit.« Im Bagdad dieser Zeit ging das nicht so ohne Weiteres durch wie bei Bistami, und aufgrund verschiedener politischer Erwägungen wurde er gekreuzigt. Al-Hallaj verfasste auch poetische und verschiedene andere Schriften, in denen eine kompromisslose Sicht auf die göttliche Einheit zum Ausdruck kommt. In einer dieser Schriften stellt er sich auf die Seite des gefallenen Engels Iblis und zeigt, dass er ein tragischer Liebender Gottes war, der sich vor nichts verneigen wollte als vor dem Einen selbst, auch dann nicht, wenn das Eine es ihm befahl.

Abu Sa'id Abil Khayr (Persien, gest. 1048)

Er war einer der ersten Sufi-Dichter, die sich einer lyrischen Bildersprache bedienten. Abil Khayr lehrte vor allem die Doktrin der Verneinung des Ich als einen Weg, das echte Selbst im Göttlichen zu entdecken.

Abul Qasim Al-Qushayri (Persien, gest. 1074)

In Nishapur geboren, erwarb Al-Qushayri Wissen über das islamische Gesetz und den Koran und studierte außerdem den Sufismus. Er schrieb eine weithin bekannte klassische Abhandlung über die spirituellen Übungen der Sufis und ihre Terminologie, die mit Zitaten anderer Schriftsteller wie Sarraj, Junayd und Shibli ausgeschmückt war.

Abul Hasan Al-Hujwiri (Afghanistan, gest. 1079)

Der im heutigen Pakistan unter Sufis hochverehrte Al-Hujwiri schrieb eine weitere frühe Abhandlung über den Sufismus, mit dem Titel *Kashf-al-Mahjub* oder »Die Entschleierung des Verschleierten«. Der Autor hatte 1979 Gelegenheit, sein Grabmal in Lahore zu besuchen, das bis zum heutigen Tag eine wichtige Gebets- und Pilgerstätte ist.

Abu Hamid Al-Ghazali (Persien, gest. 1111)

Al-Ghazali steht an einem wichtigen Übergang in der Entwicklung des Sufismus. Als Gelehrter und Philosoph versuchte er die Betonung, die die Sufis auf die persönliche spirituelle Erfahrung legen, mit der Welt der orthodoxen Religion zu versöhnen. Sein Erfolg kann darin gesehen werden, dass der Sufismus noch viele Jahrhunderte nach seinem Tode den offiziellen Islam beeinflusste. Später in seinem Leben gab Al-Ghazali seine akademische Laufbahn auf, gründete eine Sufi-Gemeinde und gab sich der mystischen Liebe hin.

Abul Majdud Sana'i (Persien, gest. 1150)

Sana'i, einer der frühen mystischen Dichter und Sammler von Sufi-Geschichten, wurde früh in seinem Leben ein Derwisch, der dem Alltagsleben den Rücken kehrte. Er schrieb eine Sammlung von Lehren und Geschichten mit dem Titel *Der Garten der Wahrheit,* die spätere Lehrer – wie zum Beispiel Rumi – beeinflussten.

Abdul Qadir Jilani (Irak, gest. 1166)

Jilani repräsentiert die Entwicklung des Weges der Konzentration im klassischen Sufismus. Seine Schriften betonen die moralische Dimension rechter Beziehung, zusammen mit kraftvollen Herzensübungen, die zur Meisterschaft führen, wenn man sie gut kann.

Shihab Al-Din Suhrawardi (Irak, Syrien, gest. 1191)

Suhrawardi gilt als einer der Initiatoren der »Philosophien der Erleuchtung» innerhalb des Sufismus, die die Doktrin der schöpferischen Kraft des Lichts formulierte. Eines seiner berühmten Bücher war *Die Tempel des Lichts*. Er wurde wegen angeblicher Ketzerei zum Märtyrer.

Fariduddin Attar (Persien, gest. 1229)

Attar ist der erste der großen klassischen Sufi-Dichter. Er schrieb ausgiebig über die Leben der Sufi-Heiligen vor ihm und verfasste das epische Gedicht *Die Vogelgespräche*. In diesem Gedicht wird von einer Vogelschar berichtet, die sich auf die Suche nach ihrem König macht. Die Geschichten, die die Vögel erzählen, und die Abenteuer, die ihnen begegnen, stellen Etappen auf dem Sufi-Weg dar. Die Vögel verkörpern auch die verschiedenen Aspekte unserer eigenen Persönlichkeit, denen wir auf dem spirituellen Weg begegnen. Attars Werk beeinflusste viele spätere Dichter und aus seiner Sammlung von Sufi-Geschichten wird noch heute zitiert.

Moineddin Chishti (Indien, gest. 1236)

Chishti, der beinahe ein Zeitgenosse von Jilani war, brachte den Sufismus nach Indien und legte – in einer völlig anderen Kultur – die Betonung auf die Entwicklung des Herzens durch Musik, heilige Bewegung und Kunst.

Muhyi Al-Din Ibn Arabi (Andalusien, gest. 1240)

Ibn Arabi, genannt »der große Scheich«, unternahm weite Reisen nach Ägypten, Syrien und in den Irak, bevor er sich in Damaskus niederließ. Wie sein Vorgänger Suhrawardi war auch er auf eine Mystik der Erleuchtung ausgerichtet und lehrte durch Dichtung und Prosatexte einen Weg, das göttliche Licht in allen Formen und Religionen zu finden. In seinen umstritteneren Schriften propagiert er die Entdeckung der heiligen Einheit in den Tiefen der eigenen Natur und er zitierte gerne einen Passus aus dem Koran: »Wer immer das eigene Selbst kennt, kennt das Eine Selbst.«

Jelaluddin Rumi (Anatolien, gest. 1273) und Shams-i-Tabriz (Persien, gest. 1248)

Zwei der berühmtesten Sufis, Rumi und Shams, begegneten sich in Konya (in der heutigen Türkei) und ihre spirituelle Freundschaft führte zu einer wahren Explosion von Lehren und Dichtung, die die Welt noch immer beeinflusst. Shams war ein wilder, schamanischer Lehrer, Rumi, bevor er ihn traf, ein arrivierter Philosoph. Nach Shams Tod verfasste Rumi Gedichte, als ob er mit Shams Stimme spräche (eine Praktik der Sufis, die tassawuri genannt wird), und diktierte später das epische Werk Mathnawi, in dem Dichtung, Sufi-Geschichten und Lehren in einer Weise miteinander verwoben sind, die bis heute nicht ihresgleichen gefunden hat.

Muslihuddin Saadi (Persien, gest. 1292)

Saadi repräsentiert eine völlig andere Entwicklungsrichtung der Lyrik und Prosa der Sufis als Rumi und Attar. Man kann ihn mit dem amerikanischen Humoristen Mark Twain vergleichen, der durch Satire, Ironie und Lachen lehrt. Saadis viele Geschichtensammlungen wurden zu seiner Zeit in weiten Kreisen gelesen und erzählt. Auch seine mystische Liebeslyrik ist immer von Humor durchzogen und gewährt zarte Einsichten in die verrückten Wege und Abwege von Liebe, Leidenschaft und Beziehungen.

Mahmud Shabistari (Persien, gest. 1320)

Wie Rumi kombiniert auch Shabistari in einer wunderschönen und einzigartigen Weise Sufi-Lehren und Liebesgedichte. In seinem Geheimen Rosengarten sind manche mystischen Zustände des alltäglichen Lebens so klar zum Ausdruck gebracht wie kaum jemals sonst. Auch Shabistari findet die göttliche Energie in jedem Tropfen und Teilchen der Natur und in seiner Dichtung betont er wieder die ursprüngliche Auffassung der Sufis, dass das geschaffene Universum nicht befleckt oder sündhaft ist, sondern ein vielfältiges Fenster, durch das wir die göttliche Wirklichkeit betrachten können.

Nizamuddin Auliya (Indien, gest. 1325)

Er war einer der Nachfolger von Moineddin Chishti und Schüler eines weiteren großen indischen Sufi, Farid Ganj-i-Shakar. Eines seiner Hauptwerke war *Moral des Herzens.*

Shams Al-Din Hafiz (Persien, gest. 1389)

Hafiz‘ Dichtung zeigt eine von Liebe verwirrte und verzückte Mystik, die spirituelle Wahrheiten durch gleichzeitig humorvolle und tief gehende Bilder zum Ausdruck bringt. Bei vielen seiner Gedichte kann man kaum sagen, ob Hafiz von der leidenschaftlichen Liebe zweier Menschen spricht oder von der Liebe zwischen dem Menschen und dem Göttlichen. Es ist vielleicht genug zu sagen, dass für ihn Liebe das ist, was das Universum zusammenhält, und dass er die

Entwicklung des Herzens, sei es durch menschliche Beziehungen oder durch Hingabe an das Göttliche, als das wichtigste Ziel ansieht.

Fatima Jahanara (Indien, gest. 1681)

Als Enkelin des Mogulkaisers Akbar und Tochter von Shah Jehan, dem Erbauer des Taj Mahal, erbte Fatima Jahanara sowohl eine umfassende spirituelle Weitsicht als auch eine Liebe zum Erschaffen von Schönheit als spirituelle Praktik. Sie war die Vorgängerin vieler späterer Entwicklungen im indischen Sufismus, einschließlich seiner Betonung auf Kunst, Musik und Dichtung.

Ahmad Hatif (Persien, gest. 1794)

Ahmad Hatif, ein Sufi aus Isfahan, schrieb eine berühmte epische Dichtung über die Reise der Seele zum Geliebten, die den Titel *Das Tarij Band* trägt. Darin begibt sich der Suchende in einen zoroastrischen Feuertempel, eine Kirche und eine Taverne und findet, dass im Grunde alle hinter all den verschiedenen Formen dieselbe Wirklichkeit verehren.

Inayat Khan (Indien, gest. 1927)

In Baroda in eine Familie von Musikern geboren, wurde Inayat Khan in seiner Jugend ein virtuoser Vina-Spieler. Seine Suche nach einem spirituellen Lehrer erfüllte sich darin, dass er die Einweihung von Shayk al-Mashaykh Sayed Muhammed Abu Hashim Madani empfing. Dieser war der Begründer der vier Hauptlinien der Sufis in Indien, war jedoch hauptsächlich mit dem Chishti-Orden verbunden. Am Ende seiner Lehrzeit wurde Inayat Khan von seinem Lehrer ersucht, in den Westen zu reisen und die beiden Kulturen miteinander zu vereinen. Er kam in den Westen als Vertreter der musikalischen Traditionen seiner Heimat und brachte eine Botschaft von Liebe, Harmonie und Schönheit mit – die Quintessenz der Sufilehre und ein revolutionärer Ansatz zur Harmonisierung der westlichen und östlichen Spiritualität. Während der sechzehn Jahre, die er im Westen verbrachte, gründete er eine spirituelle Schule, die auf der traditionellen Ausbildung der Chishti-Sufis beruhte und von einer revolutionären Vision der Einheit von religiösen Idealen und dem Erwachen der Menschheit zu ihrer inneren Göttlichkeit erfüllt war.

Samuel L. Lewis, Sufi Ahmed Murad Chishti (USA, gest. 1971)

Samuel L. Lewis war ein Schüler Pir-O-Murshid Inayat Khans (1882-1927) und wurde von Pir Barkat Ali von Pakistan 1962 als Murshid (Ältester oder Lehrer) der Chishti-Linie eingeweiht. Samuel Lewis studierte sein Leben lang vergleichende Spiritualität und Mystik, insbesondere Zen-Buddhismus, Hinduismus und die Kabbala, und war gleichzeitig ausgebildeter Gartenbauer und Gärtner. Er reiste nach Ägypten, Pakistan, Indien und Japan, wo er verschiedene spirituelle Lehrer besuchte und Informationen über biologischen Landbau und andere »grüne« Methoden in der Landwirtschaft weitergab. Er engagierte sich in den frühen Stadien einer Bewegung, die später als »Citizen Diplomacy« bekannt wurde. Sein Friedensplan war hauptsächlich folgender: »Esst, betet und tanzt miteinander.« Gegen Ende seines Lebens begründete er eine Art heiliger Bewegung in der Gruppe, die er »Tänze des Universellen Friedens« nannte.

Moulana Shah Maghsoud (Iran, gest. 1980)

Maghsoud war einer der einflussreichsten Sufis der Oveysi Mashrab in Persien. Oveysis beziehen sich auf den Zeitgenossen des Propheten Mohammed, Uways Al-Qarani, der von dem Propheten eingeweiht wurde und innerlich direkt mit ihm in Verbindung stand, auch wenn sie sich niemals körperlich begegneten. Sein Vater, Hazrat Mir Ghotbeddin Mohammad, war einer der großen Sufis und Gelehrten seiner Zeit, seine Mutter war Korshid, die aus einer sehr alten persischen Familie stammte. Moulana Shah Maghsoud arbeitete über vier Jahrzehnte daran, die Brücke zwischen Spiritualität und Wissenschaft zu schlagen. In einem seiner Bücher, *Traditionelle Medizin,* beschrieb er die Zukunft der Wissenschaft von den 1960er-Jahren bis zum Jahr 2000 und sagte viele Entwicklungen in der Gentechnik und ihre Anwendung in der Medizin voraus.

Bawa Muhaiyaddeen (Sri Lanka, gest. 1986)

Muhammad Raheen Bawa Muhaiyaddeen war ein verehrter Sufi-Heiliger von der Insel Sri Lanka, der über fünfzig Jahre lang selbstlos sein Wissen und seine Erfahrung mit Menschen jeder Rasse, Herkunft und Religion teilte. Über seine frühe persönliche Geschichte ist wenig bekannt. Erst als zu Beginn des 20. Jahrhunderts Pilger, die durch den Dschungel von Sri Lanka reisten, dort einen Heiligen entdeckten, wurde etwas über ihn bekannt. Einige Zeit später lud ihn ein Pilger in ein nahe gelegenes Dorf ein und damit begann sein öffentliches Leben als Lehrer der Weisheit. 1971 kam er zum ersten Mal in die Vereinigten Staaten und begründete in Philadelphia die »Bawa Muhaiyaddeen Fellowship of North America«. Seit damals haben sich Zweige dieser Gemeinschaft überall in den Vereinigten Staaten und Kanada sowie in Sri Lanka, Australien und England verbreitet.

Nur Al-Jerrahi, Lex Hixon (USA, gest. 1995)

Der Schüler von Shayk Muzzafer Ashki al-Jerrahi, Lex Hixon, erforschte viele spirituelle Wege. Besonders tief tauchte er in den Hinduismus, den Buddhismus und den Islam ein und schrieb neun Bücher. Sein erstes Buch *Coming Home: The Experience of Enlightenment in Sacred Traditions* wurde 1978 zu einem Klassiker in der vergleichenden Religionswissenschaft. In der Sufi-Tradition schrieb er unter anderem einen interpretierenden Kommentar zum Koran mit dem Titel *The Heart of the Qur'an sowie 101 Diamonds from the Oral Tradition of the Glorious Messenger Muhammad.* Sein Werk wird durch den »Nur Ashki Jerrahi Orden« fortgeführt.

Idries Shah, Sayed Idries el-Hashimi (Indien, Afghanistan, gest. 1996)

Shah, der in eine Sufi-Familie geboren wurde (sein Vater war Afghane, seine Mutter Schottin), schrieb über fünfunddreißig Bücher und über hundert akademische Monografien. Zwanzig davon waren dem Sufismus gewidmet, darunter der Bestseller *Die Sufis*. In seinen Dreißigern begann er seine öffentliche und formelle Arbeit als Studiendirektor des »Institute for Cultural Research«. Dieser gemeinnützige Forschungsverein untersuchte kulturübergreifende Muster des menschlichen Denkens und Verhaltens. Er versuchte andere zu lehren, sich dem Dienst an anderen hinzugeben, vielseitig, tüchtig und auch – im besten Sinne – »einfach« zu sein.

Irina Tweedie (Russland, gest. 1999)

Irina Tweedie wurde 1907 in Russland geboren und in Wien und Paris erzogen. Schließlich zog sie nach England, wo sie, verstört durch den vorzeitigen Tod ihres Mannes, nach dem Sinn des Lebens zu suchen begann, besonders mithilfe der Theosophischen Gesellschaft. Im Alter von vierundfünfzig Jahren führte sie ihre Suche nach Indien, wo sie dem Sufi-Lehrer Bhai Sahib (auf Hindi »Älterer Bruder«) begegnete. Ihre Jahre in seiner Gesellschaft bis zu seinem Tod im Jahre 1966 waren eine Zeit intensiver Prüfungen, die sie darauf vorbereiteten, nach seinem Tode mit der geistigen Gegenwart ihres Lehrers Kontakt aufzunehmen. Sie ist wohlbekannt für ihre spirituelle Autobiografie *Der Weg durchs Feuer*, und ihre Arbeit wird durch das »Golden Sufi Center« fortgeführt.

Moineddin Jablonski (USA, gest. 2000)

Als geistiger Nachfolger von Samuel L. Lewis hielt Jablonski hartnäckig an der Vision fest, die Botschaft von Liebe, Harmonie und Schönheit durch spirituelle Praxis, Heilung, Dienst an der Umwelt und bewusstes Engagement in der Gesellschaft zu verbreiten. Einer seiner großen Beiträge war »Soulwork« – Seelenarbeit ein psychospiritueller Therapieansatz mit dem Ziel, objektive Klarheit im Inneren zu schaffen, sodass man seine emotionalen Verletzungen heilen und die verschiedenen Subpersönlichkeiten vereinen kann, die man in seinem Inneren trägt. Auf dieses Ziel arbeitete er unermüdlich hin und verband dabei Hawaiianische Denkmodelle mit alter und moderner Psychologie. Er war in der Dichtkunst sehr bewandert, schrieb auch selbst Gedichte und war ein geachteter Kenner der östlichen mystischen Traditionen.

Vilayat Inayat Khan (England, gest. 2004)

Sohn von Hazrat Inayat Khan und bis zu seinem Hinscheiden das geistige Oberhaupt und der Pir des Sufi-Ordens im Westen. Seine Beiträge zum Dialog zwischen Sufismus, moderner Psychologie und Wissenschaft auf vielen Fachkongressen der Welt bleiben unerreicht. Er förderte internationale Aktivitäten, die alle Glaubensrichtungen zusammenführten, und setzte sich für soziales

Handeln als einem integralen Teil spirituellen Lebens ein, insbesondere mit der Erschaffung des Hope-Projektes im indischen Delhi. Er entwickelte die geistigen Lehren seines Vaters, Pir-o-Murshid Hazrat Inayat Khan, und der alten Sufis weiter und unternahm weite Reisen, um diese Lehren einem breiten Publikum nahezubringen. Er schrieb viele Bücher, insbesondere *Introducing Spirituality into Counselling and Therapy, That Which Transpires Through That Which Appears* und seine meisterhafte Erforschung der Sufi-Weisheit in Form eines imaginären Kongresses von Sufis aus vielen Jahrhunderten: *In Search of the Hidden Treasure: A Conference of Sufis.*

Kontaktadressen

Die Bawa Muhaiyaddeen Fellowship dient als ein Zentrum, in dem sich die Einzelnen versammeln und die Wahrheit und Einheit Gottes kontemplieren können. Äußerlich geschieht dies durch das Studium der Lehren und des Vorbildes von M. R. Bawa Muhaiyaddeen. Unzählige Stunden seiner Vorträge sind auf Audio- und Videokassetten aufgezeichnet und viele davon auch in Büchern zusammengefasst. Innerlich geschieht es, indem man sich nach und nach durch Gebete und die Anwendung dieser Lehren im täglichen Leben reinigt.
Kontakt: 5820 Overbrook Avenue, Philadelphia, PA 19131-1221, USA. Tel.: 001-215-8796300 (24-Std.-Anrufbeantworter). Fax: 001-215-879-6307. Email: info@bmf.org. Website: www.bmf.org

Das Golden Sufi Center dient der Arbeit des Naqshbandiyya-Mujaddidiyya-Ordens des Sufismus. Naqshbandi-Sufis sind als stille Sufis bekannt, weil sie eine stille Herzensmeditation und stillen Dhikr praktizieren. Das Golden Sufi Center bringt auch Bücher über Sufismus heraus. Zum Beispiel wurde Der Weg durchs Feuer von Irina Tweedie von ihnen verlegt und verschiedene Bücher von Llwellyn Vaughan-Lee.
Kontakt in Europa: Postfach, CH-9006 Sankt Gallen, Schweiz, Tel. und Fax: 0041-(0)71-2448986 (Mo 16-18, Fr 9-12 Uhr). Email: euoffice@goldensufi.org. Website: www.goldensufi.org

Die International Association of Sufism wurde 1983 von Nahid Angha, Ph.D., und Shah Nazar Seyed Ali Kianfar, Ph.D., gegründet. Durch die Bemühungen vieler Sufi-Meister, die Beiträge vieler Sufi-Orden und -Schulen und die Mithilfe von am Sufismus interessierten Studenten, Lehrern, Übersetzern und Künstlern hat die Association die Verwirklichung ihrer Gründungsziele zu einem guten Teil erreicht. Die IAS ist eine weltweite, gemeinnützige Organisation, die sich der Friedensarbeit im Sinne des Sufismus widmet. Vor Kurzem wurde sie aufgrund ihrer Verdienste zu einer den Vereinten Nationen angeschlossenen Informations- und Presse-Organisation ernannt. Die IAS bietet eine Reihe von Weiterbildungsmöglichkeiten an, zum Beispiel akademische Kurse, Vorträge, Konferenzen und Sufi-Versammlungen. Veranstaltungen zu Sufismus, Psychologie, Musik und Dichtung, zu glaubensübergreifenden und vielen anderen Themen finden in der Gegend von San Francisco, im Umkreis von Seatde und überall in den Vereinigten Staaten und auf der Welt statt.
Kontakt: 14 Commercial Blvd., Suite 101, Novato, California 94949, USA. Tel.: 001-415-382SUFI. Email: ias@ias.org. Website: www.ias.org.

Das Institute for Sufi Studies (ISS) ist eine Bildungsabteilung der International Association of Sufism (IAS). Es bietet Kurse direkt in seinen Zentren an, außerdem über das Internet und in anderen Bildungseinrichtungen. Die Lehrer sind Praktizierende des Sufismus und Lehrer vieler verschiedener Fachrichtungen, wie zum Beispiel Religion, Literatur, Psychologie, Soziologie und Physik. Kontakt: 14, Commercial Blvd., Suite 101, Novato, California 94949, USA. Tel.: 001-415382-7834.

Der Mevlevi-Orden führt die authentische Sufi-Tradition des Wirbelns als einer Form des Gebets fort, die der mystische Dichter Jelaluddin Rumi vor sieben Jahrhunderten begründete. Diese Derwisch-Praxis ist ein Ausdruck der inneren Herzensfreude, ein Weg mystischer Liebe und Vereinigung. Die spirituellen Übungen der Mevlevi, die Musik, Dichtung, Gebete und Lieder auf Arabisch, Persisch, Türkisch und Englisch in sich vereinen, sind eine Art des Sich-Erinnerns an das Göttliche. Der Mevlevi-Weg wurde in den Siebzigerjahren des 20. Jahrhunderts von Suleyman Hayati Dede in den Westen gebracht. Sein Sohn, Jelaluddin Loras, ist der Leiter des Mevlevi-Ordens von Amerika, einer gemeinnützigen religiösen Vereinigung. Neben den traditionellen Lehren und Praktiken der Mevlevi – Sema (das »Drehen«), rituelle Kreise für Zikr Allah (göttliches Erinnern) und Sobhet (heiliges Gespräch) – hat Postneshin Jelaluddin auch für den Westen passende neue Ausdrucksformen der traditionellen Derwisch-Lehren eingeführt.
Es gibt Zentren in den Vereinigten Staaten, Kanada, Europa und Konya in der Türkei. Kontakt in Amerika: Mevlevi-Order of America, c/o PO.Box 175, Kula, HI 96790, USA. Email: info@hayatidede.org. Website: www.hayatidede.org. In Europa: Internationale MevlanaStiftung, Schweiz, Anne und Peter Cunz-Regard, CH-3116 Mühledorf. Tel.: 0041 -(0)55 246 35 67. Email: kontakt@mevlana.ch. Website: www.mevlana.ch

Der Nur Ashki Jerrahi Sufi-Orden ist eine Gemeinschaft von Derwischen innerhalb der Halveti-Jerrahi Tariqat in der speziellen Linie und Ausrichtung von Sheik Muzaffer Ashki Al-jerrahi und Sheika Fariha Al-Jerrahi. Ihre Zentrale ist in New York und es gibt verschiedene Kreise davon überall in der Vereinigten Staaten und Mexiko. Suchende und Schüler aller Religionen und nicht religiösen Wege sind in ihren Versammlungen willkommen. Kontakt: Tel.: 001-212-334-5212. Website: www.nurashkijerrahi.org

Der Dervish Healing Order (DHO) fokussiert die Vision von Gesundheit und universeller Heilung, wie sie von Hazrat Inayat Khan präsentiert und von Murshid Samuel Lewis gefördert und weitergetragen wurde. An vielen Orten treffen sich regelmäßig Heilkreise, in denen das Heilritual durchgeführt wird. Weitere Aspekte der Vertiefung des Heilungspotenzials im Dienst an der Menschheit und unserer Erde basieren auf den Übungen des Heilatems, Übungen der Konzentration und Visualisierung, der Reinigung, des Schutzes und der Einstimmung in die göttliche Einheit. Der DHO ist ein international vertretener

Initiierungsorden und Teil der Sufi Ruhaniat International.
Kontakt in Deutschland: DHO, Uhlandstr. 60, 13156 Berlin.
Website: www.dervish-healingorder.com

Die Internationale Sufi-Bewegung wurde von Hazrat Inayat Khan gegründet, und zwar mit folgenden Zielen: 1) Die Einheit zu erkennen und dieses Wissen und die Religion der Liebe und Weisheit zu verbreiten, sodass die verschiedenen Glaubensrichtungen und -unterschiede von selbst wegfallen, das menschliche Herz vor Liebe überfließt und aller Hass, der durch Unterschiede und Andersartigkeiten geweckt wird, mit der Wurzel ausgerottet werden möge; 2) das Licht und die Kraft, die in jedem Menschen schlummern, das Geheimnis aller Religion, die Macht der Mystik und die Essenz der Philosophie zu entdecken, ohne gegen Sitten und Meinungen zu verstoßen; 3) mitzuhelfen, die beiden Pole der Welt, den Westen und den Osten, durch den Austausch von Gedanken und Ideen eng zusammenzubringen, sodass eine universelle Bruderschaft entstehen und Menschen sich jenseits der engen nationalen und Rassen bezogenen Grenzen begegnen können. Die Sufi-Bewegung ist in fünf getrennte Aktivitäten eingeteilt: die Bruder-Schwesternschaft, Universeller Gottesdienst, die Schule der inneren Kultur bzw. Esoterik, spirituelles Heilen und Symbolik. Diese Arbeit wird von örtlichen, regionalen und nationalen Vertretern durchgeführt.
Kontakt: International Headquarters of the Sufi Movement, 24 Banstraat, 2517 GJ Den Haag, Niederlande. Email: IHQ@sufimovement.org.
Website: www.sufimovement.org. Vertretung in Deutschland: Petra Beate Schildbach. Email: germany@sufi-movement.org

Der Inayati-Orden existiert, um die Botschaft der Einheit zu verbreiten und das Erwachen der Menschheit zur Göttlichkeit in allen zu fördern, wie Pir-O-Murshid Inayat Khan es lehrte und Pir Vilayat Khan (gest. 2004) und Pir Zia Inayat Khan es weiterführten und -führen. Der Orden will ein spirituelles Übungsprogramm anbieten, das eine tiefe persönliche Transformation ermöglicht, die zu einem ausgewogenen, harmonischen und kreativen Leben führt; spirituelle Lehrer heranziehen, die eine echte Ausbildung im inneren Leben geben können; neue Wege finden, um die spirituellen Ideale von Liebe, Harmonie und Schönheit in die Schwierigkeiten und Möglichkeiten des täglichen Lebens einzubringen; Gott und der Menschheit zu dienen, indem er hilft, Leid zu mildern, Verständnis zu fördern und die Entfaltung einer universellen liebenden Brüderlichkeit zu fördern.
Kontakt in Amerika: The Inayati Order
112 E. Cary St. Richmond, VA 23219
Tel.: 001-(518) 794-7834
Email: astana@inayatiorder.org, Website: www.inayatiorder.org
Kontakt in Deutschland:
Email: sekretariat@inayatiorden.de, Website: www.inayatiorden.de

Der Sufi Ruhaniat International führt das Werk der Sufis Ahmed Murad Chishti (Pir-O-Murshid Samuel L. Lewis) und Pir-O-Murshid Moineddin Jablonski fort. Ruhaniat bedeutet »der Weg der Transformation durch Atem und Seele«. Außer den Tänzen des Universellen Friedens umfasst die spirituelle Praxis des Ruhaniat Gebet und Gehmeditation; Klang, Atem, Herzenskonzentration und Kontemplation in der Chishti-Tradition; Arbeit mit sifat (göttlichen Eigenschaften) und zat (göttlicher Essenz) sowie Seelenarbeit. Der Weg der Einweihung und Jüngerschaft ist das zentrale Thema des Ruhaniat, der offene Studiengruppen in Nord- und Südamerika, Europa, Russland und Australien hat.
Sufi Ruhaniat International, Email: info@ruhaniat.org,
Website: www.ruhaniat.org
Kontakt in Deutschland: Sufi Ruhaniat International Deutschland e.V.,
Uhlandstr. 60, 13156 Berlin. Website: www.ruhaniat.de

Das Internationale Netzwerk für Tänze des Universellen Friedens führt die glaubensüberschreitende und interspirituelle Arbeit in Heiliger Bewegung und »Frieden durch Kunst« fort, die von Samuel L. Lewis begonnen wurde. Das Netzwerk gibt Auskunft über Kontakte und liefert Materialien wie Tonaufzeichnungen, Bücher und Organisationshilfen für die wachsende Zahl von Tanzkreisen. Die Tanzleiter gehören vielen spirituellen- und Glaubensrichtungen an, u.a. dem Islam, Buddhismus, Christentum, Taoismus und Hinduismus. Das heutige Repertoire der Tänze feiert immer mehr spirituelle Traditionen der Menschheit. Die Tänze werden für Therapie- und Unterrichtsszwecke, in der »Citicen Diplomacy«, im Gottesdienst, in Kliniken, offenen Anstalten, Gefängnissen und Schulen (Grundschulen bis Universitäten) eingesetzt.
Kontakt: www.taenzedesuniversellenfriedens.de
oder www.dancesofuniversalpeace.org

Die Threshold Society, die in den Sufi-Traditionen wurzelt und vom Leben Mevlana Jalaluddin Rumis inspiriert ist, ist eine gemeinnützige Bildungseinrichtung mit dem Ziel, die Erfahrung von göttlicher Einheit, Liebe und Weisheit in der Welt zu fördern. Die Gesellschaft hängt mit dem Mevlevi-Orden zusammen und bietet in der ganzen Welt Ausbildungsprogramme, Seminare und Retreats an. Diese sollen dazu dienen, der Praxis und dem Lernen innerhalb des Sufismus und spiritueller Psychologie eine Struktur zu geben. Die Programme und Aktivitäten stehen Menschen aller Glaubensrichtungen offen.
Kontakt: The Threshold Society, 151 Emerald City Way, Watsonville, CA 95076, USA. Website: www.sufism.org

Der Halveti-Jerrahi Derwisch-Orden ist ein traditioneller moslemischer Sufi-Orden. Er ist eine kulturelle und soziale Hilfsorganisation, die aus Moslems verschiedenster beruflicher, ethnischer und nationaler Hintergründe besteht. Der Jerrahi-Orden hat Ableger in der Türkei, den USA, in Bosnien, Deutschland, Griechenland, Italien, Frankreich, England, Spanien, Kanada, Mexiko, Argentinien, Chile und Brasilien. Der Weg beginnt mit Wissen. Unter dem Schutz des Wissens wächst man zu einem freundlichen, gütigen und schönen Wesen heran, zu dem, was wir von Natur aus sind.

Kontakt: Halveti-Jerrahi Order of America, 884 Chestnut Ridge Road, Chestnut Ridge, NY 10977, USA. Tel.: 001-845-325-5518. Email: info@jerrahi.org. Website: www.jerrahi.org

Anmerkungen

1 Massud Farzan, *The Tate of the Reed Pipe* (New York, Dutton, 1974), S. XV

2 Ebd., S. 63-64

3 Hazrat Inayat Khan, *Gathekas for Candidates by Pir-O-Murshid Hazrat Inayat Khan,* PDF-Ausgabe 1999 (Eugene, OR: Sufi Ruhaniat International, 1926), S. 11

4 M. R. Bawa Muhayaddeen, Asma'Ul-Husna: *The 99 Beautiful Names of Allah* (Philadelphia PA: Fellowship Press, 1979), S. 155, 157

5 Thomas-Evangelium, Logion 70, nach einer Übersetzung des Autors aus dem koptischen Text und mit Bezugnahme auf verschiedene literarische Übersetzungen, z.B. Grondin (1988), Guillaumont (1959) und Patterson (1998). Vgl. eine ähnliche Übersetzung des Autors in Douglas-Klotz, *Aus derselben Quelle leben wir* (München: Kösel-Verlag, 2004)

6 Idries Shah, *Die Karawane der Träume* (Diederichs, 2001)

7 Aus einem Hadith, der von Abu Said aL-Khudri übermittelt wurde. Diese und folgende Versionen von Hadiths sind, wenn nicht anders angegeben, vom Autor.

8 Hazrat Inayat Khan, *The Complete Sayings of Hazrat Inayat Khan* (New Lebanon: Omega Publications, 1978), S. 239, 244, 245

9 Übersetzt in Nahid Anga, *Ecstasy: The World of Sufi Poetry and Prayer* (San Rafael, CA: International Association of Sufism, 1998), S. 100

10 Aus einem Hadith, übermittelt von Aba Hurayra.

11 Ebd.

12 Ebd.

13 Hazrat Inayat Khan (1978), wie Anmerkung 8, S. 49

14 Meditation des Autors über den arabischen Text des Korans, Sure 2:245

15 Übersetzung des Autors von Bronte NHCVI, 2, nach einer ähnlichen in Douglas-Klotz (1995)

16 Aus einem Hadith, übermittelt von Abu Hurayra. Diese Fassung nach L. Hixon und AlJerrahi, *101 Diamonds from the Oral Tradition of the Glorious Messenger Muhammad* (New York: Pir Press, 2002), S. 144

17 Meditation des Autors über einen arabischen Text des Korans.

18 Diese und folgende Rumi-Übersetzungen des Autors, beruhend auf Rumis Vorträgen in A. J. Arberry, *Discourses of Rumi* (London: John Murray, 1961)

19 Aus einem Hadith, übermittelt von Anas Ibn Malik, gesammelt von Ibn

Al-Arabi.

20 Hazrat Inayat Khan (1978), wie Anmerkung 8, S. 33

21 Ebd., S. 164

22 Interview mit Lina Tweedie in der Zeitschrift »The Laughing Man«, 1987, zitiert auf www.goldensufi.org

23 Vraje Abramian (Übers.), *Nobody, Son of Nobody: Poems of Shaikh Abu-Saeed Abil-Kheir* (Prescott, AZ: Hohm Press, 2001), S. 48

24 Fassung aus L. Hixon und Al Jerrahi (2002), wie Anmerkung 16, S. 141

25 Ebd., S. 53

26 Hazrat Inayat Khan (1999), Commentary on »The Path of Initiation and Discipleship« with Commentary by Murshid Samuel L. Lewis (Sufi Ahmed Murad Chishti), PDF-Ausgabe (Eugene, OR: Sufi Ruhaniat International, 1999), S. 50

27 Ebd., S. 86

28 Vom Autor nacherzählt aus einer Geschichte, die Idries Shah dem im sechzehnten Jahrhundert auf dem Balkan lebenden Sufi Sayed Safar vom Gulshani Orden zuschrieb. Vgl. Shah (1968), wie Anmerkung 6, S. 185–186

29 Übersetzt in Nahid Anga (1998), wie Anmerkung 9, S. 104–105

30 Samuel L. Lewis, *Forty Lessons on Breath,* PDF-Ausgabe (Eugene OR: Sufi Ruhaniat International, 2000), S. 6

31 Diese Stelle aus Matthäus 5,12 wird normalerweise mit »Freut euch und jubelt!« übersetzt. Eine ausführlichere Übersetzung steht in Douglas-Klotz, *Das Vaterunser* (München: Droemer/Knaur, 2007), S. 103

32 Wie Anmerkung 22, Interview in »Laughing Man«, zitiert auf www.goldensufi.org.

33 Hazrat Inayat Khan (1978), wie Anmerkung 8, S. 40, 165

34 Samuel L. Lewis, *Gayaniat: A Commentary on The Gayan of Pir-O-Murshid Hazrat Inayat Khan,* PDF Ausgabe (Eugene, OR: Sufi Ruhaniat International, 1999), S. 36

35 Aus einem Hadith, überliefert von Anas Ibn Malik, gesammelt von Ibn Al-Arabi.

36 Meditation des Autors über den arabischen Text des Korans.

37 Nach der Fassung aus Flixon und Al-Jerrahi, wie Anmerkung 16, S. 51

38 Samuel L. Lewis, *Sadhana: The Path of Attainment: A Commentary on The Papers of Pir-O-Murshid Hazrat Inayat Khan,* PDF-Ausgabe (Eugene OR: Sufi Ruhaniat International, 1999) S. 33–34

39 Samuel L. Lewis, *The Bestowing of Blessing,* PDF-Ausgabe (Eugene OR: Sufi Ruhaniat International, 1999), S. 63

40 M. R. Bawa Muhaiyaddeen, *Islam and World Peace: Explanations of a Sufi*

(Philadelphia: Fellowship Press, 1987), S. 126

41 Moineddin Jablonski, *The Gift of Life: Sayings and Poems of a Modern Sufi* (Seatde, WA: Peaceworks, 2005)

42 Samuel L. Lewis, *Shafayat: Healing: A Commentary on The Book of Health of Pir-O-Murshid Hazrat Inayat Khan,* PDF-Ausgabe (Eugene OR: Sufi Ruhaniat International, 1999), S. 48

43 Moineddin Jablonski (2005), wie Anmerkung 41

44 M. R. Bawa Muhaiyaddeen, (1987), wie Anmerkung 40, S. 34

45 Lex Hixon, *The Heart of the Qur'an: An Introduction to Islamic Spirituality* (Wheaton, IL: Quest Books, 2003), S. 204

46 Nach einer englischen Übersetzung aus Hamaseh Kianfar und Sahar Kianfar, *Sufi Stories* (San Rafael, CA: International Association of Sufism, 1996), S. 62

47 Hazrat Inayat Khan (1978), wie Anmerkung 8, S.54

48 Vilayat Inayat Khan, »Sufism, Islam and Jungian Psychology« in J. Marvin Spiegelman et.al., *Sufis, Islam and Jungian Psychology* (Scottsdale, AZ: New Falcon Publications, 1991), S. 37

49 Meditation des Autors über den arabischen Text des Korans.

50 Hazrat Inayat Khan (1978), wie Anmerkung 8, S. 56

51 Lex Hixon (2003), wie Anmerkung 45, S.225–226

52 Wie Anmerkung 22, Interview im »Laughing Man«, zitiert auf www.goldensufi.org.

53 Ebd.

54 Mehr zu diesem Thema bei Morris Berman, *Wandering God: A Study in Nomadic Spirituality* (Albany: State University of New York Press, 2000)

55 Mehr hierzu bei Douglas-Klotz (1990), wie Anmerkung 31, S. 86–87.

56 Moineddin Jablonski (2005), wie Anmerkung 41

Literatur

Abramian, Vraje. *Nobody, Son of Nobody: Poems of Shaikh Abu-Saeed Abil-Kheir.* Prescott, AZ: Hohm Press, 2001.

Ahmad, Aftab-ud-din, Übers. *Futuh AI Ghaib: Revelation of the Unseen.* Lahore: Sh. Muhammad Ashraf, 1973.

Ali, Yusuf A., Übers. *The Holy Qu'ran: Text, Translation, and Commentary.* Lahore: Sh. Muhammad Ashraf, 1938.

Alim Islamic Software: Qu'ran (arabische Version und englische Übersetzungen von Asad, Malik, Pickthalf, Yusuf Ah), Hadith (Abu-Dawood, Al-Bukhari, Al-Muwatta, AI-Tirmidhi, Fiq-us Sunnah, Muslim) und weitere Quellen. Silver Springs, MD: ISL Software, 2000. www.islsoftware.com.

Angha Nahid. *Ecstasy: The World of Sufi Poetry and Prayer.* San Rafael: International Association of Sufism, 1998.

Arberry, A.J. *Discourses of Rumi.* London: John Murray, 1961.

Ders., Hrsg. *The Rubhaiyat of Omar Khayyam and Other Persian Poems.* New York: Dutton, 1975. Arnold, Edwin. Pearls of the Faith. Lahore: Sh. Muhammad Ahsraf, 1961.

Attar, Faridaddin. *Vogelgespräche.* München: Ansata, 1988.

Austin, R.WJ. Ibn Al Arabi: *The Bezels of Wisdom.* Mahwah, NJ: Paulist Press, 1980.

Berman, Morris. *Wandering God: A Study in Nomadic Spirituality.* Albany: State University of New York Press, 2000.

Burckhardt, Titus. *Die Weisheit der Propheten: Fusus al Hikam.* Zürich: Chalice-Verlag, 2005.

Clarke, H. Wilberforce. *The Divan of Khwaja Shamsu-d-Din Muhammad-i-Hafiz-i-Shirazi.* (Neuauflage der Ausgabe von 1891.) London: Octagon Press, 1974.

Cowan, Milton und Hans Wehr, Hrsg. *Dictionary of Modern Written Arabic.* Ithaka, N.Y.: Spoken Language Services, Inc., 1976.

D'Olivet, Fabre. *Hebraic Tongue Restored.* Nayan Louise Redfield, Übers. (Ausgabe von 1921, Neuauflage 1991.) York Beach, ME: Samuel Weiser, 1815.

Douglas-Klotz, Neil. *Das Vaterunser. Meditationen und Körperübungen zum kosmischen Jesusgebet.* München: Droemer/Knaur, 2007.

Ders. Desert Wisdom: *Middle Eastern Tradition from the Goddess to the Sufis.* San Francisco: HarperSanFrancisco, 1995.

Ders. *Der Prophet aus der Wüste. Die verborgenen Botschaften des aramäischen Jesus*. München: KöselVerlag, 2001.

Ders. »Re-hearing Qu'ran in open translation: Ta'wil, postmodern inquiry and a hermeneutics of indeterminacy«. Referat zum Thema Hermeneutik für das jährliche Treffen der American Academy of Religion, 23. November 2002.

Ders. *Aus derselben Quelle leben wir. Wege zum Frieden zwischen Christen, Juden und Muslimen*. München: Kösel-Verlag, 2004.

Eiliger, K. und Rudolph, W. Hrsg. *Biblia Hebraica Stuttgartensia*. Stuttgart: Deutsche Bibelgesellschaft, 1966/67.

Farzad, Houman. *Classic Tales of Mullah Nasreddin*. Costa Mesa, CA: Mazda Publishers, 1989.

Farzan Massud. *The Täle of the Reed Pipe: Teachings of the Sufis*. New York: E.P Dutton, 1974.

Fischer, Ron. *Also sprach Mullah Nasruddin: Geschichten aus der wirklichen Welt*. München: Droemer/Knaur, 1993.

Feyerabend, Karl. *Langenscheidts Taschenwörterbuch Althebräisch-Deutsch*. Berlin: Langenscheidt, 2000.

Gibb, H.A.R. und Kramers, J.H. *Concise Encyclopedia of Islam*. Boston und Leidin: Brill Academic Publishers, 2001.

Hirtenstein, Stephen. *The Unlimited Mercifier: The Spirituaf Life and Thought of Ibn Arabi*. Oxford und Ashland, OR: Anqa Publishing und White Cloud Press, 1999.

Hixon, Lex. *The Heart of the Qu'ran: An introduction to Islamic Spirituality*. Wheaton, IL: Quest Books, 2003.

Hixon, Lex und Fariha Al-Jerrahi. *101 Diamonds from the Oral Tradition of the Glorious Messenger Muhammad*. New York: Pir Press, 2002.

Jablonski, Moineddin. *The Gift of Life: Aphorisms and Poems*. Seattle: Peacework Publications, 2005.

Jablonski, Moineddin. *Geschenk des Lebens: Aphorismen und Gedichte*, Norderstedt, BoD, 2009

Jamshidi, Y. *Selected Poems of Hafiz: Persian Text and Translations*. Teheran, Iran, 1963.

Khalidi, Tarif. *Der muslimische Jesus*. Düsseldorf: Patmos-Verlag, 2002.

Khan, Hazrat Inayat. *Die Gathas, Weisheit der Sufis*. Weinstadt: Heilbronn-Verlag, 2001.

Ders. *The Complete Sayings of Hazrat Inayat Khan*. New Lebanon, NY: Omega Publications, 1978.

Khan, Hazrat Inayat und Samuel Lewis. *Commentary on the »Path of Initiation and Discipleship«* by Murshid Samuel L. Lewis (Sufi Ahmed Murad Chishti), PDF-Ausgabe. Eugene, OR: Sufi Ruhaniat International, 1999.

Khan, Vilayat Inayat. »Sufism and Jungian Psychology«. In J. Marvin et.al., *Sufism, Islam and Jungian Psychology.* Scottsdale, AZ: New Falcon Publications, 1991.

Kianfar, Hamaseh und Sahar Kianfar. *Sufi Stories.* San Rafael, CA: International Association of Sufism, 1996.

Lane, Edward W. *An Arabic-Englisl1 Dictionary in Eigk Volumes.* Kresrouwan, Lebanon: Librairie du Liban, 1989.

Lane-Poole, Stanley. *Speeches and Table Talk of the Prophet Mohammad.* Lahore: Sh. Muhammad Ashraf, 1975.

Lawrence, Bruce. *Nizam Ad-Din Awliya: Morals for the Heart.* New York: Paulist Press, 1992.

Lederer, Florence, Übers. *The Secret Rose Garden of Sa'ad Ud Din Mahmud Shabistari.* Lahore: Sh. Muhammad Ashraf, 1920.

Lewis, Samuel L. *A Commentary on The Gayan of Pir-o-Murshid Hazrat Inayat Khan,* PDF-Ausgabe. Eugene, OR: Sufi Ruhaniat International, 1999.

Ders. *Sadhana: The Path of Attainment: A Commentary on the Papers of Pir-o-Murshid Hazrat Inayat Khan.* PDF-Ausgabe. Eugene, OR: Sufi Ruhaniat International, 1999.

Ders. *Shafayat: A Commentary on the Book of Health of Pir-o-Murshid Hazrat Inayat Khan.* PDF-Ausgabe. Eugene, OR: Sufi Ruhaniat International, 1999.

Lipinski, Edward. *Semitic Languages: Outline of Comparative Grammar.* Leuven: Peeters, 1997.

Muhaiyaddeen, M.R. Bawa. *Asam ul Husna: The 99 Beautiful Names of Allah.* Philadelphia: Fellowship Press, 1979.

Ders. *Islam and World Peace: Explanations of a Sufi.* Philadelphia: Fellowship Press, 1987.

Nakosteen, Mehdi. *The Maxims of Sa'di.* Boulder: Este Es Press, 1977.

Nicholson, R.A. *Selected Poems from the Divam Shamsi Tabriz.* Cambridge: Cambridge University Press, 1898.

Ders. *Tales of Mystic Meaning: Selections from the Mathnawi of Jalal-ud-Din Rumi.* Oxford: Oneworld, 1995.

Omar, Abdul Mannan. *The Dictionary of the Holy Qu'ran.* Hockessin, DE: Noor Foundation, 2003.

Renard, John, Hrsg. *Windows on the House of Islam:* Muslim Sources on Spirituality and Religious Life. Berkeley: University of California Press, 1998.

Schimmel, Annemarie. *Mystische Dimensionen des Islam: Die Geschichte des Sufismus.* Frankfurt: Insel-Verlag, 1995.

Dies. *Die Zeichen Gottes: Die religiöse Welt des Islam*. München: Beck, 1995.

Sells, Michael. *Early Islamic Mysticism: Sufi Quran, Miraj, Poetic and Theological Writings*. New York: Paulist Press, 1996.

Ders. *Approaching the Qu'ran: The Early Revelations*. Ashland, OR: White Cloud Press, 1999.

Shah, Idries. *Die Karawane der Träume*. München, Diederichs, 2001.

Siddiqi, Abdul Hamid. Sahih Muslim: *Being Traditions of the Sayings and Doings of the Prophet Muhammad as Narrated by His Companions and Compiled Under the Title Al-Jami-us-Sahih*, Bd. I–IV Lahore: Sh. Muhammad Ashraf, 1976.

Siddiqi, Muhammad Iqbal. *Ninety-nine Names of Allah*. Delhi: Adam Publishers, 1988.

Smith, J.Payne, Hrsg. *A Compendious Syriac Dictionary*. Oxford: Clarendon Press, 1903.

Smith, Margaret. *Readings from the Mystics of Islam*. Westport, CT: Pir Press, 1994.

Tweedie, Irina. »Both Feet Firmly on the Ground: Reflections by Irina Tweedie«. Erste Ausgabe durch das Magazin *Laughing Man*, 1987. Zu finden unter www.goldensufi.org. Inverness, CA: Golden Sufi Center.

Der Abwoon Study Circle bietet Bücher, Tonaufnahmen und Informationen über Seminare und Retreats zum Thema dieses Buches an. Auf der Website finden sich aktu-elle Veranstaltungen, Links und Veröffentlichungen sowie Möglichkeiten der Kontaktaufnahme zum Abwoon-Studienkreis und den kleineren lokalen Gruppen, die daraus hervorgegangen sind. Kontakt: PO. Box 361655, Milpitas, CA 95036-1655. Email: Selim@abwoon.com. Website: www.abwoon.com

Die Arbeit des Autors in Schottland, Großbritannien und Europa wird auch vom Edinburg Institute for Advanced Learning unterstützt. Website: www.eial.org

Für Artikel, Interviews, weiterführende Informationen im Zusammenhang mit diesem Buch und Links zur traditionellen Aussprache der Wege des Herzens siehe die Website zur amerikanischen Originalausgabe: www.thesufibookoflife.com

Die 99 Namen in alphabetischer Reihenfolge

Stichwortverzeichnis

A

B

C

D

I

J

K

L

M

N

O

P

R

S

T

U

V

W

Z

Hazrat Inayat Khan

Bücher für Menschen auf dem inneren Pfad

Gayan – Vadan – Nirtan

Die Essenz der Sufibotschaft

Man kann sagen, dass die Aphorismen in „Gayan - Vadan - Nirtan“ die Essenz der Sufi-Botschaft von Hazrat Inayat Khan darstellen. ‘Gayan’ bedeutet die ‘Musik des Schweigens’, ‘Vadan’ heißt die ‘göttliche Symphonie’, und ‘Nirtan’ ist der ‘Tanz der Seele’.

Die Gathas – Weisheit der Sufis

Lehren für seine Schülerinnen und Schüler

Ursprünglich waren die Gathas für die Schüler der Inneren Schule der Sufi-Bewegung bestimmt.
Sie enthalten Anleitungen zu sieben verschiedenen Themen: Aberglaube, Bräuche und Volksglaube; Einsicht; Symbolik; Atem; Kultivierung des Herzens; Alltagsleben und Metaphysik.

Gebet – Atem der Seele

Sufigebete

Für Hazrat Inayat Khan war das Gebet – die Zwiesprache mit Gott – von allergrößter Bedeutung. Aus der Tiefe seines Herzens schrieb er für alle Menschen, die sich von seinen Worten angesprochen fühlen, Gebete, die sie einerseits im täglichen Leben begleiten sollen, sie vor allem aber etwas von dem Geheimnis der mystischen Beziehung zum Gott in ihrem Innern, zum göttlichen Geliebten ahnen lassen sollen.

Universaler Sufismus

Bücher für Menschen auf dem inneren Pfad

Medizin des Herzens

99 Heilungswege der Sufis
von Wali Ali Meyer, Bilal Hyde, Faisal Muquaddam, Shabda Khan

Das Buch nimmt die Leserin und den Leser mit in das Herz des Mysteriums der 99 Namen Gottes. Es ist ein Weg, um das Wesen der Grenzenlosigkeit Gottes zu verstehen und das göttliche Potential in jeder Seele zu entdecken.

König Akbar und seine Tochter

Geschichten aus einer Welt von Noor Inayat Khan

Nacherzählungen großer europäischer Epen wechseln sich ab mit Parabeln, Fabeln und Anekdoten aus allen Himmelsrichtungen.
Noor Inayat Khan fügt dieser
poetischen Welterzählung auch ihre eigene Stimme,
mit eigenen Geschichten und Gedichten hinzu.
Kunst- und liebevoll illustriert von Natsuyo Koizumi

Die Erleuchtung des Schattens

Leben, Lieben und Lachen eines Sufi im 20. Jahrhundert
von Moineddin Jablonski

„Ein Buch mit einer feinen Botschaft, die ernsthaft Suchende herausfordern und anregen wird, unabhängig von ethnischem oder religiösem Hintergrund.“ Muneera Haeri
Es bietet einen einzigartigen Einblick in das Leben eines erleuchteten Mystikers, der im Westen geboren wurde.

Universaler Sufismus

Ein interreligiöser Weg zu spirituellem Wachstum

Ritterliche Tugenden im Alten Orient
Edelmut, Tapferkeit und mystische Suche
von Pir Zia Inayat-Khan

„Ritterliche Tugenden im Alten Orient ist eine geniale Darstellung der Sufi-Lehren, in kunstvoller Weise zum Ausdruck gebracht durch eine Gestalt aus dem tiefsinnigsten der mittelalterlichen Ritterromane rund um den Gral. Eine lohnende Leseerfahrung!"
Carl W. Ernst, Autor von How to Read the Qur'an

Firos Holterman ten Hove

Die Seele der Blumen
Herilende Blüten-Essenzen

Die Seele der Steine
Heilende Mineral-Elixiere

Das Heilige Buch der Natur
Spirituelle Ökologie

EDITION KALIM
Spirituelle Wegbegleiter | Geschenkbücher

Meditation – Ein Thema für jeden Tag
von Hazrat Inayat Khan und Pir Vilayat Inayat Khan

Bird Language – Die Sprache der Vögel
von Pir Zia Inayat-Khan

Gebet – Atem der Seele
von Hazrat Inayat Khan

Dem Einen entgegen
von Wim van der Zwan

Weitere Informationen erhalten Sie über folgende Links:

Sufi Ruhaniat International
www.ruhaniat.org

Sufi Ruhaniat Deutschland
www.ruhaniat.de

Tänze des Universellen Friedens
www.friedenstaenze.de

Der Inayati-Orden Deutschland e.V.
www.inayatiorden.de

Inayatiorden Österreich
www.sufiorden.at

Der Inayati Orden Schweiz
www.sufismus.ch

International Sufi Movement
www.sufimovement.org

Sufi-Bewegung Deutschland
www.sufibewegung.de

Global Hope Fund e.V.
www.globalhopefund.de

Förderverein Sufi-Saint-School
www.sufi-saint-school-ev.de

Hope Project
www.hope-project.de

Verlag Heilbronn
www.verlag-heilbronn.de • info@verlag-heilbronn.de